Oliver Kneip

Ein Zimmer, Küche, Bart

Die Kunst des stilvollen Verwahrlosens in fünf Jahren Vollzeit-Vanlife

Impressum

2. Auflage 2025
Infanteriestraße 11a
80797 München

ISBN: 978-3-95889-481-5

Autor: Oliver Kneip
Verantwortlich: Matthias Walter
Produktmanagement: Svenja Müller
Partnermanagement: Thomas Nehm
Lektorat: Britta Mentzel
Korrektorat: Simona Fois
Umschlaggestaltung: Mathias Frisch
Satz: Röser MEDIA, Karlsruhe
Druck und Verarbeitung: Printed in Poland by CGS Printing

★★★★★

Sind Sie mit dem Titel zufrieden? Dann würden wir uns über Ihre Weiterempfehlung freuen.

Erzählen Sie es im Freundeskreis, berichten Sie Ihrem Buchhändler oder bewerten Sie bei Onlinekauf. Und wenn Sie Kritik, Korrekturen, Aktualisierungen haben, freuen wir uns über Ihre Nachricht an lektorat@verlagshaus.de.

Unser komplettes Programm finden Sie unter

www.nationalgeographic-buch.de

Vielen Dank an Alb Filter und an die JvM Academy für die freundliche Unterstützung!

Umschlagabbildung: © Oliver Kneip und © Patrick Häfner
Nachweise Bildtafel: © Oliver Kneip & Stephanie Kolkmann, mit Ausnahme von S. 2 »Winter-Vanlife To-dos« (© Peter Kneer), S. 6 »Schiebetür-Romantik« (© Patrick Häfner)

Inhalt

Für Edith und Jupp.
Für Steffi und Tobi.

Der Tag, an dem ich fast meinen Van in die Luft gejagt hätte

Die Geschichte ereignete sich im April 2020 in Portugal, als ich bereits seit knapp acht Monaten Vollzeit im Van lebte. Doch ich erzähle sie bewusst zu Beginn des Buchs, denn wäre sie nur ein wenig anders verlaufen, wäre ich gar kein Vanlifer mehr. Ich wäre zwar vermutlich noch *alive*, aber ohne Van. Und somit auch ohne Van-Freundin, Van-Hund und genug Van-Erlebnisse für ein Buch, das von fünf Jahren im rollenden Nomaden-Kfz erzählen soll. Neben der generellen Entscheidung, in den Van zu ziehen, war es der zweitwichtigste Moment, in dem mir das Universum seinen Segen gab.

Bevor ich jetzt fast ohne weiteren Kontext in diese Puls erhöhende Geschichte einsteige – der Kontext folgt dann später noch –, möchte ich wenigstens kurz die Location vorstellen, an der sich alles zutrug: Praia do Malhão ist ein wunderschöner Strand- und Klippenabschnitt an der Südwestküste Portugals. Ich stand hier im April und Mai 2020 für einige Wochen auf einem großen Schotterparkplatz. Nicht ganz legal, doch überwiegend geduldet. Eigentlich ist wildes Campen da verboten, aber wenn man sich ordentlich benimmt, geht das schon klar. Außerdem war *off-season*. Es parkten dort viele Camper aus diversen Ländern. Manchmal zehn, manchmal 20, manchmal 30. Eine bunte Mischung von jungen bis alten Exemplaren – bei den Fahrzeugen ebenso. Manche sahen so aus, als wäre der TÜV längst überfällig – bei den Fahrzeugen ebenso.

Etwa drei Kilometer abseits des großen Schotterparkplatzes schlugen ein paar wilde Menschen zwischen 27 und 63 Jahren eine Art »Hippie-Camp« auf, das ich nachfolgend auch so nennen werde. Es lag mitten im Dickicht und war ohne Geländewagen nicht zu erreichen. Seine Bewohner waren moderne Hippies mit ansehnlichen Land Rovern, aber ohne Schuhe oder Ambitionen für Frisuren oder ein geordnetes Leben. Eines Abends kamen sie zum Sonnenuntergang auf den Schotterparkplatz bei den Klippen. Meine Vannachbarn Lisa und Pascal kannten die Gang schon. Ich saß in der offenen Schiebetür, nuckelte an einem eiskalten Sagres und beobachtete das Treiben. Sie deuteten in die Ferne, gestikulierten und erzählten Geschichten von UFO-Sichtungen der lokalen Anwohner im rot- bis lilafarbenen Abendhimmel, der mit seinen gewaltigen Wolken und dem Farbenspiel ohnehin schon wie ein Tor zu einer anderen Welt aussah. Sie diskutierten hörbar über die UFO-Storys. Nicht etwa, ob sie wahr waren, sondern darüber, wie und woher die Besucher gekommen sein mögen. Genau so etwas liebe ich. Genau so etwas brauchte ich in dem Moment. Unter anderem deshalb hatte ich mein normales Leben, dem es zunehmend an fantastischen Geschichten und Dimensionen fehlte, hinter mir gelassen. Ich sehnte mich nach barrierefreien Unterhaltungen, nach mehr Fantasie, nach Lagerfeuergeschichten und offenen Gesprächen ohne »Neins« und »Abers«. Während ich der schuhlosen Nomadenkommune beim Philosophieren zuhörte, murmelte ich eine ikonische Zeile vom zeitgenössischen Autor und Filmemacher Tom Gerhardt vor mich hin: »Endlich normale Leute!«

Wir freundeten uns an jenem Abend an und verbrachten fortan viel Zeit zusammen. Zumeist saßen wir im entlegenen »Hippie-Camp«, doch Tahar besuchte mich ganz gern auch mal vorne, in der Zivilisation. Zum Quatschen, Kaffeetrinken, Kochen oder Schlauchbootfahren. Tahar ist Marokkaner, lebte lange in Deutschland und ist immer für eine Überraschung gut. Im Camp lebten außerdem noch Luca und seine spanische Freundin mit Sonnenallergie sowie ein älterer Mann, den alle nur »Onkelchen« nannten. Neben seiner Aura verrieten auch die Länge und Konsistenz von Bart und Haaren, dass er bereits ein Hippie war, als die Hippies erfunden wurden. Er besaß nur eine dünne Isomatte und ein Päckchen Tabak – abgesehen von Tausenden interessanten Geschichten.

So viel zum Setting, jetzt folgt die Story: Es erblühte, wie jeden Morgen, ein schöner neuer Tag am Praia do Malhão. Die Sonne lachte und der Wind wehte sanft. Das anbrandende Meer unterhalb der nahen Klippen rundete das kostenlose Mental-Spa auditiv wie olfaktorisch ab. In den benachbarten Vans zeigte sich langsam ebenfalls die erste Lebensfreude am noch frischen Tag. Auch heute wollte ich meinem etablierten Startritual nachkommen und einen großen Becher Kaffee auf dem schönen Holzgeländer sitzend an den Klippen trinken, von wo aus man Strand, Meer und Horizont bestens bestaunen konnte.

Ich hatte gerade die Flamme am Gasherd unter meinem Edelstahl-Mokkakännchen entzündet, als vor meiner offenen Schiebetür ein großer silberner Berg hielt. Die abrupte Bremsung verursachte einige Staubschwaden, die wie künstlicher Bühnennebel über die Szenerie waberten. Es war Tahar mit seinem silbermetallicfarbenen Land Rover Discovery 3. Ich hatte keine Ahnung, wo er so früh morgens schon herkam. Jedenfalls nicht aus Richtung des Camps, denn das lag hinter meinem Van. Er sprang heraus und legte wieder mal mehr Energie an den Tag als jeder andere Mensch um diese Uhrzeit. Sein breites Grinsen passte gerade so durch meine Schiebetür: »Oliiiiii, Maaaann, was geht, Junge? Auch schon auf oder was?« Ich nickte und erzählte ihm von meiner Vorfreude auf den werdenden Kaffee. Doch Tahar hatte bereits andere Pläne: »Ach was, komm mit ins Camp. Ich nehm dich mit! Wir frühstücken dort alle zusammen.« Nach einem kurzen Austausch von Kontra-Argumenten, wie zum Beispiel meiner anstehenden Arbeit, sah ich ein, dass Tahar eh nicht lockerlassen würde und dass ein Frühstück unter sympathisch Verrückten auch ein guter Start in den Tag sein könnte. Also sprang ich aus meiner Tür, schob sie zu und verriegelte den Van beim Einsteigen in Tahars Auto per Fernbedienung. Ich freute mich aufs Camp, auch wenn ich mich auf der Fahrt irgendwie so fühlte wie Kevin McCallisters Mutter in den ersten Minuten im Flieger. Für Ablenkung von meinen unguten Gedanken sorgte eine mir fremde junge Frau auf dem Rücksitz, die von ihrer Entscheidung, mit ins Hippie-Camp zu kommen, offensichtlich nicht so angetan war wie ich. Ich glaube, sie war Holländerin und parkte am anderen Ende des großen Parkplatzes. Ich hatte sie jedenfalls noch nie gesehen. Tahar konnte eben gut überzeugen.

Tahars Disco-3 wühlte sich durch die hellbraune, tiefsandige Piste, die mittig ihren braungrünen Irokesen-Grasstreifen zur Schau trug. Hier hinten waren alle Anarchos und Alternative, sogar die Feldwege. Am Camp angekommen, nahmen wir rund um die Freiluftkochstelle Platz und entspannten uns unter dem Einfluss der wohligen Benzindämpfe des uralten Benzinkochers, dessen gelber Originallack wie Inseln in einem Meer aus Flugrost schwamm. Das Camp stand neben Benzindämpfen noch unter anderen Einflüssen, aber bei mir waren es lediglich diese. Die Stimmung war wie gewohnt locker, skurril und irgendwie völlig losgelöst vom Rest der Welt. Das Wort »Camp« ist vielleicht ein wenig hochgegriffen. Im Grunde waren es nur drei geparkte Autos, um die sich im Radius von etwa fünf Metern diverse Campinggegenstände ohne erkennbare Ordnung verteilten. Aus der Vogelperspektive hätte es vermutlich wie ein früher Jackson Pollock ausgesehen. Nur die Kochstelle im Zentrum ließ sich als solche erkennen. Ich saß, ich schaute, ich genoss, ich lachte, während der duftende Kaffee im Zentrum der Runde blubbernd in seiner Entstehung begriffen war. Damit wir nicht nur schnöde herumsaßen, überprüften wir zwischendurch mit einem Stock den Gesundheitszustand einer durchaus großen, aber regungslosen Schlange im Gebüsch neben der »Küche«. Wir alle, einschließlich des Stocks, kamen zu dem Schluss, dass sie tot war. Komisch, sie sah so intakt aus. Vielleicht hatte sie irgendwo im Lager LSD-Kontakt, sah danach zu viele pinke Mäuse und hatte auf der wilden bunten Jagd ihr kleines Schlangenherz verausgabt.

Bei einer vollmundigen Tasse Benzinkocher-Kaffee erzählte mir Onkelchen von seinen ersten, leicht überdosierten LSD-Trips mit Anfang 20 und was ihm seitdem die alten Veden in Sanskrit bedeuteten. Ich höre gern zu und genoss seine Erzählungen; eine perfekte Achtsamkeitsübung, um die Zeit zu vergessen. Doch gerade, als wir uns darauf verständigen wollten, dass die Sonne so etwas wie ein Gott für uns Menschen sein könnte, fuhr mir urplötzlich eine andere Erkenntnis in derart hoher Dosierung durch den Körper, dass mich sogar Timothy Leary zur Mäßigung gemahnt hätte. Ich sprang auf, als ob die Schlange von den Toten zurückgekehrt wäre, und rannte zu Tahar: »Fahr mich zurück! Sofort! Ich muss zum Van! Fuck!«

Tahar saß im Gras, blickte fragend von seinem Longpape auf und forderte mit dem eindringlichen Glanz seiner großen dunklen Augen wortlos einen guten Grund von mir ein, warum ich ihn so plötzlich aus seiner Idylle reißen wollte. »Ich hab noch Kaffee auf dem Gaskocher! Meine Flamme im Van ist an! Der explodiert gleich!«, rief ich. »Bist du sicher?«, fragte er. »Ja, klar, Mann!«, schrie ich, während ich zu seinem Auto rannte: »KOMM JETZT!«

Wie gedopte Sandwürmer mit steinernen Mienen hinter unseren verspiegelten Sonnenbrillen flogen wir über die knapp drei Kilometer lange Staubpiste. Als wir uns dem großen Parkplatz näherten, war ich erleichtert, noch keine schwarze Rauchsäule aufsteigen zu sehen. Dafür erblickte ich endlich meinen metallic-orangenen Lebensinhalt auf vier Rädern völlig unversehrt und an einem Stück. Doch noch war ich nicht da. Wir mussten einen kleinen Holzzaun umfahren, der kein Ende nahm.

Am Van angekommen sah ich durch meine getönte Seitenscheibe die blaue Gasflamme des Herds leuchten. Die schmiedefähige Mokkakanne glühte rot. Ganz langsam öffnete ich die Schiebetür, um kein gefährliches Sauerstoff-Irgendwas-Gemisch zu provozieren, dessen gewaltiger Wums Portugals Küstenlinie verändert hätte. Ja, ich habe früher zu viele schlechte Filme geschaut, und ja, ich hatte in der Mittelstufe mal eine 6 in Physik. Aber hey, lieber doof als Küstenterrorist!

Die heiße Luft im glühenden Inneren des staubtrockenen Kännchens entwich mit einem leisen Pfeifgeräusch, während ich behutsam, wie ein Bombenentschärfer, den Drehknopf am Gasherd schloss. Auch der war schon ungesund heiß geworden. Mit zittrigen Händen hob ich das Kännchen mit einem dicken Handtuch um die Hand gewickelt aus der stirnschweißheißen Gefahrenzone der kleinen Spontan-Esse und stellte es vorsichtig draußen auf den Schotter. In mein erleichtertes Durchschnaufen fragte Tahar: »Nix passiert, Mann. Wollen wir wieder los?« Ich schaute ihn entgeistert an, aber stieg dabei schon wieder bei ihm ein. Denn ansonsten hatte der Morgen im Camp ja echt gemütlich angefangen. Und außerdem gab es dort Rotwein, von dem ich nun wirklich ein Schlückchen gebrauchen konnte.

Später an jenem Tag kam noch meine neue Portugalbekanntschaft und spätere Freundin Steffi vorbei. Sie blieb das ganze Wochenende bei mir im Van am Strand von Malhão und zog danach nie wieder aus. Wäre es an jenem Tag zu einer Explosion gekommen, hätte ich eventuell zwei Schätze verloren – beziehungsweise einen davon gar nicht erst bekommen. Da ich dank dieser Geschichte gerade in Portugalerinnerungen schwelge, fallen mir spontan noch zwei weitere Situationen ein, in denen ich in dem schönen Land fast gestorben wäre. Über sie hätte ich zum Auftakt ebenfalls schreiben können. Warum liebe ich dieses Land eigentlich so sehr? Es will mich scheinbar irgendwie loswerden?

Immerhin hat mich die Fast-Explosionserfahrung Folgendes gelehrt: Kaffee macht einen dann besonders wach, wenn man ihn nicht trinkt, aber glaubt, dass er einem den Van in die Luft jagt.

Und jetzt viel Spaß mit dem Rest des Buchs.

Das Vorwort – die Worte, mit denen alles anfing

10. August 2022, Barreiro bei Lissabon, Portugal:

Prokrastination sei Dank entstehen jetzt diese Vorworte für mein erstes Buch – anstatt zu arbeiten. Ich habe keine Ahnung, was dabei herauskommen wird, aber sie entstehen endlich. Egal, wie schlecht, absurd, inhaltsleer oder mit wie viel Fremdscham-Potenzial für zukünftige Rückblicke sie entstehen mögen, ich werde sie nicht mehr ändern: Genau diese Worte werden es sein. Mental mach ich mir gerade eine Flasche Sekt auf – aber nur mental. Erstens ist es zu heiß für Sekt, zweitens geht mir die Post-Sekt-Aufstoßerei auf den Keks und drittens habe ich gar keinen Sekt da. Und dreieinhalbstens warten eigentlich drei Aufträge von zwei neuen Kunden auf mich. Doch immer öfter komme ich an einen Punkt, an dem ich die ganze Werbeblase, den unerträglichen Social-Media-Müll und die generelle Sinnfreiheit meiner Arbeit als freiberuflicher Werbetexter nur schwer aushalte. Das sind dann die

Momente, in denen ich mich leidenschaftlich danach sehne, etwas anderes mit Worten zu machen. Etwas Besseres. Etwas Großes. Etwas, das Freude am Tun mit schnödem Broterwerb so lange Löffelchen liegen lässt, bis reine Selbsterfüllung entsteht. Das Schreiben der ersten Worte meines ersten Buches könnte der erste Schritt von vielen in die falsche Richtung sein. Egal! Hauptsache, ich komme heute aus der zuvor erwähnten Marketing-Mühle. Meistens reichen mir ein bis zwei freie Tage, und ich kann die wallenden Werbe-Wellen wieder reiten, ohne bei der Sinn- oder Spaßsuche vom Brett zu fallen. Manchmal brauche ich auch mehrere Wochen. Und auf dem Höhepunkt meines Werbefrust-Gesülze-Burn-outs, im Frühling und Sommer 2021, waren es sogar mehrere Monate. Vielleicht hätte das Buch auch »Die Leiden des jungen Werbers« heißen können? Sorry, Goethe! Die lange Pause hätte bereits ein guter Startpunkt fürs Buch sein können, aber ich hatte schreibtechnisch wirklich auf nichts Bock. Auf! Gar! Nichts!

»Lasst mich doch einfach mal alle in Ruhe!« lautete meine Botschaft. Und meinte damit irgendwie auch mich selbst. Meinem Wunsch kam ich selbstverständlich nach.

Uff, ganz schön viel Gejammer für das Vorwort eines Buchs, das den jüngst erfüllten Lebenstraum vom Wohnen im mobilen Heim besingen soll. In Wahrheit ist Vanlife (eine Schweigeminute für die deutsche Sprache) eine sehr erfüllende Art zu leben. Als *digital nomad* (zwei Schweigeminuten) kann ich überall arbeiten und viel reisen. Mein Dasein als *freelance copywriter* (und noch mal zwei) ermöglicht mir das Leben, das ich mir bereits mit 16 Jahren erträumt hatte, aber an dessen Wahrwerdung ich damals nicht vollends glauben konnte: Einfach ein paar Sachen packen, alles ins Auto werfen, immer unterwegs sein, frei sein und ständig irgendwo ankommen, ohne wirklich ganz anzukommen. Letztendlich wurde mein Autoleben noch schöner als erwartet. Aber auch wilder, komplexer, verrückter, auf-und-abiger, härter, leichter, heißer, kälter und viel, viel unerwarteter als gedacht.

Ich gab am 1. August 2019 meine Wohnung auf und zog in meinen Van (eine Schweigeminute). Seither habe ich keine einzige Sekunde, keinen einzigen Kilometer, keine Begegnung und erst recht keine Emotion bereut.

Ich gestehe, dass ich weder irgendwo angeschossen wurde noch auf Tibets Passstraßen einen platten Reifen hatte oder bis Südafrika gefahren bin, um beim First-World-Surfen einen Weißen Hai per Fausthieb in die Flucht zu schlagen. Nein, so krass bin ich nicht. Ich war in den letzten fünf Jahren aus vielen Gründen nur in einer Handvoll Länder, von denen man fast bis nach Deutschland spucken konnte, aber ich bin vollends zufrieden mit meinen Entscheidungen. Ich hatte ja auch absolut nichts geplant und freue mich nun darüber, dass so tolle Ziele wie Sarajevo, Marrakesch oder der Baikalsee noch vor mir liegen. Ich habe mich unterwegs als *slow traveller* (zwei Minuten) entpuppt, der gern auch mal länger an einem Ort bleibt, wenn er schön ist. Ich arbeitete jahrelang als Koch in der gehobenen Gastronomie und danach in einer der besten Werbeagenturen Deutschlands.

Meinen zahlreichen Druck- und Stress-Traumata konnte ich nicht entfliehen, indem ich besonders weit fuhr. Sondern nur, indem ich besonders langsam fuhr.

Eine Kleinigkeit noch: Da ich viele Stunden am Steuer verbringe und unter einer Art unkontrollierbarem Wortspiel-Reflex leide, der mir als Werbetexter sowohl Fans als auch Feinde beschert hat, entstehen auf langen Fahrten oftmals kleine Witze in meinem Kopf. Vor allem in den meditativen Momenten, wenn ich keinen Bock auf Musik oder Podcasts habe und sich meine Freundin als verlässliche K.-o.-Pilotin ins Land der Träume verabschiedet hat. Dann produziert mein verspieltes Hirn kleine Witze auf schwankendem Niveau. Dennoch möchte ich sie hier teilen. Selbst wenn nur eine Person am anderen Ende dieser Buchseiten für einen kurzen Moment schmunzeln musste, würde dieser Akt meine unschuldigen kleinen Witze in den heiligen Zustand der Sinnhaftigkeit überführen. Ich bin den Witzen einiges schuldig, da sie viel Langweile verhindert haben – daher möchte ich sie in die Freiheit entlassen.

Kapitelabschluss-Witz

Ein jugendfreier Hihi-Moment zum Einstieg:

Was hat acht Arme und fährt übern Hauptbahnhof?
Der Octobus.

Kapitel 1
Einsteigen für Aussteiger

Randnotiz: Der kleine, pseudotiefgründige Gag mit den Schweigeminuten für die Deutsche *language* ist jetzt offiziell *over*. Warum? Wie man im Verlauf des Buches merken wird, ist Englisch die offizielle Vanlife-Sprache. Anglizismen-Overload *in the making*! Abgesehen davon, dass man in unterschiedlichen Ländern mit unterschiedlichen Sprachen reist, sprechen auch alle anderen Reisenden, Vanlifenden und Locals zumeist unterschiedliche Sprachen. Der Konsens ist Englisch.

Mainz, Anfang März 2019:

»Mit dieser Lunge solltest du lieber am Meer oder in den Bergen leben«, sagte mir ein Arzt von insgesamt vieren, die um mein Bett standen. Ich kannte sie fast alle und mochte sie, schließlich lag ich nicht das erste Mal auf dieser Station.

Die große Lungen-OP, von der ich mich gerade erholte, hatte ich einige Jahre zuvor schon in ähnlicher Form erhalten. Allerdings etwas abgespeckter – gestern ging es in meinem Torso so richtig zur Sache, aber dafür schien heute die lang ersehnte Frühlingssonne ins Zimmer.

Abgesehen von den magischen Sonnenstrahlen freute ich mich auch darüber, dass ich die OP hinter mir hatte und wieder neue Lebensenergie und Tatendrang verspürte. Immerhin war dies mein fünfter Pneumothorax (Lungenkollaps) in knapp sieben Jahren und der dritte in zehn Monaten. Deshalb war ich zu dem anatomisch kontroversen Schluss gekommen, dass mir diese ständigen Vorfälle nicht nur auf die Lunge, sondern auch auf den Sack gingen. Vor allem, weil ich mich erst vor Kurzem als Werbetexter selbstständig gemacht hatte und die ständigen Unterbrechungen dazu führten, dass auch meinem Konto die Luft ausging.

Was der behandelnde Arzt im März 2019 nicht wusste, war, dass er mir mit seinem motivierenden Meer-Berge-Ratschlag ein großes Geschenk gemacht hatte. Denn er gab mir damit, zumindest in meiner Wahrnehmung, die medizinische Verordnung zum Vollzeit-Vanlife. Selten vereinten sich Worte mit Ideen und Emotionen in mir so schnell zu einem unerschütterlichen Manifest. In meiner noch heißen, schlauchbehangenen Brust schmiedete sich sofort der finale Sargnagel für mein bisheriges Leben, während ich grinsend den letzten Schluck Krankenhauskaffee schlürfte.

Das Meer und die Berge waren schon immer meine Sehnsuchtsorte, doch jetzt würden sie sogar noch meiner Gesundheit zuträglich sein. Wie geil war das denn? Doch anstatt dort zu wohnen, wollte ich die schönsten Plätze lieber per Van anfahren. Schon länger träumte ich davon, einen Van auszubauen und ihn nach meinen Vorstellungen ganz individuell und verrückt zu gestalten. Ich wollte der Wohntristesse stationärer Neubaugebiete, Eigenheime und sonstiger Siedlungsformen trotzen und mich fortan nur noch nomadisch fortbewegen, um auf dem fahrtwindverwöhnten Weg zu meiner persönlichen Lebenserfüllung den schwäbisch-hallischen Bausparfuchs zu überfahren! Das klingt natürlich rebellischer als es ist, denn ein Lotterleben im Auto, das vor nicht allzu langer Zeit noch als modernes Vagabundieren galt, hat längst seinen Weg in die Mitte der Gesellschaft gefunden. Campervans in freier Wildbahn etablieren sich als die neuen Reihenhäuser, und eine freie Onlinearbeit von unterwegs wird das zeitgemäße Pendant zum sicheren Job in der nächstgelegenen Sparkassenfiliale.

Trotz meiner fünf Jahre als Vanreisender bin ich weder ein Vollblut-Abenteurer noch ein besonders mutiger Mensch oder gar ein Survival-Experte. Und erst recht keine Vollzeit-Susi-Sorglos! Obwohl Ängste keinen unerheblichen Teil meines Lebens und meiner Person ausmachen, haben mir Leute oft gesagt: »Du bist aber mutig, dass du das gemacht hast.« Leider muss ich meine Bewunderer enttäuschen. Mit Mut hatten die Aufgabe meiner Wohnung und der Schritt zum Vollzeit-Vanlife nichts zu tun. Ich musste an keiner Stelle Angst überwinden, was ja die Definition von Mut ist. In dem Moment, als ich alles aufgab und losfuhr, hatte ich zur

Abwechslung mal keine. Jede Zelle in meinem Körper hatte sich so sehr nach diesem neuen Leben gesehnt und wollte es so sehr beginnen, dass Mut keine Rolle spielte. Ich hatte keine Angst vor dem, was kommen mochte oder nicht kommen mochte. Und auch keine Angst davor, ob ich alles richtig machen würde – oder alles falsch. Es endlich zu tun war die einzige Handlung und pure Freude die einzige Emotion – gewürzt mit einer Prise von positiver Aufregung. Ehrlich gesagt, hatte ich eher davor Angst, nichts im Leben zu verändern und mich verfrüht in mein vermeintliches Schicksal zu fügen.

Abgesehen davon gibt's über mich nicht viel zu erzählen. Ich habe gar nicht viele Hobbys im klassischen Sinn, mit denen ich mich hier beschreiben könnte. Das Vanlifer-Dasein bringt an sich schon viele unerwartete und zeitintensive »Hobbys« mit sich, wie etwa stundenlanges Autofahren oder das Finden von Schlafplätzen, Toilettenausleerstationen und Frischwasserquellen. Hinzu kommen das konstante Aufrechterhalten der Internetverbindung für die Arbeit sowie das regelmäßige Jagen von Moskitos oder Nordlicht. Auch das ständige Planen, Navigieren, Arbeiten, Schwimmen (zur Körperpflege!) oder die Reparaturen an Auto und Fahrrad kosten Zeit.

Aber ein bisschen Zeit für Hobbys im althergebrachten Sinne bleibt dennoch. Bereits während meiner ersten Tage auf Achse habe ich mich in Schweden als mittelschlechter Angler entpuppt. Außerdem liebe ich es, mit dem Fahrrad durch echte Dörfer zu fahren. So richtig echte Dörfer, ohne Show, ohne

Tourismusfilter, wo man wirklich sieht, wie die Menschen in Frankreich, Spanien, Portugal, Schweden oder Norwegen leben: Wenn einem dann der Duft von frisch gewaschener Wäsche, einem leckeren Abendessen oder geräuchertem Fisch um die Nase weht, wenn Hunde bellen, Kinder spielen, Mopeds qualmen und einem fremdländische Omas in ihren jeweils landestypischen Kittelschürzen nach einem freundlichen Gruß hinterherschauen, dann habe ich das Gefühl, dass ich wirklich dort bin.

Kurzum: Ich stieg am 1. August 2019 sehr single, sehr unglücklich und gesundheitlich sehr angeschlagen einfach ins Auto, nickte mir selbst kurz zu und fuhr los. Seitdem fahre ich und lasse dabei einen negativen Zustand nach dem anderen hinter mir. Inzwischen bin ich viel glücklicher, viel gesünder und viel weniger single als davor.

Kapitelabschluss-Witz:

Ein phonetisch-interaktiver Witz, der zum Mitmachen einlädt. Am besten laut lesen:

Was lebt am Südpol und macht Krach?

Ein PENG!-uin.

Kapitel 2
Vanlife-ABC

Für das folgende Kapitel, das direkt in den *Vanlife*-Alltag führt, mache ich mir das gute alte Alphabet zunutze und haue in einem kleinen, lexikonartigen »Vanlife-ABC« zu jedem unserer 26 Buchstaben die ersten zwei Vanlife-Begriffe aus meinem Alltag der letzten Jahre raus, die mich besonders geprägt oder begleitet haben. Oder die eine Voraussetzung sind, um im Buch manche Dinge besser verstehen oder einordnen zu können. Dieses Kapitel ist, sozusagen, ein geschriebenes Amuse-Gueule, ein semiliterarischer Gruß aus der Schreibküche, bevor das eigentliche Geschichtenmenü serviert wird.

A wie

ANGELN

Obwohl ich die Rute allein nicht sehr regelmäßig auswerfe, sondern eher in Gesellschaft, ist das Angeln eine

100-prozentige Vanlife-Beschäftigung. Für unterwegs hatte ich mir die erste eigene Rute im September 2019 irgendwo in Mittelwestschweden zugelegt. Ich wollte beim Kauf Ahnung vortäuschen, doch der kernige Betreiber des Waldcampings samt Angelshop ließ mich spüren, dass ich keine hatte. Seine Stimme war freundlich, aber sein Blick verriet mir, dass er hart dagegen ankämpfen musste, die Augen nicht zu verdrehen. Meine amateurhafte Anwesenheit in diesem wilden Teil Schwedens, wo sonst nur erfahrene Outdoorprofis hinkommen, um ihr Revier zu markieren, juckte ihn. Doch, ein gutes Geschäft witternd, beriet er mich Route um Route, Spule um Spule, Köder um Köder und Spinner um Spinner sehr geduldig. Ich kaufte das notwendige Equipment, erwarb noch eine lokale Angellizenz und stand kurze Zeit später breitbeinig am Flussufer, um mich wie ein ganzer Kerl zu fühlen.

Aber mal Spaß beiseite: Das meditative Warten inmitten unfassbar schöner Natur hat mich holistisch überwältigt und war genau das, was ich dringend gebraucht hatte. Auf den ersten Auswurf folgten noch viele schöne Angelstunden in Schweden und Norwegen. Ich erinnere mich auch gut daran, wie ich mit drei Freunden aus drei verschiedenen Ländern auf den Lofoten eines kühlen, klaren Winterabends 15 Köhler aus dem Nordmeer zog und wir tagelang Varianten vom Köhler aßen, sogar auf der selbstgemachten Pizza.

Allerdings haben mich alles andere als MSC-konforme Kabeljau-Momente auf den Lofoten das Angeln stark hinterfragen lassen. Einen Kabeljau zog ich am Ausleger eines kleinen Industriehafens nahe Ramberg heraus. Hinter mir arbeiteten ein paar kernige Neuzeit-Wikinger an einem Schiff, und ich stand nebenan mit meiner Anfänger-Angel auf einem Haufen aufgeschütteter Felsbrocken. Der Blick auf den Fjord und die Berge war großartig. Plötzlich hatte ich Fischkontakt und holte behutsam einen Kabeljau ein. Ich entfernte den Haken, bewunderte das prächtige Tier und warf es dann über die Felsbrocken zurück ins Wasser. Mit langsamen Bewegungen verschwand der weiße Fisch im Blauschwarz des Fjords. Während ich den Mix aus Euphorie und Aufregung genoss, entdeckte ich vor mir am Boden plötzlich ein zeigefingerlanges und -dickes Stück Fischfleisch samt Haut. Wie mit einem Skalpell herausgetrennt, lag es einfach vor mir. Scheinbar streifte der Fisch beim Einholen einen der scharfkantigen Felsbrocken, obwohl ich genau das vermeiden wollte. Einige Zeit später sah ich in einiger Entfernung etwas Weißes an der unruhigen Oberfläche des dunklen Spiegels meiner Seele treiben. Ich weiß bis heute nicht, ob es der arme Kabeljau war, der meiner Arroganz zum Opfer gefallen war. Aber die Chancen sind hoch.

Neben meiner Überheblichkeit offenbart jener Vorfall auch folgendes Problem: In Europa sind alle Meere frei vom Ufer aus befischbar für Amateure wie mich. Dadurch kommen Fische oftmals sinnlos zu Schaden. Deshalb meine ich mit folgender Ansage vor allem mich selbst: Wer ohne Angelschein angelt, ist ein Idiot! Ich werde fortan nicht mehr angeln, bis mir eine entsprechende Institution nach Prüfung meiner theoretischen und praktischen Fähigkeiten die Lizenz erteilt hat. Fürs Karma sammele ich seither Angelmüll wie Leinen, Haken und Schwimmer an den Küsten aller Länder ein, die ich bereise. Davon liegt mehr rum, als man denkt.

Wie kam es zu diesem fatalen Angelfehler? Ich habe mich in Skandinavien einfach vom omnipräsenten Geist der Selbstversorgung mitreißen lassen. Die Menschen in Nordeuropa jagen, angeln, sammeln und essen ihre gesamte Umgebung – vielfach in Form eines netten Familien-Events für Groß und Klein. Ich wollte ein Teil dieser Kultur sein, habe aber verkannt, dass man dafür echte Fähigkeiten braucht.

Danke, Selbsterkenntnis!

ARBEIT

Es gibt fast nichts anderes an Bord, das ich so kontrovers betrachte und fühle wie meine Arbeit. Manchmal gibt sie mir Erfüllung, manchmal hasse ich sie. Und manchmal vergesse ich, dass es das ortsunabhängige Arbeitsmodell ist, das mir das alles ermöglicht. Dennoch wirkt die Arbeit, wenn man an besonders schönen Orten ist, die man einfach nur den ganzen Tag lang erkunden will, oft wie eine Last. Wie ein Hindernis. Dann muss man sich zusammenreißen und sich mit ihr versöhnen. Ich tendiere aber dazu, so wenig wie möglich zu arbeiten. Sorry, Leitungsgesellschaft!

In den meisten Momenten finde ich in meinem Tun als Werbetexter fast so etwas wie Erfüllung, aber manchmal auch nicht. Doch fürs Schreiben bezahlt zu werden, ist ein echter Segen. Erst recht, weil ich für meine Aufträge überall sein kann – sogar im Zweifel.

Danke, Arbeit!

B wie BERGE

Berge, das wusste ich schon vor dem Vanlife, besitzen diese ganz besondere Fähigkeit, einen komplett abzuschirmen, einen voll aus dem Alltag zu holen und einfach nur im Moment sein zu lassen. Oft bin ich überrascht, wo man überall welche findet. Sogar richtig hohe! Und ganz egal, in welchem Land man ist, es begeistert mich stets das gleiche Phänomen in Bergregionen, in Bergdörfern oder auf Passstraßen. Immer herrscht der eine gleiche Berg-Vibe vor: Man ist physisch und mental näher an der Sonne, die Menschen sind kerniger, aber sie sind stets herzlich-freundlich, und es riecht fast immer nach Rauch, Schinken, Kühen oder Schafen und Wiese. Und ebenfalls fast immer rauscht von irgendwoher ein Bach.

Ich liebe Berge. Berge können einem viel beibringen. Zum Beispiel, dass man keine Kondition hat. Oder dass es auch in Portugal schneien kann und dass es dort sogar Skigebiete gibt. Zum Glück liegt mein Snowboard schon in Portugal, denn das musste ich 2020 ausmisten und dort deponieren, als meine Freundin ganz spontan einzog, nachdem sie noch spontaner zu meiner Freundin wurde.

Danke, Berge!

BIN OK

»BIN-OK« ist der unterhaltsame, viele Menschen begeisternde, nicht nummerische Teil meines Nummernschilds. Nichts fühlt sich deutscher an, als sein Nummernschild zu designen. Da ich aus dem Kreis Mainz-Bingen komme, hatte ich die Wahl zwischen »MZ« und »BIN«, um meinem Van schwarz auf weiß Wurzeln zu verpassen. Natürlich ging ich in Kombination mit meinen Initialen, »OK«, den »BIN«-Weg.

Mein Freund Tahar ist bei unserer ersten Begegnung am Strand von Malhão in Portugal wegen des Nummernschilds komplett ausgerastet und hat sich minutenlang nicht wieder eingekriegt. Ich genoss das natürlich. Genau da will man als ambitionierter StVO-Künstler und Nummernschild-Designer ja hin.

»BIN OK« wurde seit meinem Aufbruch zu einer Art inoffiziellem Titel für mein Vanlife. Erstens, weil ich gesundheitlich wieder ziemlich OK, und zweitens, weil ich als Mensch auch ganz OK bin. Sicherlich habe ich einige Defizite und Baustellen, aber für ein solides »OK« reicht es allemal.

Danke, Zulassungsstelle!

C wie CHAOS

Es entsteht täglich auf so engem Raum. Als reisender Junggeselle war es kein Problem, eine gewisse Grundordnung aufrechtzuhalten. Aber jetzt, zu dritt, mit zwei Menschen und einem Hund, ist Chaos vorprogrammiert. Das liegt überwiegend daran, dass man seinen kompletten Hausrat samt Küche, Bad, Wohn- und Schlafzimmer plus Hobbykeller auf knapp sechs Quadratmetern dabeihat.

Im täglichen Meistern von Chaos steckt nicht nur ein zen-buddhistischer Quell innerer Ruhe und geistiger Befriedigung, sondern auch eine gnadenlose Notwendigkeit, um nicht zwischen Schuhen, Hundespielzeug, Klamotten, Kabeln, Sandmassen, nassen Handtüchern sowie ungespülten Geschirrbergen verschollen zu gehen. Zum Glück gehört die Chaosbeseitigung zu unseren liebsten Hobbys. Man fühlt sich danach wie eine Mischung aus Monk und Tine Wittler.

Nebst vollem Körpereinsatz sind ein Handfeger plus Schaufel sowie ein Handstaubsauger unsere Waffen im Kampf gegen den wanderlustigen Hausrat mit mysteriösem Eigenleben. Gefegt wird täglich mehrfach. Besonders, wenn man gerade am Strand wohnt, denn dann wohnt der Strand grundsätzlich mit im Van. Küche und Bad wollen hin und wieder auch mal feucht liebkost werden, und das Ausschütteln der Bettwäsche sollte vor allem mit einem bettschläfrigen Hund zur Gewohnheit werden.

Anfangs bin ich das Thema »Sauberkeit« im Van etwas philosophischer angegangen. Besonders im Bereich Koch- und Essgeschirr tauchte wiederkehrend die Frage auf: »Ab wann ist eine Pfanne eigentlich wirklich dreckig? Oder ein Teller?« Das fragte ich mich aus drei Gründen: 1. Faulheit; 2. Wissenschaftliche Neugier; 3. Wassermangel wegen konstanter Minusgrade, die ein entleertes Wassersystem nötig machten. Nur ein 20-Liter-Kanister stand mir zur Verfügung, um neben dem Küchengeschirr auch Körperstellen aller Art zu reinigen. Woraus sich natürlich eine weitere, gesellschaftlich noch relevantere Folgefragestellung ableitete: »Ab wann ist ein Körper eigentlich wirklich dreckig?« An der Antwort philosophiere ich bis heute.

Haushaltstechnisch kam ich zu dem Ergebnis, dass man Pfannen, Teller und Bestecke locker bis zu sieben Tage lang wiederholt benutzen kann. Ich entwickelte Methoden, um ohne Wasser und Spülmittel zu spülen. Die Pfanne, in der ich mir im kalten Norden fast ausschließlich Lachs und Fleisch zubereitete, reinigte ich nach dem Anbraten der Hauptkomponenten gern mit einem Rührei, das dann alle Fette, Aromen und kross gebratenen Minipartikel zu einer köstlichen Beilage veredelte. Den Teller reinigte ich mit meinem Zeigefinger, und wo der Finger partiell versagte, konnte die Zunge durch direktes Reinigen punkten. Fazit: Satt. Sauber. Zero Wasser benutzt.

Danke, Faulheit!

CHEMIETOILETTE

Das Herzstück eines jeden Vans ist, wie in jedem stationären Zuhause auch, die Toilette. Man kommt zur Ruhe, man entlässt Altlasten und schafft Raum für neue Lebensenergie. In meinem Vanmodell (siehe »V«) nutzen wir eine althergebrachte Chemietoilette.

»Was ist eine Chemietoilette?«, höre ich viele fragen. Sie ist ungefähr das: Übertage dient einem eine bequeme Kunststoff-Kloschüssel mit angenehmem Brillenquerschnitt als Sitzgelegenheit, so wie ihre Keramik-Cousins in stationären Heimen. Untertage empfängt eine geräumige Feuchtraum-Toilettenkassette ehemalige Nahrungsmittel. In so einem Toiletten-Orkus befinden sich als Basiseinlage immer vier bis fünf Liter Wasser und ein Schuss »Chemie«, die bestenfalls zu 100 Prozent aus natürlichen Stoffen wie Duftharzen, ätherischen Ölen und Fruchtsäuren besteht. Die Biobrühe erledigt ihre Arbeit echt gut und ist deutlich weniger bis gar nicht umweltschädlich im Vergleich zu wirklicher Chemie. Allerdings haben wir jüngst auf eine Trenntoilette umgerüstet. Was das ist? Nachdem der erste Partner drauf war, trennt sich der andere. Nein, Spaß, sie separiert Pipi in einem Kanister im vorderen Bereich vom Kot, der im hinteren Bereich, also unter dem Po, in ein Bett aus Sägespänen oder anderen Pflanzenchips fällt, um dann mit einer Handvoll mehr davon bedeckt zu werden. Der Laie staunt, und der Fachmann riecht nichts. Trenntoiletten nennt man auch Trockentoiletten, und die Trockenheit sorgt dafür, dass kein

Geruch entsteht. Man braucht auch kein Wasser. Genial! Mehr Fäkal-Anekdoten stehen unter »K«.

Danke, Trennung!

D wie

DIEBSTAHL

Leider ein Thema, mit dem man sich fast täglich auseinandersetzen muss. Nein, nein, es bricht natürlich nicht täglich jemand ein, aber man muss täglich dafür sorgen, dass das auch so bleibt. Spannende Storys über kuriose Einbrüche werden unterwegs erzählt wie anderswo Sichtungen von Loch Ness oder Big Foot. Neben dem Interesse an wertvollen Inhalten wuchs in den letzten Jahren auch die Gier auf die Fahrzeuge selbst. Ich sorge auch an sicheren Orten immer dafür, dass ich meine umfangreiche Van-Absicherungsroutine konsequent durchziehe, damit weder der Schlendrian, noch sonst jemand Einzug hält.

Danke, Vorsicht!

DISCO-2

Nein, Disco-2 ist kein muffiges 90er-Jahre-Tanzlokal im rheinhessischen Hinterland. Mit Disco-2 meine ich meine erste, zwar nur dreiwöchige, wenngleich lebensverändernde vanlifeähnliche Erfahrung aus dem Spätsommer 2018. Ich hatte mir damals einen leicht verranzten, knapp 20 Jahre alten Land Rover Discovery 2, aka Disco-2, gekauft. Ein Klassiker. Ein Monument. Eine Legende. Und ein Schnäppchen! Für rund 4.000 Euro wurde ich der neue Eigentümer der rollenden Kfz-Historie. Hätte ich die Mühle nach dem Trip behalten und nicht gleich verkauft, bekäme ich gegenwärtig das Zwei- bis Dreifache dafür. Klassischer Anfängerfehler. Bedauerlicherweise war ich zum Zeitpunkt des Verkaufs nicht mehr ganz so jung, brauchte aber trotzdem das Geld. Für meinen Van.

Disco-2-Piloten sind automatisch verbündet und verbrüdert. Sie grüßen sich, ohne sich zu kennen. Mein silberner Allrad-Allrounder hatte deutliche Gebrauchsspuren, stand aber insgesamt gut da. Kein Ölleck, wenig Rost, nur im Innenraum roch es leicht nach Pferd. Sein erster Besitzer war ein Jägersmann von Adel, hieß es, über die Besitzer zwei bis drei weiß ich nichts und die vierten Besitzer machten scheinbar irgendwas mit Pferden, wie mir der fünfte Besitzer bei der Fahrzeugbesichtigung verriet. Doch wen juckt so ein bisschen Pferdegeruch, wenn der Rest geil ist? Mich tatsächlich, wegen einer leichten Pferdehaar-Allergie. Egal! Um darin »wohnen« zu können, baute ich die Rückbank mit einem Freund aus und setzte einen 60er-Jahre-Kleiderschrank horizontal als Bett ein. Der Schrank war sozusagen die Zwischendecke, die das Schlafzimmer vom Erdgeschoss mit Küche und Keller trennte. Sowohl mein Freund als auch der Kleiderschrank und seine Vorbesitzer sind für mich von besonderer Bedeutung.

Isomatte und Schlafsack rein, Duffelbag mit Klamotten, Campingkocher, Zigarettenanzünder-Kühlbox, Outdoorzeugs und anderen Kleinkram hineingeworfen und ab ging's ans Nordkap. Nach diesem Jungfern-Trip gab es kein Zurück mehr: So mobil und frei wollte ich fortan immer leben. Die Vorbereitungen für mein neues Nomadenleben begannen noch unterwegs.

Der Kleiderschrank gehörte den sehr lieben, leider verstorbenen Eheleuten Weiand aus Wackernheim, die ich schon fast mein ganzes Leben kannte – sowie ihre gesamte Familie. Liebe Großfamilie Weiand, ob vergangen oder noch anwesend, ich hoffe von Herzen, dass Ihr Freude daran findet, dass der (groß-)elterliche Kleiderschrank gemeinsam mit mir am Nordkap war. Er machte aus meinem Disco-2 ein echtes Zuhause mit zwei Stockwerken und war mir ein treuer Freund. Auf ihm liegend träumte ich bereits damals vom freien Leben, das ich heute wirklich führen darf.

Der Schrank für mein Offroad-Etagenbett landete schließlich bei meinem Freund Winni. Er war nicht nur der Nachbar der ehemaligen Schrankbesitzer, sondern auch ein begabter Bau- und Holzkünstler, Allesverwerter und echter Van-Weltreisender, lange bevor es en vogue wurde. Bei ihm hieß das noch »Bus« und »reisen«, auch wenn er manchmal bis zu zwei Jahre unterwegs war. Statt nach Portugal fuhr er durch Afrika, Indien, Pakistan und den Kashmir-Konflikt. Sein Bus bestand aus mehreren zusammengeschweißten Bussen (einmal Mercedes, zweimal VW-Bus) und war als Baukunst auf Rädern eher Material fürs Museum als für den

TÜV. Letzterer empfand das ähnlich, doch nach viel gutem Zureden bekam der ikonische Camper doch immer wieder aufs Neue die Plakette, die in Deutschland die Welt bedeutet. Leider lebt auch mein Freund Winni nicht mehr. Er verstarb nur wenige Wochen vor meinem Aufbruch in mein – in seinen Augen – Spießer-Vanlife mit kalkulierbarer Remote-Arbeit am Laptop im jungfräulichen Neuwagen. Er verkaufte seinerzeit besondere Reifen aus Deutschland in der Sahara, um diese dann mit etwas Geld in der Tasche als Solotraveller zu durchqueren. Doch zum Glück konnte er meinen fix und fertig gekauften Van noch ausgiebig mustern und die Nase über den Neuwagengeruch rümpfen, um sich dann aber trotzdem recht herzlich mit mir zu freuen, dass ich diesen Weg wirklich gehen wollte. Also fahren.

Danke, Winni!

Danke, Weiands!

E wie ELEKTRONIK

Grundsätzlich habe ich von dieser Thematik keine Ahnung, aber ich steigere mich langsam von »keine« zu »ein bisschen« Ahnung. Und da wir alle, abgesehen von unserem Hund, digital, remote und somit abhängig von Elektrogeräten arbeiten, ist die elektronische Versorgung durchaus essenziell. Daher haben wir zwei hochwertige 110-Watt-Panels auf dem Dach, zwei 95-Amperestunden-Bordbatterien unter dem Beifahrersitz und einen Spannungswandler unter dem Schreib- und Esstisch. Letzteren habe ich unlängst durch eine leistungsstärkere Version getauscht.

2019 bin ich ohne verbauten Spannungswandler gestartet und musste schnell merken, dass ich so nicht arbeiten kann. Plötzlich war mein Laptop-Akku leer. Ich hatte zum Glück noch einen Spannungswandler im »Keller«, der mir mal Jahre zuvor geschenkt wurde, als ich noch nicht so ernsthaft an Vanlife dachte. Da ich aber vom Einbau keine Ahnung hatte, war ich sehr dankbar, in Schweden meinen neuen Allround-Handwerker Björn kennengelernt zu haben, mit dem ich entsprechende Kabel, Klemmen, Muffen und anderen Kram kaufte, um den Spannungswandler professionell mit den Bordbatterien zu vernetzen. Da damals jedoch der dunkle nordische Winter vor der Tür stand, war mit Solarstrom bald ohnehin nicht mehr viel zu holen. Langfristig betrachtet war es aber eine wichtige und sehr nützliche Aktion.

Danke, Björn!

ESSEN

Wir sind leidenschaftliche Esser. Das lässt sich einfach so feststellen. Wir kochen und backen allerhand im Van und gehen sehr gern essen. Wenn man viel herumkommt, ist die Kulinarik eine der schönsten Türen in neue Kulturen, um zwischen den Zeilen zu schmecken und Traditionen zu erkennen. Und wenn man sich ein wenig begeistert zeigt – was wir eigentlich fast nie vortäuschen müssen –, wird der Genuss zum Eisbrecher, um schnell zueinander zu finden: mit Menschen, Dörfern, Städten, Landstrichen, Regionen und ganzen Ländern. Die Küche im Van ist vergleichbar mit einer Feuerstelle in einer Höhle, um die sich alles dreht. Sie ist das verbindende Element zwischen dem Schlafzimmer und dem Wohn-, Ess-, Arbeitsbereich. Und die Badezimmertür geht nur so weit auf, bis die Küche stopp sagt.

Im Verlauf des Buchs wird das Thema Kulinarik noch so manche schöne Geschichte, aber auch Kontroversen produzieren.

Danke, Essen!

F wie FREIHEIT

Über Freiheit konnte ich in den letzten Jahren im Van viel lernen. Zum Beispiel, dass sie jeder anders empfindet. Sicherlich sind sich fast alle Menschen über die meisten Facetten von Freiheit einig, aber trotzdem lässt sich der Freiheitsbegriff scheinbar sehr individuell aufladen, ausleben und deuten. In meinem Fall trägt Vanlife zu einem starken Gefühl von Freiheit bei, das ich früher, im *normalen* Alltag und Leben, oft vermisst habe. Ein Gefühl, das ich eher passiv vermisst habe, recht diffus, wie ein großes Fragezeichen in der Seele, vor dem keine konkrete Frage stand. Dieses Fragezeichen verblasst jetzt zunehmend.

Fazit: Vanlife kann durchaus zur Lebenserfüllung beitragen, aber zum Glück streben nicht alle Menschen danach, sonst würde es bald eng an vielen schönen Orten werden – wie es zu manchen Jahreszeiten ohnehin schon der Fall ist. Doch grundsätzlich hoffe ich natürlich, dass mehr Menschen anfangen, nach ihrer Version von Freiheit zu suchen – und sie finden. Und erobern. Und behalten!

Danke, Freiheit!

FRIEREN

So ähnlich wie die Freiheit ist auch das Frieren sehr subjektiv. Diese Erkenntnis habe ich vor allem ab dem Zeitpunkt gewonnen, an dem meine Freundin (siehe unter »S«) in den Van gezogen ist. Nachdem ich relativ unverfroren den Oktober, November und Dezember 2019 nördlich des Polarkreises verbracht hatte und regelmäßig von Schnee und Eis umgeben war – sowohl außerhalb als auch innerhalb des Autos –, überredete ich meine halbportugiesische Freundin, mich mit ihren südländischen Frostrezeptoren in den winterlichen Norden Schwedens zu begleiten. Ich vergaß dabei allerdings, dass ich im Winter 2019 mit viel Abenteuerlust und einer Art magischem Winter-Adrenalin vollgepumpt war. Es war ein bisschen so, wie tätowiert zu werden: Der Schmerz ist da, aber man genießt ihn eher als etwas Lohnendes. Er macht Spaß!

Spoiler: Die Zehen meiner Freundin hatten von Winter-Adrenalin noch nie etwas gehört. Und hätten wir nicht so doll aufgepasst und diverse Wärmelösungen ausprobiert, hätten wir von ihren Zehen auch nie wieder etwas gehört. Doch sie haben einigermaßen gut durchgehalten. Oder zumindest überlebt.

Danke, Zehen!

G wie GASFLASCHEN

Ich habe stets zwei davon an Bord, die mit jeweils zwölf Kilogramm Gas gefüllt sind. Manchmal sind beide voll, manchmal sind beide leer. Überwiegend sind sie irgendwas dazwischen. Ich nutze Gas vorwiegend zum Kochen, gelegentlich zum Heizen, je nach Ort und Jahreszeit, und manchmal auch zum Aufheizen des Wassers. Und außerdem taugen die Flaschen noch für eine Sache, die ich allerdings erst nach Monaten im Van zu schätzen und überhaupt erst verstehen gelernt habe: zum effektiven Kühlen meines Kühlschranks. Denn dieser stellt bei über 17 °C Außentemperatur seinen Dienst ein, wenn er vom 12-V-Solarnetz gespeist wird. Auf Gasbetrieb wird das Gerät sogar so kalt, dass man die Butter als Auffahrkeil fürs Parken auf schiefem Terrain nutzen könnte.

Bis jetzt fand ich in allen Ländern irgendwo mindestens eine LPG-/Gastankstelle, die mir meine deutschen Flaschen mit deren eigenen Adaptern auffüllte. Nicht immer ganz legal, aber immer ganz voll. Im Winter muss man die Gasversorgung etwas besser im Voraus planen, wegen der Heizung, im Sommer reicht es auch sehr spontan.

Danke, Gastankstellen!

GESUNDHEIT

Gesundheit war und ist eines meiner wenigen, nicht geografischen Ziele, das ich unbedingt erreichen wollte. Altlasten wie Rauchen und gesteigerten Alkoholkonsum hatte ich bereits abgelegt, aber Gesundheit bedeutet natürlich weitaus mehr als das bloße Weglassen von Giften.

Nebst der Abstinenz ließ ich einige neue, gesunde Rituale in meinen Alltag einkehren, von denen ich nicht gedacht hätte, dass ich sie mal anwende. Ich stehe als Vanlifer gern mit oder gar vor der Sonne auf, gehe barfuß nach draußen und atme den neuen Tag meditativ-rituell ein. Dazu besinge ich meine angeschlagene Lunge mit Mantras, die in etwa so klingen: »Lunge, ich liebe dich. Du bist die beste und stärkste Lunge der Welt. Nichts kann dich zerstören. Ich danke dir für jeden Atemzug und mein Leben. Danke, Lunge!«

Die vermutlich gesündeste Weiterentwicklung vollzog ich mental, was sich wiederum positiv auf meinen ganzen Körper auswirkte. Dass meine Lunge unterwegs stärker wurde, beschreibe ich noch im Kapitel »Winter-Vanlife« genauer. Mittlerweile nutze ich meine Lunge PR-mäßig fast so intensiv wie 50 Cent seine Einschüsse, denn ich habe mindestens so viele Löcher im Torso wie er. Aber leider bin ich nicht so cool. Schade.

Danke, Lunge!

H wie

HEIMAT

Meine persönliche Auseinandersetzung von und mit dem (W)Ort »Heimat« läuft noch. Bitte zu einem späteren Zeitpunkt noch mal nachfragen! Mein pseudointellektuelles Zwischenfazit: Heimat ist eine nicht endende Auseinandersetzung mit sich und der Welt, so scheint es. Der Geburtsort spielt dabei aber schon eine große Rolle.

Danke, Heimat!

HUND

Acht Monate nachdem mir meine portugiesische Freundin zugelaufen war, adoptierten wir einen portugiesischen Hund. Manchmal komme ich mir beim Abhaken meiner Bucket list vor wie ein Schnellzeichner, so krass geht das voran. Danke, Vanlife: Freiheit. Freundin. Hund. Bam! Abgehakt! Unser kleiner Tobinho ist ein optisch sehr gelungener, etwa kniehoher Straßenmix, der glücklicherweise das Autofahren liebt und eine ausgeglichene Abenteuer-Schlaf-Balance vorweist. Geiler Typ!

Vanlife mit Hund ist nicht sonderlich anders oder anstrengender. Im Gegenteil: Man kriegt sogar noch mehr Bewegung und sieht noch mehr von den Orten, die man bereist.

Mehr unter »T« oder auf Instagram: @born__tobi__wild.

Danke, Tobi!

I wie INSTAGRAM

Eigentlich ist es eine durchaus brauchbare App fürs Vanlifen, sie geht mir aber, wie alle »Meta«-Produkte und sonstigen Content-Fallen, tierisch auf den Sack. Oder ehrlicher formuliert: Mein Umgang mit Instagram nervt mich. Scroll-Opium fürs Volk. Content-Crack für die Mittelschicht.

Instagram habe ich nach einer längeren On-off-Beziehung vor vielen Monaten vom Smartphone deinstalliert, aber unser Vankonto existiert noch. Denn für gewisse, seltene Momente, in denen man z. B. mit der Van-Community oder Einzelpersonen in Kontakt treten will, ist es ein brauchbarer Service. Und manchmal mache ich auch gern ein paar Storys. Ansonsten gibt es meiner Meinung nach Tausende andere tolle Dinge, die man lieber tun sollte. Wer jedoch live miterleben möchte, wie man einen Instagram-Kanal nicht bespielt, nicht nutzt und nicht kommerziell ausschlachtet, sollte uns folgen: @van_at_work.

Danke, Realität!

INTERNET

Ich blicke mittlerweile auf drei verschiedene Mobilrouter im Van zurück. Mein Fazit: Der Teuerste war der scheißigste, der mittelpreisigste arbeitet am O.K.-igsten und der günstigste bietet die wenigsten Funktionen, tut aber haargenau das, was er soll: Er macht Internet. In den meisten Ländern erwies sich das Internet auf Mobildatenbasis als ganz gut. Bei meinem ersten Skandinavientrip hatte ich so gut wie überall Internet, auch an den waldigsten Ärschen der Nordwelt, doch kaum legte ich mit der Fähre an der deutschen Ostseeküste an, brach die Internetverbindung zusammen.

Danke, Daten!

J wie

JUNG VON MATT

Diese weltbewegende Werbeagentur hat mich von 2014 bis 2016 – warum auch immer – an ihrer hauseigenen Academy studieren lassen, inklusive Stipendium. An meinen zukunftsweisenden Medien-Skills lag's sicherlich nicht. Aber vielleicht daran, dass ich eine gute Story vorzuweisen hatte: »Ex-Koch auf der Suche nach neuer Erfüllung in einer kreativen Welt« – oder so ähnlich. Und gutes Storytelling, so lernte ich an jener Academy, war, ist und wird immer der Schlüssel zum kommunikativen Erfolg sein.

Rückblickend ist es mir echt egal, warum ich genommen wurde. Ich bin sehr dankbar, dass ich nach meiner Kochkarriere dort in eine ganz neue Karriere starten konnte und dass ich sie genutzt habe, um heute so leben zu können.

Allerdings war mein Jung-von-Matt-Start ein sehr holpriges Unterfangen: Nachdem ich den Kochberuf aufgeben musste und stattdessen in unzähligen Nachtschichten zehntausende DHL-Pakete aus riesigen Trucks auf Fließbänder warf oder Schichtarbeit in Chemiefabriken nachging, sehnte ich mich nach etwas Neuem. Nach etwas Echtem. Wenn ich nachts mal nicht arbeitete oder mal wieder krankgeschrieben oder der Lungenkrankheit wegen arbeitslos war, verbrachte ich einsame Nachtschichten an meinem Laptop, um gängige Suchmaschinen mit Anfragen wie »Kreative Ausbildung«, »kreativer Beruf« oder »Wie verdiene ich 10.000 Euro im Monat von zu Hause aus« zu füttern. Die meisten dieser Nächte blieben ergebnislos, bis ich irgendwann auf die JvM Academy stieß. Dort las ich von einem völlig neuen und die klassischen Studiengänge herausfordernden Dual-Studiengang, für den Jung von Matt eine eigene Akademie gründete. Ich hatte damals natürlich keine Ahnung, was ein »Jung von Matt« war, was ich aber verstand, war das Wort »kreativ«, das überdurchschnittlich oft vorkam. Sogar im Titel der angehenden ersten Absolventen des ersten Jahrgangs der JvM Academy. Denn diese sollten »Kreativ Konzepter« genannt werden. Auch das Curriculum klang wie »geiler Scheiß für die Zukunft« und obwohl ich leider nur 30 Prozent aller verwendeten Begriffe verstand, dachte ich: »Wow, klingt irgendwie stark.« Ich verspürte ein deutliches Kribbeln. Auch wenn mir klar war, dass ich weder den Bewerbungsanforderungen noch den Ausbildungsinhalten gewachsen war. Egal! Und deutlich besser, als nur herumzusitzen. So kämpfte ich mich durch das dreistufige Bewerbungsverfahren: 1. Schriftlicher Teil mit vielen Fragen. 2. Das Lösen von drei Kreativaufgaben. 3. Sich an einem Live-Tag mit den 40 letzten und besten Anwärterinnen und Anwärtern messen, um dann einer der ersten 20 Studenten der JvM Academy zu werden.

Teil 1 und 2 des Bewerbungsprozesses absolvierte ich tatsächlich irgendwie und wurde zum Live-Tag eingeladen, um gegen die 39 anderen Finalisten von über 800 Bewerbern anzutreten. Leider war ich zu der Zeit zur Lungen-Kur auf Norderney. Mein Alltag dort bestand aus Inhalieren, Wassergymnastik, Nordic Walking am Strand und unzähligen Routineuntersuchungen. Mir fehlte es am kompetitiven Mindset, um auch nur annähernd bestehen zu können. Daher ergab ich mich leider meinem Jogginghose-Bademantel-Modus und ließ das Zugticket von Norderney nach Hamburg, wo der Live-Tag bei Jung von Matt stattfinden sollte, verfallen – ich saß sonntags kaffeetrinkend im großen Speisesaal der Klinik und blickte regungslos durch die Fenster aufs graue Meer, bis der letzte Zug des Tages ohne mich abgefahren war.

Meine Selbstzweifel, die auch ohne Kur vorhanden gewesen wären, trugen mal wieder den Sieg davon. Das war zuerst eine Erleichterung, doch dann kamen neue Zweifel. Hatte ich mich wirklich nur durch die ersten zwei Aufnahmerituale gekämpft, um jetzt doch alles hinzuschmeißen? Nein! Ich versprach mir spontan selbst, eine mögliche zweite Chance zu nutzen, sofern mir die Academy eine geben würde. Und tatsächlich erhielt ich zwei Tage später eine E-Mail, ob ich nicht noch mal nach Hamburg kommen wollen würde, um mich vorzustellen. Vermutlich brachte mir mein Kur- und Krankheitsbonus etwas Mitleid ein. Plötzlich war es wieder Sonntag. Und wieder saß ich mit einem Kaffee an der Fensterfront. Meine kleine Reisetasche stand gepackt neben mir. Die Abfahrtszeit nahte. Schweiß stand mir auf der Stirn, aber ich stand auf, ging zum Bahnhof, setzte mich in den Zug und fuhr nach Hamburg. Ganz ohne knallharten Wettbewerb und ohne 39 andere Finalisten sowie ohne über 20 Juroren, die ständig um einen herumschwirrten, saß ich nur mit Simone, der Academy-Direktorin, in einem kleinen Besprechungsraum des Urgebäudes von Jung von Matt im Karoviertel. Roter Klinker, viel Holz und das ikonische JvM-Grün rochen nach kreativem Neuaufbruch. Wir plauderten behutsam, ich fühlte mich pädagogisch bestens umsorgt. Und dann passierte etwas, wofür viele Menschen aus der Werbebranche das ein oder andere Organ verkaufen würden – vielleicht sogar ihre Seele? Jean-Remy von Matt trat herein, begrüßte mich lächelnd und fragte, wie es mir ginge. Dann legte »JR«, wie die Branche ihn liebevoll nennt, seine heilenden

Hände auf meine Schultern, knetete sie einmal sanft durch und sagte so etwas wie: »Ich wollte nur mal zeigen, dass ich kein Monster bin« – darauf verschwand er wieder aus dem Raum. Für gläubige Christen wäre dieses Ereignis mit einer Privataudienz beim Papst vergleichbar, wenn dieser spontan ihre Schultern berührt hätte. Bevor ich seinen Ring küssen konnte, war er schon im nächsten Meeting für irgendeine ikonische Weltkonzern-Kampagne verschwunden. Simone, die bereits erfolgreich die Good School in Hamburg sowie andere Jung-von-Matt-Branches gegründet hatte, stellte mir noch einige Fragen, die ich aufgeregt beantwortete, dann verschwand auch ich. Trotz einer eher mäßigen Performance war ich sehr zufrieden, mich dorthin und durchgekämpft zu haben. Meine Stimmung wurde sogar noch besser, als ich im Zug auf der Heimfahrt die erlösende Zusage-E-Mail erhielt. Einige Tage später bekam ich sogar noch eine Bestätigung für ein Stipendium. Warum? Keine Ahnung! Mein »Ex-Koch«-Status bot wohl einen gewissen PR-Wert für den besonderen ersten Jahrgang der JvM Academy; zumindest wurde in Artikeln branchenrelevanter Magazine mehrfach die Tatsache erwähnt, dass sogar ein Ex-Koch Teil dieses bunten, unangepassten, kreativen und handverlesenen Haufens war.

Danke, Jung von Matt!

JAMMERN

Gelegentlich erwische ich mich beim Jammern. Obwohl ich so lebe, wie ich schon immer leben wollte, jammere ich manchmal. Dann ist mir oft dies zu das oder jenes zu viel. Dings ist dann zu bums oder bums viel zu dings. Ein komischer Reflex. Ich verurteile mein Jammern aber nicht immer, sondern suche lieber im morastigen Jammerschlamm nach Goldnuggets. Jammern kann auch konstruktiv sein! Vor dem Vanlife habe ich beispielsweise auch viel gejammert. Meist darüber, dass ich kein Vanlife mache – und nun schaut, wohin mich dieses Jammern gebracht hat! Merke: Wer früher jammert, ist schneller fertig. *Jammer forward!*

Danke, du Jammerlappen!

K wie

KACK

Ich bin sehr dankbar, eine Toilette an Bord zu haben, obwohl es auch ursprünglich und schön sein kann, seine Notdurft inmitten eines moosigen Waldes zu verrichten. Echter Waldduft ist besser als jeder Kunstaroma-Klostein, und es ist ein besonderes Gefühl von Freiheit, wenn sich ein leichter Frühlings-Wirbelwind am Damm verirrt und sanft die Pobacken küsst.

Aber bitte, liebe *fellow vanlifer* und anderen nomadigen Draußen-Kacker und -Kackerinnen: Grabt doch bitte immer vorher ein Loch, um eure kleinen Fäkal-Klopapier-Pyramiden unter trittfester Muttererde zu beerdigen! Gern könnt ihr auch kurz innehalten und ein paar verabschiedende Worte sprechen. Aber lasst bitte NIEMALS den Haufen plus Klopapier offen liegen. Ekelhaft! Und schlimmer noch: unglaublich respektlos! Genau wegen solcher nervigen Fäkal-Mumien haben Vanlifer einen schlechten Ruf. Und die kleinen Kunstwerke findet man manchmal an Stellen, wo es einem nicht in den Kopf gehen möchte, wie genau dort jemand ohne schlechtes Gewissen abladen konnte. Wenn ihr beim Kacken eine schöne Aussicht braucht, dann abonniert halt *National Geographic* – aber haltet bitte öffentliche Orte kackfrei. Durch derartiges Benehmen braucht sich keiner wundern, wenn die Locals irgendwann handgreiflich werden. Alle wollen kostenlos am Strand parken und nur Dosenravioli futtern, anstatt wenigstens die Lokale und Cafés zu unterstützen, aber auf die ortsansässigen Betriebe, die vom Tourismus leben, wird von vielen Vanlifern oft einfach geschissen. Also sinnbildlich. Aber leider auch wortwörtlich davor, dahinter oder daneben. Wenn ihr kein Geld dafür habt, dann macht halt lieber Ferien am Baggersee. Ich wette, am Baggersee im Nachbardorf kackt ihr nicht einfach irgendwohin. Oder?

Danke, Heimscheißer!

KOCH

Nach einem Semester Architektur und einem Semester christliche Archäologie und byzantinische Kunstgeschichte sowie nach 13 Monaten Australien und Asien zwischendrin startete ich mit semiknackigen 23 eine Lehre als Koch. Nach den ersten zwei »holprigen« Jahren mit mehr Downs als Ups konnte ich letztendlich sowohl mich als auch meinen Chef und die anderen Ausbilder davon überzeugen, dass ich doch ganz gut für den Job geeignet war. Ich lernte auf hohem Niveau, startete danach meine kulinarischen Wanderjahre und kochte nebenher privat sehr viele Caterings mit meinem Freund und Kochkumpanen Stoffel. Wir rockten Fünf-Gänge-Live-Cooking-Buffets für 120 Leute und kulinarisierten diverse andere Events und Feste. Außerdem haben wir einen Kochkanal auf YouTube brachliegen, der mal wieder aufgewärmt werden möchte: BringBackQualityTV.

Kochen im Van ist eine Mischung aus zu wenig Platz und zu vielen Ideen. Gerade bei komplexeren Gerichten bin ich für meine Kochausbildung dankbar, sonst wäre Chaos garantiert. Wir kochen gern auch mal draußen. Unseren Gasgrill haben wir zwar nicht immer an Bord, aber wenn, gibt's von Steak bis Pizza alles Mögliche. Man entwickelt im Van automatisch Rezepte, die nach komplexer Küche schmecken, aber im Grunde nur ein schnelles One-Pot-Gericht sind. Dabei ist wichtig, dass man alle Zutaten zum richtigen Zeitpunkt sowie in der richtigen Reihenfolge hineinschmeißt. Außerdem sollte man nur Gerichte kochen, mit deren Geruch man gern kuschelt, denn besonders im Winter nimmt die nur 140 Zentimeter von der Kochstelle entfernte Bettwäsche gern alle Aromen für die Nacht auf.

Danke, Kochausbildung!

L wie

LEICHE

Nie werde ich den süßlich-morbiden Duft vergessen, der uns eines schönen Tages im spanischen Nordwesten um die Nase wehte, ohne dass wir gleich ahnten, woher er kam.

Dieser verdächtig duftende Tag fing nachts schon komisch an. Wir mussten mit Tobi mehrfach raus, waren übermüdet und außerdem hatten wir Zeitdruck, weil wir beide unbedingt arbeiten mussten und einen guten Stellplatz brauchten. Wir fanden auf Park4Night einen kostenlosen Spot samt Servicestation neben dem schicken Bahnhof eines mittelkleinen Bergdorfs. Links von uns stand ein großes Wohnmobil aus Deutschland, rechts ein alter Camper aus Frankreich, unter dem der ganze Boden nass war. Über die gesamte Flanke des Fahrzeugs flatterte ein riesiges »X« aus blaugelbem Plastikband, auf dem irgendwas geschrieben stand. Die Eingangstür wies markante Gebrauchsspuren auf. Ich war aber zu zerstreut, um diese Beobachtung tiefergehend zu verarbeiten. Der große Fleck am Boden trocknete langsam, während wir uns häuslich einrichteten. Als ich kurz darauf hinten am Auto stand, um das Gas aufzudrehen, fragte mich der nette deutsche Herr von nebenan mit überraschend ernster Miene: »Und? Bleibt ihr hier?«

Da ich noch nichts ahnte, zeigte ich auf die hübsche Kirche im Dorf sowie auf die nette Aussicht samt grüner

Berge dahinter und entgegnete: »Klar, ist doch schön hier. Und alles da, was man braucht« – mit Blick auf die Servicestation.

Darauf fragte er mich, ob ich mir den Wohnwagen neben uns noch nicht genauer angeschaut hätte. Ich verneinte, worauf er ausholte: »Aus dem Wohnwagen wurde gerade eine Leiche rausgeholt. Auf der anderen Seite hat die Feuerwehr ein Loch hineingeschnitten. Ich war selbst jahrelang bei Rettungseinsätzen dabei. Die Leiche lag da definitiv schon länger im Bett. Sieht nicht nach einem natürlichen Tod aus. Ich geb dir einen Tipp, schau dir das lieber nicht an.«

Während er und ich noch nachdenklich auf den Tatort-Camper starrten und ich endlich die gekreuzten Flatterbänder als Polizeiband erkannte, stoppte eine der skurrilen Figuren neben uns, die dort um den Bahnhof schlichen. Ich versuche stets, keine Vorurteile zu haben, aber Menschen, die ihre Füße schleifen, kaputte Klamotten anhaben und mehr Zahnlücken als Zähne haben, gewinnen nicht zwingend schon beim ersten Treffen mein volles Vertrauen. Als wir seine stille Annäherung mit unseren Blicken erwiderten, zeigte er auf den französischen Camper, fuhr sich mit dem Daumen langsam am Hals entlang und rief lachend: *»Muerte! Muerte!«*, dann ging er grinsend weiter.

Steffi kam kurz danach aus dem Van, um die Lage zu checken. Wir erklärten ihr schnell alles vom Anfang bis zum gerade erst passierten *Muerte-Muerte*-Moment. Steffi ist, das darf ich hier offen sagen, eine Tatort-Maus. Wie magisch angezogen lief sie sofort auf die andere Seite des Campers, um die Quelle des süßlichen Dufts zu bestaunen. »Das würde ich nicht machen!«, rief ihr der nette Herr aus Deutschland noch hinterher, aber sie war schon rum. Der Anblick an sich hatte sie nicht sonderlich schockiert, doch die Tatsache, dass hier alles auf ein Gewaltverbrechen hindeutete, löste Blitz-Unwohlsein in ihr aus. Und die Tatsache, dass Tobis Durchfall uns wohl wieder fünf- bis sechsmal in der Nacht nach draußen bemühen würde, half der sonst so netten Location nicht dabei, uns als Gäste zu behalten. 20 Minuten später fuhren wir wieder los, unsere deutschen Nachbarn waren bereits abgereist. Wir fanden spontan einen neuen Campingplatz auf Park4Night, etwa eine Stunde weiter nördlich in den Bergen. Wir hielten aber im Tatort-Dorf noch bei Lidl und auch hier war das Publikum zumindest rein optisch irgendwie »verdächtig«. Wir hatten ständig das Gefühl, dass unter den anwesenden Personen der oder die Camper-Killer waren. Ein komisches Gefühl. Erst gut zwei Monate später fand meine Tatort-Maus, die den Fall nicht ruhen lassen konnte, heraus, dass es sich um einen natürlichen Tod gehandelt hatte. Ein lokales katalanisches Blättchen schrieb online über den Vorfall. Typisch Mensch! Man hofft nicht auf das Schlimmste, geht aber insgeheim davon aus – und verdächtigt erst mal jeden.

Danke, an alle Horrorfilme, die ich jemals gesehen habe!

LUNGE

Koch? Lunge? Hoffentlich kommt jetzt kein Rezept? Keine Sorge. Es geht darum, wie meine Lunge in einem zweistufigen Verfahren den Weg für mein Vanlife ebnete.

Meine Lunge beendete 2013 meine Kochkarriere und half mir somit dabei, einen neuen Beruf zu finden. Und sie half mir 2019 bei der Entscheidung, den Traum vom Vanlife schnell und ernsthaft anzugehen. In Kombination mit der letzten OP im März 2019 hat dieser Umstand mein Leben positiv verändert; er installierte die notwendige Aufbruchstimmung in mir. Danke, liebes Ärzteteam! Postkarte kommt noch.

Insgesamt bin ich recht zufrieden mit mir, wie ich das alles weggesteckt habe. Auch wenn ich danach insgesamt eine gute Ecke langweiliger wurde. Ich wollte weniger Party machen, weniger trinken, nicht mehr rauchen und dafür mehr auf der Couch liegen. Ich wurde dicklicher. Das klingt erst mal nach den klassischen Symptomen einer Haustierkastration, aber das lag weniger an der Lungen-OP als vielmehr an meinem Lebenskonzept. Ich war von mir selbst gelangweilt. Daher wollte ich künftig viel am Meer und in den Bergen sein, viel frische Luft atmen, viel Bewegung bekommen, endlich mein Couch-Abo beenden, morgens endlich wieder voll motiviert aufstehen, das Leben und mich lieben … und so weiter.

Danke, Lunge!

M wie

MEER

Das Meer ist mein salziger Balsam für Körper, Seele und Lunge geworden. Ob Nordmeer, Biskaya (sorry für den Ohrwurm) oder Atlantik: Viele Hundert Meeresluft-Tage haben mir in den letzten fünf Jahren sehr dabei geholfen, mich schnell und kontinuierlich besser zu fühlen. Salz in der Wunde kann doch gut tun.

Danke, Meer!

MENSCHEN

Obwohl meine sozialen Kompetenzen je nach Tagesform überschaubar sein können und sich irgendwo zwischen schüchtern und hochgradig soziophob einpendeln, sind mir Menschen sehr wichtig. Zumindest dann, wenn ich Lust auf Gesellschaft habe. Ich hatte tolle Menschen um mich, bevor ich gestartet bin, und unterwegs kamen noch einige tolle dazu. Manchmal musste ich mich überwinden, offen auf neue Leute zuzugehen, aber dafür mache ich den ganzen Spaß hier ja auch. Ich will nicht als der Gleiche zurückkommen, als der ich losgefahren bin. Ein Freund hatte mir vor vielen Jahren, kurz vor meinem langen Australienaufenthalt, gesagt: »Egal, wie weit du reist, deine Monster wirst du nicht los.« Das stimmt – aber nicht alle Monster sind böse! Man muss sie nur kennen und verstehen lernen. Heute lebe ich mit meinen mentalen Monstern in einer Art freundschaftlicher Zweckgemeinschaft. Wir arrangieren uns. Und ich muss zugeben, dass mich meine Monster auch schon vieles gelehrt haben und für den Großteil meiner kreativen Reflexe verantwortlich sind. Wer viel Angst hat, muss schnell reagieren können.

Und falls man doch mal mit einem seiner Monster kämpfen muss, dann darf die Location doch wenigstens schön sein, oder? Das Auge kämpft schließlich mit. Lieber am Strand als auf der heimischen Couch.

Danke, Monster!

N wie NACHBARN

Steht man irgendwo allein, wo's schön ist, kommt echtes Vanlife-Feeling auf. Stehen plötzlich noch 25 bis 30 andere Vans daneben, aufgereiht wie die Sardinen in der Büchse, stellt sich schnell eine Art Neubaugebiet-Reihenhaus-Flavour ein. Aber dann kann man ja zum Glück einfach weiterfahren, zum nächsten Spot, bis sich dort neue Sardinen in die leere Büchse quetschen. So ergeht es einem manchmal an schönen Orten in der Hauptsaison. Oder wenn in der Nähe ein anderer beliebter Platz gesperrt wird. Aber trotz der ungewohnten Enge kann man natürlich auch mal ein kleines

Nachbarschaftsfest organisieren, samt Grillerchen, Musik, Klatsch und Tratsch.

Nachbarn können einem zum Beispiel auch Sicherheit bieten, wenn draußen kreisende Haie mit Büchsenöffnern Hunger auf Sardinen haben. Und meistens trifft man unter den kontinuierlich wechselnden Nachbarn auch coole Leute und schließt langfristige Freundschaften. Doch Fete und Fehde liegen unter Nachbarn oft nah beieinander. Manchmal nur ein Kackhäufchen entfernt. Denn mit wild kackenden Nachbarn, die keinen Klappspaten besitzen, stehe ich Samstagnachmittag nicht stundenlang am Gartenzaun und quatsche.

Danke, Nachbarschaft!

NACHDENKEN

Denken hilft. Es macht Spaß. Es ist zu einer Art Hobby geworden. Während meiner ersten Wochen in Portugal saß ich jeden Morgen für mindestens eine Stunde auf einer Klippe, schaute aufs wilde Meer und dachte vorsichtig nach. Nicht tief genug, um mich von dem großartigen Anblick abzulenken, aber gerade so viel, dass ich als denkendes Wesen durchgehen konnte. Generell sollte Denken mit Bedacht portioniert werden. Die Dosis macht den Kopfschmerz! Und dann bleibt auch mehr Raum fürs Herz.

Danke, Denken!

O wie

OLIVERKNEIP.DE

Das ist meine Werbetexter-Website. Sie ist ein nützliches Tool für einen vagabundierenden Freelance-Texter wie mich. Manchmal schaue ich sie öfter an, manchmal für Monate nicht. Potenzielle Kunden machen es ähnlich. Sie steht sogar hinten auf meinem Van, damit ich meine mattschwarze Folierung im unteren Bereich des Vans als Werbung von der Steuer absetzen konnte.

Danke, Folie!

ORCAS

Im Buch folgt noch ein gleichnamiges Kapitel. Ich wollte nur hier schon mal damit angeben, dass ich welche sehen durfte. Im Schlauchboot. Bei -16 °C. War geil.

Danke, Skjervøy!

P wie

PANZERTAPE

Dazu kann ich nur sagen: braucht man! Ständig. Für alles. Für Dinge und Probleme, die einem selbst mit viel Fantasie vorab nicht einfallen würden. Zum Start sollte man mindestens zwei Rollen dabeihaben. Oder direkt mehr. Langfristig muss man es ohnehin rollenweise nachkaufen.

Reisewarnung: Menschen, die mit viel Panzertape in einem Van unterwegs sind, haben nicht immer den besten Ruf. Aber davon sollte man sich nicht beirren lassen.

Danke, Panzertape!

PARKEN

Parken hat im Vanlife zwei Bedeutungen: Einmal beschreibt es das allseits bekannte, temporäre Parken für Einkäufe, Ausflüge oder andere Erledigungen, doch darüber hinaus bedeutet es für Vanreisende und -lebende den richtigen Ort für eine oder mehrere Nächte. Es gibt kaum ein schöneres Gefühl, als an einem neuen, perfekten Ort anzukommen, um dann in semikolonialistischer Manier den nach frischer Heimat gelüstenden Anker zu werfen und sein mentales Fähnlein zu hissen. So geht parken!

Ich nutze am liebsten die Apps Campercontact und Park4Night, um in ganz Europa Stell- und Serviceplätze zu finden. Ob für kurz oder für lang, ob für Wildnis oder Luxus, ob für umme oder gegen Bezahlung. Ohne diese beiden Apps wären die letzten fünf Jahre deutlich anstrengender gewesen.

Danke, neue Orte!

Q wie QUALITÄT

Das Thema Qualität hat für mich ab dem Moment an Bedeutung gewonnen, als ich anfing, weniger zu besitzen. Ich brauche nicht viel. Aber das, was ich besitze, will ich in richtig geil. Ob Rucksack, Wanderschuhe, Fahrrad, Kopflampe, Regenjacke, lange Unterhose, Kamera, Socken, Pullover, Axt oder Säge: Wer billig kauft, kauft zweimal.

Noch eine kleine Reisewarnung: Axt und Säge niemals gleichzeitig mit Panzertape kaufen und dann in den Van steigen. Das wirft mitunter doch zu viele Fragen auf.

Die Qualität des Equipments an Bord entscheidet maßgeblich über viel oder wenig Spaß. Vor allem, wenn man den unterschiedlichsten Wetterlagen und Situationen ausgesetzt ist. Kleines Beispiel: Wenn man bei -20 °C die ganze Nacht draußen sein will, um Nordlichter zu fotografieren, macht Merinowolle als Basis-Layer den entscheidenden Unterschied. Eine lange Unterhose aus Merinowolle ist um Welten besser als drei lange Unterhosen aus Billigmaterial. Die halten dann untenrum eventuell auch warm, dafür gart man im eigenen Saft. Speck im Plastikmantel.

Danke, Schafe!

QUINTA

Dieses Wort wirkt wie ein Fremdkörper in einem Vanlife-Buch, oder? Hatte ich der schnöden, stationären Lebensweise nicht einige Zeilen und Monate zuvor abgeschworen? Ja, natürlich! Trotzdem haben wir ein Grundstück gekauft. In Südportugal. Dort sagt man *Quinta.* Aber wir bleiben trotzdem Vanlifer. Wir werden weiterhin reisen und im Van wohnen. Natürlich auch dort, während wir ein Tiny House bauen und ganz allmählich die Bauernhaus-Ruine wieder hochziehen. Langfristig schweben uns Unabhängigkeit und Selbstversorgung vor sowie ein paar Camperstellplätze und andere Unterkünfte für digitale Nomaden, Urlaubende, remote Arbeitende oder anderweitig Bewegte. Bei dem Wort »Workation« muss ich zwar brechen, aber solche Menschen sind natürlich auch willkommen.

Danke, *Quinta*!

R wie

RÄDER

Es passiert schnell, dass man seine Räder nicht oder viel zu wenig beachtet. Dabei sind sie die Stars der Show. Sobald man einmal angefangen hat, stärker, tiefer oder gar philosophisch über die eigenen vier Räder nachzudenken, gibt's im Oberstübchen kein Halten mehr. Was sie alles leisten, was sie tragen, was sie bedeuten, was sie schon alles erlebt und geschmeckt haben? Der reinste Wahnsinn! Ich sitze gern vorm Van, liebkose ihn mit meinen Blicken und verweile dabei oft in stiller Bewunderung seiner Räder. Echte Haudegen. Die haben Format. Und Profil.

Danke, Räder!

RAUM

Raum ist relativ. Ich hätte früher nie gedacht, irgendwann mal auf nur knapp sechs Quadratmetern zu wohnen – und das sogar noch mit Hund plus Frauchen. Aber dafür ist mein Vorgarten jetzt rund 510.000.000 Quadratkilometer groß. Es gleicht sich alles aus.

Unsere kleine Hütte zu putzen, geht zum Beispiel viel schneller als bei einer handelsüblichen Wohnung, und wenn draußen Laub oder Schnee liegen, juckt es mich nicht. Seit ich im Van wohne, habe ich samstags noch nie gekehrt. Nicht einmal dann, wenn zu viele, eng aufgereihte Vans ein gutbürgerliches Wohngebiet imitiert haben.

Danke, Raum!

S wie
SICHERHEIT

Besonders, seit ich meine Steffi an Bord habe, die ich direkt im Anschluss näher vorstellen werde, ist mir Sicherheit noch wichtiger geworden. Jetzt nicht unbedingt in Richtung Bausparen oder Altersvorsorge, eher so im Bereich Einbruchsprävention im Van. Denn, das muss man wissen, die Übergriffe nehmen zu. Viele Reisende haben mir berichtet, dass sie beraubt wurden, während sie schliefen. Manchmal wird Narkosegas in die Vans geleitet. Klingt verrückt, aber wenigstens wird man dann nicht mehr anderweitig k. o. geschlagen. *Think positive!*

Manchmal bedeutet Sicherheit auch einfach, zu überlegen, wo genau man die Nacht verbringen will, ob man die Fenster auflassen kann oder ob die drogenberauschte Gruppe Teenager, die um Mitternacht im Begriff ist, direkt nebenan einen Rave aufzubauen, noch nervig werden könnte. Sicherheit bedeutet auch, vernünftig abzuwägen, ob man bei Eis- und Schneetreiben unbedingt irgendwo hinfahren muss oder sich lieber an Ort und Stelle einschneien lässt, um den isolierenden Effekt der Schneemassen auf dem Auto zu genießen.

Heute weiß ich, dass Sicherheit viele Facetten hat. Manchmal gilt *no risk, no fun* und manchmal bringt mehr Sicherheit mehr Spaß.

Danke, Vernunft!

STEFFI

Dass ich unterwegs eine Frau kennenlernen könnte, die vielleicht sogar mein Vanlife mit mir teilen würde, war kein völlig ungeträumter Traum, doch dass es wirklich so kommen sollte, hätte ich nicht gedacht. Romantik-Fans werden diese Geschichte lieben. Wie Rosamunde Pilcher, nur ohne Adel und Landsitz.

Im Oktober 2019 saß ich im Van in Nordschweden und schaute den Grautönen des dahinsiechenden Nordhimmels beim nuancierten Wechselspiel zu. Mein Laptop stand vor mir auf dem Tisch und hielt mir aufdringlich irgendwelche Arbeit ins Gesicht. Nur das zarte Bingen einer neuen E-Mail holte mich aus meiner Trance. LinkedIn teilte mir mit, dass eine gewisse Stephanie Kolkmann mich zu ihrem Netzwerk hinzufügen wollte und mir obendrein eine Nachricht geschickt hatte.

Steffi hatte 2019 die Idee, sich bei der JvM Academy in Hamburg zu bewerben. Als studierte portugiesische Grafikdesignerin wollte sie noch die Academy obendrauf setzen, um in Hamburg besser Fuß fassen zu können, denn seit 2017 wohnte sie wieder in ihrer Geburtsstadt. Ihr Deutsch ist gut, ihr Talent riesig, doch beruflich vernetzt war sie in der Werbe-Perle bislang nicht sehr gut. Diesen Umstand sollte das Studium an der JvM Academy ändern. Ein Freund aus Brasilien, der in der Hamburger Werbewelt Agentur-Hopping für den Lebenslauf betrieb, suchte Steffi drei Menschen heraus, die laut ihrer LinkedIn-Profile an der Academy studiert hatten. Ich war einer davon. Steffi schrieb uns an, um zu fragen, ob sich das aufwendige, dreistufige Bewerbungsverfahren lohnen würde. Denn für sie lag vor allem im schriftlichen Teil die Herausforderung.

Ich freute mich über die nette Unterbrechung durch Steffis damals noch rein beruflichen Annäherungsversuch und antwortete ihr. Erstens, weil ich helfen wollte, und zweitens, weil ihr Profilbild sehr ansprechend war. So startete ein Austausch zwischen uns, der lange währte. Vor allem deshalb, weil ich kein guter Brieffreund bin. Ich verpeilte es oft, ihr zu antworten, trotz Interesse am Helfen – und irgendwie auch an ihr. Zum Glück schrieb sie energisch weiter, um Antworten auf ihre brennenden Fragen zu erhalten. Zwischendrin beriet ich sie noch bei ihrer praktischen Arbeit für die zweite Bewerbungsphase. Gegen Ende 2019 offenbarte ich, dass ich Anfang 2020 nach Portugal reisen wolle, und bat sie um Tipps. Natürlich schickte sie mir einige, um sich zu revanchieren.

Dann passierte zunächst nicht viel, bis wir im März 2020 feststellten, dass wir beide zeitgleich in Portugal waren. Unsere Kommunikation wurde intensiver und Ende April kreuzten sich unsere Wege dann wirklich im Südwesten Portugals, wo ihre Familie lebt. Steffi und ich trafen uns auf einem Stellplatz in der Nachbarschaft zum ersten Mal live und in Farbe: ich hell-weiß mit roten Stellen, sie südländisch braun. Wir verabredeten uns auf dem Feldweg vor der Camper-*Quinta*, um mich dort einzuchecken. Ich stand bereits vor Ort, als eine Dreitürer-Offroad-Mercedes-G-Klasse mit fetten BF-Goodrichs neben mir hielt. Die Tür ging auf und für mehrere Sekunden kamen erst mal nur lange Beine heraus. Schöne, braun gebrannte, wohlgeformte Beine, gekrönt von fransigen Hotpants-Jeans. Dann folgte ein schwarzer Pullover, von dem sich lange blonde, sonnenverwöhnte Haare wie goldenes Lametta abhoben. Als Sahnehäubchen gab es noch ein sympathisches Lächeln. ›Na toll!‹, sagte ich leise zu mir, ›du hättest echt auch ein bisschen hässlicher sein können.‹ Denn mein Schüchternheitsmodus stellte leider sofort auf Maximalleistung um. Mein Unsicherheitszentrum rief Alarmstufe Rot aus. Mein Sprachzentrum fuhr auf Minimalfunktion herunter, und meine Schweißfabriken erhöhten ihre Produktion um mindestens 25 bis 30 Prozent. Innerlich sprach ich mir streng zu: ›Ey, Junge, du bist 35, jetzt reiß dich mal zusammen!‹

Wir wechselten maximal zwei oder drei Sätze, dann betraten wir schon Alwins Camping. Es standen nur ein paar andere Fahrzeuge verteilt auf dem stufigen Terrain. Eine deutsche Frau, Iris, kam auf uns zu. Sie war so eine Art Dauergast. »Na, sucht ihr einen Stellplatz für euch?« Steffi und ich drucksten beide herum und machten klar, dass wir nur für mich einen Platz suchten und nicht zusammen reisen würden. Iris, die scheinbar ein gutes Auge hatte, entgegnete erstaunt: »Ach so. Ihr wirkt so vertraut. Ich dachte, ihr wärt ein Paar.« Steffi sagte rasch »Ne, ne!«, ich stammelte irgendwas Verlegenes, das auf ein »Hi, hi, hi« endete. Vermutlich mit roten Bäckchen.

Kurz darauf tauchte Alwin auf, und ich parkte meinen Van. Steffi nahm mich in der G-Klasse zu den Klippen und Stränden von Zambujeira mit. Sie wollte mir die Schönheit ihrer Heimat zeigen. Wir saßen oben auf der Klippe, schauten aufs Meer und redeten lange. Also, Steffi redete, ich war eher ruhig. Dazu muss ich an dieser Stelle sagen, dass es unter anderem daran lag, dass Steffi generell gern redet – aber natürlich auch daran, dass mein Sprachzentrum noch auf Kurzarbeit umgestellt hatte. Ich tröstete mich mit dem Gedanken, dass Zuhören oft als besondere Qualität bei einem Mann gesehen wird. Leider lag ich falsch. Sowohl an diesem als auch bei den nächsten Treffen, an denen sie mir schöne Strände und Co. zeigte, interpretierte sie mein Schweigen als Desinteresse sowie als Warnhinweis, dass ich extrem langweilig sein könnte. Zum Glück erwies sich beides überwiegend als falscher Alarm, und ich taute langsam auf.

Eines schönen Nachmittags, nach etwa drei oder vier Treffen, lud mich Steffis Familie zu sich nach Hause ein. Die Eltern wollten mich kennenlernen, da Steffi und ich die Idee hatten, dass ich sie auf dem Landweg mit nach Deutschland nehmen könnte. Die Flüge nach Deutschland wurden im April und Mai 2020 fast alle gestrichen. Das Treffen diente dem Zweck, der Mutter zu beweisen, dass ich (Zitat:) »kein Axtmörder« bin. Die Tatsache, dass in meinem Van eine große Axt hing, wurde daraufhin zum Running Gag.

Bei Kaffee und Kuchen mit ihrer Familie sowie mit einigen Freunden performte ich ganz okay und landete sogar den ein oder anderen Witz. Aus irgendwelchen Gründen trug ich an diesem Tag extrem hässliche Plastiknetz-Strandschuhe von Decathlon für vier Euro das Paar. Die Dinger fielen nicht nur Steffi negativ auf, sondern auch ihrer Mutter. »Du hast lustige Schuhe an«, war einer ihrer ersten Sätze zu mir. Fortan versteckte ich meine Füße unter Stühlen und anderem abschirmendem Mobiliar. Eigentlich lege ich viel Wert auf schöne Schuhe, aber an dem Tag war es zu heiß für feste Schuhe und meine Adiletten waren im Van verschollen. Bis heute bekomme ich regelmäßig zu hören, dass es eine Art früher Liebesbeweis war, dass Steffi trotz der Vollplastik-Wasserflitzer in zeitloser Netzoptik noch Interesse an mir hatte. Am selben Abend schickte ich ihr dann ein Foto von einer Dose Bier im Van, um sie in meine rollende Liebeshöhle zu locken. Wir verabredeten uns für den nächsten Abend. Wow, lief bei mir! Ich war nicht nur ein erfolgreicher Nummernschild-Designer, sondern wohl auch ein vielversprechender Pick-up-Artist.

Wir trafen uns am nächsten Abend im Van und redeten angeregt. Ich diesmal auch. Wir tranken erst Dosenbier, dann einen vollmundigen Alentejo-Rotwein und hatten einen wirklich grandiosen Abend. Wir lachten viel. Und was ist schon wichtiger, als gemeinsam lachen zu können? Unter meinem Van, der verrückterweise bald unser gemeinsames Zuhause werden sollte, versteckte sich an dem Abend eine läufige Hündin vor einem Rudel notgeiler Rüden, die wir mehrfach verjagten, um der Armen eine Pause zu gönnen. Manchmal machte Steffi für die lüsternen Rudelbumser vor der Schiebetür Marvin Gaye auf dem Handy an und wir lachten wieder. Als ich sie dann nachts noch ein paar Schritte begleitete, küssten wir uns. Am nächsten Morgen brach ich nach Praia do Malhão auf, um Vanfreunde am Strand zu treffen und eine Weile dort zu wohnen. Ich schickte Steffi von unterwegs ein Foto von einem Seeteufelkopf mit aufgerissenem Maul aus einer Supermarkt-Fischauslage. Dazu schrieb ich: »Mein Gesicht, als du mich gestern küssen wolltest …« – wieder lachten wir gemeinsam. Am folgenden Wochenende blieb sie drei Tage bei mir im Van am Strand und ab dann für immer. Daher kommt wohl das Sprichwort: wo die Liebe hinfährt.

Danke, Plastiknetz-Wasserschuhe von Decathlon für vier Euro! Hinter eurer abschreckenden Optik entdeckte Steffi mein wahres Ich.

T wie

TEAMBILDUNG

Ein Phänomen, das beim *Vanlifen* verstärkt auftritt, ist das spontane Teambuilding mit zumeist fremden Menschen. Ein wertvoller Skill, der so manchen Lebenslauf pimpen könnte. Jungen Menschen möchte ich eindringlich empfehlen, mit Autos und Bussen, so schlicht sie auch ausgestattet sein mögen, loszuziehen und sich Herausforderungen zu stellen, die unter normalen Umständen nicht denkbar gewesen wären. Problemlösungsorientiertes Denken, spontanes Handeln und teambildendes Interagieren mit wildfremden Menschen zeichnen das Skillset eines Vanlifers aus. Statt ein Praktikum bei einem Unternehmen zu machen, auf das ihr keinen Bock habt, lebt lieber für ein paar Monate im Auto und stellt euch der Welt! Und allen Arbeitgebern rate ich, fortan auf das herausragende Vanlife-Skillset in Lebensläufen zu achten.

Zurück zum Teambuilding: Regelmäßig trifft man irgendwo auf *fellow vanlifers* und kommt ins Gespräch. Oftmals hilft man sich durch Tipps, Werkzeugleihen oder eine helfende Hand. Manchmal braucht auch niemand der beteiligten Parteien Hilfe und man beschließt einfach so, für eine Weile als Team zu reisen. Man plant gemeinsam, man bekocht sich, man macht Feuer, man entdeckt Dinge und Orte gemeinsam, man verfährt sich gemeinsam und irgendwann verabschiedet man sich. Obwohl ich gerade im ersten Jahr Vanlife viel Zeit für mich gebraucht und genossen habe, bin ich dankbar für alle tollen, internationalen Teams, von denen ich profitieren und lernen durfte – aber in die ich mich auch einbringen konnte.

Danke, neues Skillset!

TOBI

Ich kenne viele Tobis, aber nur einen mit vier Beinen. Unser Tobi bereichert unser Leben ungemein. Er hört übrigens auch auf Tobinho, Sir Tobi, Tobilicious, Tobster und Tobert nicht. Ansonsten ist er aber ein liebenswertes Familienmitglied, ohne das wir nicht komplett wären. Fast jeden Tag bin ich aufs Neue darüber erstaunt, wie lieb ich diesen Hund habe. Er ist wirklich ein witziger, herzlicher Kerl und ohne Übertreibung einer der süßesten Hunde der Welt.

Ich bin zwar nicht so süß wie er, trotzdem teilen Tobi und ich ein gemeinsames Schicksal. Er wird nicht nur auch regelmäßig für jünger eingeschätzt, sondern auch des öfteren für ein Mädchen gehalten. Dann fühle ich mich in die Zeit zurückversetzt, in der ich als neunjähriger, langhaariger, zartgesichtiger Junge durch das gewölbte Glas auf die Fleisch- und Wurstauslage staunte, während die Metzgereifachverkäuferin meine Mutter fragte, ob ihre Tochter ein Stückchen Fleischwurst haben wolle. Hätte mich die Wurst mit Gesicht derweil nicht so nett angegrinst, hätte ich bestimmt weinen müssen. Tobinho steckt solche Fehlinterpretationen besser weg. Es gibt so einiges, was man von Hunden lernen kann.

Tobi stammt aus Caldas de Rainha an der Silver Coast Portugals, nahe des Big-Wave-Surfer-Mekkas Nazaré. Wir durften ihn als Welpen von Susanne mitnehmen, die dort eine Hunderettungs- und Auffangstation namens Hunde-aus-zentral-portugal.org betreibt.

Danke, Wurst mit Gesicht!

Und danke an Susanne und ihr Team!

U wie UMSATZSTEUER

Egal, wohin man fährt, das Finanzamt ist schon da. Meine Steuern erledige ich fast immer fristgerecht und vorbildlich. Nicht am Steuer, aber manchmal im Van. An dieser Stelle schöne Grüße ans Finanzamt Mainz-Bingen und meinen Steuerberater!

Apropos Finanzamt Mainz-Bingen: Da ich meinen Van als rollendes Büro nutze und Hotelkosten etc. sparen kann, habe ich ihn als Geschäftswagen gekauft und auch so beim Finanzamt angegeben. Mir erschien dieser Schritt absolut logisch, doch beim Finanzamt ging wohl irgendwo eine kleine rote Alarmleuchte an. Vielleicht war's auch nur die zornesrote Nase eines baldigen Pensionisten, der so eine Frechheit kurz vorm Ruhestand nicht für möglich gehalten hätte.

Jedenfalls erhielt ich irgendwann einen Brief vom Finanzamt, der mir mitteilte, dass mich zeitnah ein Prüfer besuchen würde, um sich persönlich ein Bild vom größten Steuerskandal zwischen Mainz und Bingen machen zu können. Leider war ich damals aus vielen Gründen – nicht zuletzt wegen meiner kribbeligen Aufbruchstimmung – zu abgelenkt, um den Brief ausreichend zu beachten. Daher war es pures Glück, dass ich Ende August frühmorgens auf der Terrasse meiner Eltern saß (meine offizielle Meldeadresse als Vanlifer) und ein Käffchen zu mir nahm, als es besonders streng an der Pforte klingelte. Herein kam ein junger Mann, der vermutlich nicht viel älter war als ich. (Einschub: Ich möchte mich hier keinesfalls über den Sachbearbeiter lustig machen, der mich besuchte. Eher über die Institution Finanzamt in Deutschland.) Bevor ich ihm einen Platz am Tisch anbieten konnte, öffnete er seinen Aktenkoffer auf dem Boden wie ein Trapper seine Schnappfalle und hielt mir dann am ausgestreckten Arm ein Formular entgegen, das inhaltlich sehr nah an dem Brief lag, der mir einige Zeit zuvor geschickt worden war. Jetzt ergab alles einen Sinn. Ich bot dem Herrn einen Sitzplatz und ein Heißgetränk an. Dann erklärte ich ihm, warum der Campervan für einen Freelance-Copywriter durchaus als Geschäftswagen Sinn ergeben würde. Ich redete mich, auch wegen kleinerer Adrenalinschübe im bloßen Angesicht der fiskalen Obrigkeit, in einen argumentativen Rausch und schwadronierte vom dezentralen Arbeiten der Zukunft, von der Digitalisierung des Arbeitsplatzes und vom Inspirationsgewinn durch wechselnde Orte. Zwischen all den leeren Worthülsen müssen aber auch ein paar Treffer dabei gewesen sein, denn die Stimmung und der Gesichtsausdruck des Mannes hellten sich auf. Ich fühlte mich gut. Deshalb lud ich ihn spontan ein, gemeinsam mit mir das Auto anzuschauen, um ein bestmögliches Bild von meinem mobilen Büro zu erhalten. Leider hatte ich kurzzeitig vergessen, dass der Van innen noch so aussah wie die Garage der Ludolfs. Es war Montagmorgen und am Samstag hatten mein Freund und

Kochkumpane Stoffel und ich ein sehr umfangreiches Catering abgehalten. Der Innenraum des Fahrzeugs bestand daher aus allem, was am Sonntagabend nicht mehr an der gemieteten Location sein durfte. Es stapelten sich große Küchengeräte, Töpfe, Pfannen und Buffet-Equipment aller Art. Sogar ein Stapel leerer Pizzakartons vom Aufräumtag war samt leichtem Zwiebelmuff anwesend. Jener Umstand kam mir aber leider erst wieder in den Sinn, als ich bereits dabei war, die Schiebetür zu öffnen. Doch zum Glück loderte die Glut meines recht gelungenen Terrassenmonologs noch in mir. Ich wischte den kalten Blitzschweiß von der Stirn und erklärte dem Finanzbeamten, dass dieser Zustand natürlich nicht der Normalfall sei. Mit besonnener Stimme garantierte ich ihm, dass unter dem ganzen Kram mein toller Schreibtisch stünde und man hinter jenem Gerümpel da oben fast meine USB-Steckdosen sehen könne. Und gleich hinter dem großen Karton, ganz rechts, verstecke sich mein Mobilerouter, um überall Internet zu haben. Er blickte nur kurz zu mir und sagte: »Okay, gut, ich verstehe. Das ist toll.« – »Äh, was? Wie bitte?« Und dann erkannte ich, dass der junge Mann vom Finanzamt eine kafkaeske Verwandlung hingelegt hatte. Sein Gesicht wurde lieblich, seine Augen freundlich und seine Mundwinkel näherten sich Regionen, in denen sogar Pessimisten von einem kleinen Lächeln sprechen würden.

Ich vermute, dass ihn der Duft der Freiberufler-Freiheit und das Chaos im Van kurzfristig aus seinem Beamtendasein geholt hatten und er die Welt zum ersten Mal wahrhaftig sehen konnte. Er war Neo, ich war Morpheus, und die muffigen Pizzakartons vor meinen USB-Steckdosen im Van waren die berühmte rote Pille.

Wer weiß, ob er heute noch beim Finanzamt ist. Falls ja: Ich mochte Sie. Wirklich! Sie kamen als Beamter und gingen als Mensch. Nein, das stimmt so nicht: Sie kamen bereits als Mensch. Aber Sie kamen als Fremder und gingen als Bruder. Alles Liebe von mir.

Danke, Finanzamt Mainz-Bingen!

URLAUB

»Hä!?«, denken sich jetzt sicherlich viele. »Du machst doch immer Urlaub!«, spotten andere. Nein, Vollzeit-Vanlife ist kein Äquivalent zu echtem Urlaub. Sicherlich gibt es einige Parallelen, wie etwa das Bereisen ferner und zumeist schöner Orte oder das omnipräsente Gefühl von Abenteuer sowie morgendliche Strandspaziergänge samt Frühstückskaffee mit Meerblick. Doch nach fünf Jahren Vanlife kann ich allen Skeptikern versichern, dass sich echter Urlaub anders anfühlt. Man darf als im Van lebender Mensch nicht in die Falle tappen, sich keine bewussten Urlaube mehr zu nehmen. Phasen ohne Laptop und ohne Termine sind auch im Van essenziell wichtig! Ich habe es zwar geschafft, für relativ angenehme Umsätze möglichst viel Freizeit zu haben, doch ein Dauerurlaub auf vier Rädern ist diese Veranstaltung gewiss nicht.

Danke, Vorurteile!

V wie VAN

Mein motorisierter Weggefährte und treuer Freund, der täglich den kritischen Spagat zwischen schuftendem Fahrzeug und stabilem Eigenheim meistert, ist ein Pössl 2Win Plus auf Citroën-Jumper-Basis. Ich weiß, man kann Freundschaften nicht kaufen, aber in dem Fall habe ich es getan.

Vor dem Kauf träumte ich eigentlich von einer Eigenkreation, die ich aus diversen Baumarktmaterialen mit bloßen Händen in einen leeren, seelenlosen Transporterladeraum zimmern wollte, um karge Blechwände im Schweiße meines Angesichts in individuellen Wohnraum zu verwandeln. Ich malte Skizzen, schrieb Einkaufslisten und recherchierte von früh bis spät, statt zu arbeiten. Doch dann wurden meine Selbstausbau-Pläne von einem wilden Rudel Pneumothoraxe gefressen. Daher entschied ich mich nach der letzten Lungen-OP dazu, einen fertigen Van zu kaufen. Warum auch nicht? Ist zwar nicht so persönlich, aber ein individueller Charakter entsteht auch durch viele Kilometer, Kratzer, Spuren und Erinnerungen – sogar bei einem Van von der Stange. Ich kann mittlerweile täglich neue Macken bestaunen. Unter anderem Kratzer aus den Pyrenäen (danke an das Arschloch auf der engen Brücke), einen Steinschlag in der Windschutzscheibe aus Portugal, ein Loch im rechten Rücklicht aus Skandinavien sowie eine Delle unerklärlicher Herkunft über der Schiebetür. Mit dem Steinschlag fahre ich seit rund 85.000 Kilometern durch die Gegend, doch er will einfach nicht reißen oder sich vergrößern. Minusgrade, Holperpisten und weitere Steineinschläge in seiner Nähe konnten ihm nichts anhaben. Genau genommen ist er mittlerweile so etwas wie ein vierter Mitfahrer geworden. Willkommen an Bord!

An dieser Stelle geht auch ein herzlicher Dank an meinen Freund Joan aus Valencia, der mir auf den Lofoten durch einen kleinen Axtunfall eine tiefe Delle in meinen Wohn-, Ess- und Schreibtisch geschlagen hat. Ich betrachte diesen kleinen, Dreck sammelnden Hartplastik-Furnier-Canyon in gebrochener Holzoptik stets mit Freude. Es sei denn, er bringt ein volles Trinkgefäß zu Fall, dann muss ich erst laut fluchen und leise wischen, bevor ich mich wieder freuen kann.

Gracias, Joan!

VERSORGUNG

Nebst der Park- und Schlafplatzsuche frisst die stetige Versorgung der Grundbedürfnisse eines rollenden Eigenheims die meiste Zeit auf. Oftmals weht einem bei der Frischwassersuche in kargen Regionen ein postapokalyptischer Wind durchs Haar. Die Suche nach Wasser und nach Entsorgungsstationen für Grauwasser (aus dem Abwassertank) sowie Schwarzwasser (aus der Chemietoilette) nehmen mehr Zeit in Anspruch, als man vermuten würde. Zumindest kann dies oft sehr zeitintensiv wirken, wenn man parallel mit Arbeitsaufträgen, lange geplanten Fahrtstrecken, fest gesteckten Zielen und/oder einem nicht verschiebbaren Treffen mit reisenden Freunden konfrontiert ist, die man sonst wieder für Monate nicht sehen würde. Eines der großen Vanlife-Grundprinzipien besagt nämlich: In der Regel ist entweder gar nichts zu tun oder alles auf einmal. Meistens spinnt an solchen Tagen auch noch das Internet. Oder die Bordelektronik. Oder beides. Oder ich.

Unser Leben als wassertrinkende Kreaturen wurde deutlich einfacher und sicherlich auch gesünder, nachdem wir den Van mit einem »Pro Camper Set« von Alb Filter gepimpt hatten. Der »Travel Filter« ist fest verbaut, er zieht zwischen unserem großen Vorratstank und dem Waschbecken in der Küche alles raus, was man nicht im Wasser und erst recht nicht in sich selbst haben möchte – 99,9 Prozent aller Viren und Bakterien, wie Legionellen, aber auch Medikamentenrückstände, sämtliche Chemikalien und vieles mehr. Zusätzlich haben wir den »Mobil-Filter« auf unserem Schlauch, sodass unser Wasser schon gefiltert in den Tank fließt und sich dort nichts Unerwünschtes ansiedeln kann. Grundsätzlich sollte man bei öffentlichen Wasserstationen immer seinen eigenen Schlauch benutzen, denn die aufgerollten Altgummischlangen slowcooken oft lustig riechendes Restwasser in der Sonne. Neben diversen Erregern haben wir seither auch deutlich weniger Plastikmüll an Bord. Mehr Infos zu den AlbFilter-Systemen stehen hinten im Buch.

Positiv zu vermerken ist, dass immer mehr Länder flächendeckend kostenfreie oder zumindest echt günstige Versorgungsstationen für Camper einrichten. Das ist extrem cool, bitte weitermachen!

Danke, immer mehr Länder!

W wie

WD 40

Ich denke, dieser Eintrag versteht sich von selbst. WD 40 muss man immer, wirklich immer, dabeihaben. Wann? IMMER!

Danke an alle Väter und Opas, die uns in der Kindheit zum ersten Mal das Allzwecköl haben riechen lassen!

WERKZEUG

Unerlässlich. Meinen aktuellen Werkzeugkoffer hatte ich bereits 2018 an Bord, als ich mit meinem Disco-2 ans Nordkap gefahren bin. Er war damals schon nützlich und ist und bleibt es bis jetzt. Fast alle paar Tage brauche ich irgendein Werkzeug für kleinere oder größere Eingriffe oder Handgriffe – nur selten wegen Übergriffen. Nicht nur am Van selbst, auch für andere Dinge wie die Fahrräder oder zum Aushelfen bei anderen.

Ein gut sortierter Werkzeugkoffer ist ein Muss. Er kommt in der Wichtigkeitshierarchie des Vanlifens direkt nach dem

MacGyver-Gedeck: eine Dose WD-40 mit Panzertape. Nur für sehr geschickte und kreative Menschen ersetzt diese Zweierkombi aus Spray und Rolle sogar einen ganzen Werkzeugkoffer. Inklusive Koffer.

Danke, Werkzeugkoffer!

X wie BASKENLAND

Nicht nur Akademikern wird hier auffallen, dass »Baskenland« nicht mit »X« anfängt. Aber wenn man das Baskenland von Westen oder Süden auf dem Landweg erreicht, fangen plötzlich viele Schilder mit »X« an. Oder tragen zumindest mehrere »X«-e auf sich.

Das Baskenland hat es mir, wie der gesamte Norden Spaniens, ehrlich angetan. Die meisten anderen Länder, so wunderschön sie auch sein mögen, erfüllen genau das, was man vor der Ankunft von ihnen erwartet: Sie sind wunderschön. Meist stellt man ja aufgrund diverser Vorkenntnisse und Onlinerecherchen gewisse Erwartungen an die Landschaften sowie an die vorherrschende Flora und Fauna. Norwegen und Portugal übertreffen stellenweise die vorgefertigten Schönheitserwartungen, die man vorab aufgesogen hat, aber Nordspanien überrascht einen anders. Es erwischt einen unerwartet. Eiskalt.

Mir war jedenfalls vor meinem Vanlife nicht klar, wie bergig, wie waldig, wie grün und wie alpin Nordspanien sein kann. Und dass es, wie kaum ein anderer Ort in Europa, dazu in der Lage ist, Palmen und Strände ganz spielerisch mit Landstrichen zu vereinen, die dem Allgäu und dem Alpenvorland sehr ähnlich sind. Kürzlich erst sah ich in den Picos de Europa die Sonne über einem Meer aus Wolken aufgehen, während das echte Meer nur knapp 30 Minuten entfernt die felsigen Ausläufer jener Berge umspülte, auf denen ich im Moment des Sonnenaufgangs stand. In Nordspanien trifft Hüttenflair auf Surfervibes und dieser konträre Mix spiegelt sich auch vielfach in den Menschen dort wider. In Deutschland wirken die Küstenmenschen und die Bergmenschen wie grundsätzlich unterschiedliche Kulturen, die sich nicht nur geografisch wie zwei Pole abstoßen. In Nordspanien verschmelzen diese Gegensätze zu einem angenehmen Vibe.

Die Ankunft im Baskenland erkenne ich immer daran, dass die Straßen- und Ortsschilder plötzlich wie ein Klecks aus erbrochener Buchstabensuppe wirken, nachdem man überdurchschnittlich viele »X«-e gegessen hat. Das bezieht sich aber nur auf die Schilder, ansonsten sieht es dort aus wie gemalt.

Danke, Baxenland!

AX

Das »X« steht hier zwar nicht am Anfang, sondern am Ende des Worts. Doch da das Wort nur zwei Buchstaben hat, steht es an zweiter Stelle, also fast am Anfang. Das zählt.

Mit »AX« meine ich den kleinen Citroën AX, den wir uns Anfang 2023 in Portugal gekauft haben. Es geschah in etwa zu der Zeit, als wir wussten, dass wir bald ein Grundstück besitzen würden. Warum noch eine kleine Rennsemmel, wenn man schon einen Van hat?

Weil es manchmal tierisch nervt, mit dem Van zum Einkaufen zu fahren und dergleichen, wenn man ihn dafür aus seinem Park- und Wohnmodus herausholen muss. Denn, je länger der Van steht, desto stärker wird seine spontane Fahrbereitschaft eingeschränkt. Das exponentielle Wachstum von Gemütlichkeit lässt sich fast minütlich dokumentieren, wenn der Entschluss zur temporären Besiedelung eines Ortes gefallen ist. Aus diesem Grund wollten wir einen kleinen Flitzer für Erledigungen des alltäglichen Bedarfs – während der Van mit all seiner entfalteten Wohnlichkeit dableiben kann, wo er gerade ist. Portugal ist an sich »günstiger« als andere EU-Länder, aber bei den Autopreisen würde sogar der schweizerigste Schweizer mit norwegischen Wurzeln zum Sparfüchsli werden. Selbst sehr alte Gebrauchtwagen haben oft unvorstellbar hohe Preise.

Steffi fand damals blitzschnell einen kleinen Citroën »AX« auf »OLX«, dem portugiesischen Ebay. Baujahr 1996, nur ein Besitzer, nur 160.000 Kilometer. Perfekt! Zwei Tage später trafen wir uns mit dem Verkäufer in einer Tiefgarage in Lissabon und schossen den kleinen Flitzer für 700 Euro. Ein Schnäppchen! Natürlich sieht man ihm das Alter an vielen Stellen innen und außen an, doch das ist okay. Das einzige Manko liegt in der Motorleistung. Der magere Hubraum von einem Liter trabt eher gemütlich mit seinen 37 Pferdchen im Stall. Aber dafür ist die Elektronik des Fahrzeugs kreativ verlegt, was auf Landstraßen zu folgendem Satz führt: »Hoffentlich kommt jetzt keine Rechtskurve, ich will den Refrain hören!« Beim Rechtseinschlag des Lenkrads gehen regelmäßig die Boxen aus. Aber ansonsten: absolutes Schnäppchen!

Danke, Citroën!

P.S. Das »AX« spricht man in Portugal so aus, als würde man in Frankreich was zu rauchen kaufen: »Aschisch«.

Y wie YOGA

Yoga ist total geil! Seit fast fünf Jahren fange ich ab morgen endlich damit an. Bald geht's los! Ich habe auch schon voll die Vibes und den Lifestyle adaptiert und so. Bin voll zen. Habe sogar kleine tibetanische Gebetsfahnen im Van. Ich trage meine innere Mitte gern nach außen, weil sie drinnen Platzangst kriegt. Meine Yogamatte ist aus Kork, so motiviert bin ich. Morgen geht's los.

Danke, Yoga!

YPS-HEFT

Beim ersten Nachdenken über Haustiere im Van – noch lange vor unserem Hund – kamen mir unweigerlich Urzeitkrebse aus dem *Yps*-Heft in den Sinn. Klein. Pflegeleicht. Unscheinbar. Und meistens schlüpfen die Drecksviecher eh nicht. Die perfekten *buddies on the road*. Neben Spinnen und Fliegen, die manchmal tatsächlich über mehrere Tage im Van blieben, hat sich dann doch nur unser Hund Tobi als echtes Vantier durchgesetzt. Unterwegs trafen wir auch schon Vanreisende mit Kaninchen oder Katzen – manchmal sogar mit Geschirr und Leine für einen Spaziergang.

Danke, Haus- und Vantiere!

Z wie

ZEIT

Ich bin ein großer Fan der Einstellung, dass nur der Moment zählt. Ich muss zugeben, dass das nach einem Wandtattoo aus der Abteilung »Deepes Wohnen« von Depot klingt, aber es stimmt. Vergangenheit und Zukunft existieren nur in unserer Fantasie und halten uns von der Gegenwart ab. Vom Moment.

Ich falle aber selbst oft auf die Anziehungskraft dieser beiden Fantasiewelten herein und gehe dem heiligen Moment im Hier und Jetzt mit quälenden Erinnerungen oder lüsternen Zukunftswünschen fremd. In Maßen ist das auch okay, aber am Ende zählt nur das Jetzt. Und manchmal auch das Hier. Aber eher das Jetzt. Denn auch die schönsten Reiseziele machen nur dann Spaß, wenn man innerlich einigermaßen aufgeräumt ist. Wahre Schönheit kommt auch geografisch gesehen von innen.

Danke, Jetzt!

Funfact: Ich habe als Student bei Jung von Matt tatsächlich mal einen ganzen Depot-Katalog getextet. Das machte deutlich mehr Spaß als erwartet.

ZIEL(E)

»Du hast das Ziel erreicht.« Diesen Satz hat mein Handy beim Navigieren in den letzten Jahren unzählige Male ausgesprochen. Sogar unser Hund Tobi wird mittlerweile von diesem magischen Satz aus dem Tiefschlaf geholt, weil er erkannt hat, dass er für Ankunft und Abenteuer steht. Ich hatte noch nie so viele Ziele wie in den letzten Jahren, zumindest geografisch gesehen. Bezüglich meiner Lebensziele war und bin ich eher tiefenentspannt geworden, da ich ja dank meinem Vollzeit-Vanlife-*Lifegoal* endlich den Haken hinter meinen größten Lebenstraum setzen konnte. Was sollte ich ab jetzt noch erreichen wollen?

Sehr konkrete geografische Ziele dominierten mein frisches Vanlifer-Dasein zum Glück nicht. Das war befreiend. Ich hatte immer nur grobe Richtungen im Sinn, die selten über Nord oder Süd hinausgingen. Ich entwickelte jedoch großen Spaß an konkreten »Spontanzielen«. Dafür ließ ich mich vor Ort gern von Menschen und anderen Quellen für spontane Ziele inspirieren, die ich dann anfuhr. Echte Geheimtipps. Das klappte wunderbar. Ich hatte vorab keinen Stress, unbedingt irgendwo hinzumüssen, aber ich wusste, dass ich mit dieser Taktik früher oder später trotzdem an vielen tollen Orten landen würde.

Danke, weniger Zieldruck!

Kapitelabschluss-Witz

Wie nennt man das Kleingeld von Bodybuildern?

Pumpernickel

Kapitel 3
Inspiration – das halbsynthetische Getriebeöl der Umtriebigen

Ob als Koch, Werbetexter oder Mensch: Es ist nie ein Fehler, sich von anderen inspirieren zu lassen. Inspiration ist gut. Aber manchmal, wie in meinem Fall, kann Inspiration auch in Neid umschlagen. Das passierte mir sogar mehrfach. Plötzlich bewunderte ich Menschen, die mich zuvor noch inspiriert hatten, nicht mehr, sondern ich beneidete sie. Meine alte Kollegin, Kathi, die ihren festen Job bei Jung von Matt schmiss, um mit ihrem Freund zusammen freiberuflich als @Vannomaden zu starten, hat mich zum Beispiel sehr direkt inspiriert. Ihr staunend hinterherzuschauen kam einer Offenbarung gleich. Gerade eben war sie noch eine ganz normale Kollegin, dann warf sie alles hin und wurde Vankönigin. Sie tat es einfach – und es funktionierte! Sie war glücklich. Ich war neidisch. Zu diesem Zeitpunkt hatte ich noch keine Ahnung, dass ich diesen Schritt auch bald gegangen sein würde. Nur das Universum wusste es schon, aber das blöde Arschloch hat es mir nicht erzählt.

Meine Eltern lebten selbst nie in einem Auto, trotzdem haben sie mein jetziges Leben ebenfalls stark inspiriert. Denn Inspiration kommt manchmal eher um die Ecke oder auf einer anderen Ebene oder zwischen den Zeilen. Und natürlich sind wir alle auch auf mehreren Ebenen das Produkt unserer Eltern. Meine Eltern, die heute 86 und 75 Jahre alt sind, sind ihr ganzes junges Leben lang gereist. Was in beiden Fällen bedeutete, dass sie in den 50er-, 60er- und 70er-Jahren unterwegs waren. Damals bedurften Ziele außerhalb von Deutschland und Europa, die heute unkompliziert zu erreichen sind, noch des Pioniergeists und wirkten wie ein Aufbruch in eine neue, unentdeckte Welt. Meine Mutter wanderte mit dem Rucksack wochenlang über Island, und mein Vater folgte tibetanischen Pfaden zu Füßen der Achttausender.

Meine Eltern unternahmen diese Trips, bevor sie sich trafen. Nachdem ich im Sommer '84 der kleinen Reisegruppe beigetreten war, wurden die Ziele etwas familientauglicher ausgewählt: Nordsee, Ostsee, Bayern, Spanien, Griechenland oder Italien. Auf jeden Fall bin ich den beiden für alle kleinen Reisen dankbar und vor allem dafür, dass ich den großartigen

Reisegeschichten aus vielen Teilen der Erde lauschen durfte. Mal ging es mit dem VW-Käfer nach England, mal wurde im Zelt vor einem Geysir Whisky gegen die Kälte geschlürft oder mit Tigerbabys in Florida gespielt. Einmal kam mein Vater mit einem Dollar in die ausverkaufte »Met« in New York, weil er zufällig genau den richtigen Herrn von Millionen in der U-Bahn ansprach. Oder er landete mit einer klapprigen einmotorigen Maschine im Himalaya auf einer holprigen Piste zwischen frei laufenden Schweinen. Man will – ich wollte jedenfalls – nach dem Hören dieser Geschichten auch einfach los, und ich fühlte mich durch die vielen tollen Erlebnisse inspiriert. Doch trotz ihrer Abenteuerlust hätten sich meine Eltern sicherlich nicht träumen lassen, dass sie mal am allerstolzesten auf mich sein würden und sich am allermeisten mit mir über mein erfülltes Leben freuen würden, nachdem ich alles hingeschmissen hatte, um nur noch im Auto zu wohnen. Und doch ist es so gekommen. Nur allzu gern teile ich meine Orte, Erlebnisse und Begegnungen mit ihnen. Ich weiß, wie sehr sie das schätzen, weil ich es ganz deutlich spüren kann. Sie leben und erleben mein Vanlife mit mir.

Danke, Edith und Jupp!

Eine sehr direkte Vanlife-Inspiration war mein Freund Winni, den ich im ABC unter Disco-2 erwähne. Abgesehen davon, dass ich mir beim Arbeiten auf seinen Baustellen viele handwerkliche Kniffe abschaute, lernte ich auch, dass es okay ist, irgendwie anders zu leben. Heute bin ich froh, dass sich mein Lebenslauf nicht wie ein Standardwerk liest, sondern eher als wenig beachtete Underground-Kunst mit dadaistischen Nuancen durchgeht. Lebensläufe sind wie Gesichter: Wenn sie zu glatt sind, sind sie langweilig – oder es wurde ein wenig nachgeholfen. Falten und Narben hingegen sind ehrlich und sprechen Bände.

Jedenfalls lernte ich Winni mit 16 bei einer Skifahrt unseres Sportvereins kennen. Damals wohnte er allerdings noch nicht in unserem Dorf, er renovierte dort nur ein altes Haus und nahm dabei vorsichtig Kontakt auf. Als Außenseiter muss man sich deutschen Dörfern mit ihren geschlossenen Mikrokosmen ganz sachte nähern. Doch trotz seiner eigentümlichen Lebensart und Erscheinung klappte es ganz gut. Ein paar Jahre später kauften er und seine spätere Frau Wiebke eine alte Hofreite von 1520 mitten im Ort. Sie wurde mit viel Arbeit und Kreativität zu einem einmaligen Kunstwerk. Der Firmenslogan von Winnis Baufirma, »Rudubu«, lautete: »Wer grad kann, darf auch schepp.« Und getreu dieser Maxime gestaltete er ikonische, hundertwässrige bis gaudíeske Dinge aller Art. Das Dach der alten Scheune, die er zum zweistöckigen Wohnraum umbaute, hat ein versetztes Wellendach wie Gaudís Sagrada Familia in Barcelona. Nur eben in Wackernheim.

Jedenfalls besaß Winni einen großen, blauen, selbst gebauten und ebenfalls sehr ikonischen Camperbus, auf dem stand: »Max. 32 Personen«. Denn bei einer seiner Afrikareisen fuhr er einen kompletten Stamm, bestehend aus 32 Personen, zu einem anderen Stamm, um dort eine Hochzeit zu feiern. Ich lauschte oft und gern seinen Van-Reisegeschichten. Wie er mit pakistanischen Lkw-Fahrern bei Hitze unter den Autos lag und chillte. Oder wie er irgendwo im Mittleren Osten einen Hahn kaufte, der ihn für die nächsten eineinhalb Jahre auf der Kopfstütze des Beifahrersitzes begleitete.

Viele gemeinsame Baustellen, »Radio Bemba Live«-Alben von Manu Chao und Geschichten am Lagerfeuer später verstarb auch Winni. Da er von seinen Reisen leidenschaftlich gern Steine mitbrachte, schmückt seit meinem ersten Tag im Van ein schön geschliffener Ammonit meinen Wohnraum und ein großer, kugelrunder Lapislazuli aus Pakistan begleitet mich vorn am Armaturenbrett.

Danke, Winni!

Ich wünsche uns beiden eine gute Reise. Bis bald. Irgendwo.

Eine weitere Person, die man bei einer kleinen Inspirationen-Laudatio nicht vergessen darf, ist man selbst! Man kann im Leben noch so viele tolle Vorbilder, Mentoren und Inspirationen haben – die Schlüsselfigur bleibt man trotzdem selbst. Aus diesem Grund möchte ich mir hier und jetzt in aller Öffentlichkeit danken – und werde dabei etwas rot.

Danke, ich!

Auch auf einer anderen Ebene, die gar nicht direkt mit dem Reisen zu tun hat, fand ich viel Inspiration für den Schritt zum Vanlife. Zum Beispiel durch das Streben nach Reduktion und Minimalismus. Dinge zu besitzen, fühlte sich zunehmend anstrengend an. Ich bin gewiss kein Gegner von

Besitztümern, aber zu viele und vor allem zu viele unnütze Dinge um mich herum fingen an, schwer auf mir zu lasten. Außerdem lockte mich das Streben nach mehr Einfachheit in den Van. Und nach mehr Ruhe. Nach mehr Natur. Und natürlich das Verlangen nach physischer und mentaler Freiheit. Vor allem wollte ich wieder gesund werden. Frische Luft atmen, draußen sein, mich bewegen. Ich wollte nicht länger mein eigenes trauriges Dasein von der Couch aus bingewatchen. Denn auch die besten Inspirationen bleiben Inspirationen, wenn man seinen Arsch nicht hochkriegt.

Danke, Arsch!

Kapitelabschluss-Witz

Bei diesem kleinen Wortspieli muss ich vor allem an meine Schwiizer Gspänli denken.

Was viele nicht wissen: Bruce Lee ist nicht in Asien oder in den USA aufgewachsen, sondern in der Schweiz – und er hieß einfach nur Bruce.

Kapitel 4
Der Autokauf

Nach rund eineinhalb Jahren als Freelancer und drei kollabierten Lungenflügeln war meine Auftragslage relativ stabil – aber weit weg von super-duper. Meinem Konto erging es ähnlich. Da die budgetschonende Idee vom Selbstausbau eines Campers wegen mangelnder körperlicher Fitness nicht umsetzbar war, fuhr ich gern und regelmäßig zu Händlern der Umgebung mit nagelneuen, reisefertigen Campervans. In Mainz fand ich dann den richtigen Laden mit den richtigen Vans und wollte zuschlagen. Im Mai 2019 waren die Preise für Camper noch in Ordnung. Heute, 2024, kostet der gleiche Van neu rund 30 Prozent mehr. Mit der Entscheidung für einen Pössl 2Win Plus fuhr ich in die großen Reifenspuren meiner früheren Kollegin Kathi, die mit dem gleichen Modell knapp zwei Jahre zuvor in die Freiheit aufbrach.

Der Preis lag aber auch 2019 schon bei rund 47.600 Euro inklusive Fahrradträger, Solarsystem und zwei Boardbatterien. Meine damalige Hausbank war weder von meinem

Vorhaben noch von meinen Einkünften so richtig überzeugt, um mir rund 40.000 Euro zu leihen. Über mehrere Wochen wurde ich zu einer Art Azubiprojekt. Meine Banktelefonate waren von einer sehr jugendlichen Stimme geprägt, die sich regelmäßig mit erwachsenen Stimmen flüsternd und mit Abstand zum Telefonhörer beriet, um mir dann wieder und wieder mitzuteilen: »Nein.«

Zum Glück beklagte ich mich diesbezüglich bei einem guten Freund, der ein Autohaus in Ingelheim führt und mit seiner Autohausbank auch Fremdkäufe finanziert. An seiner für mich bis heute unvergesslichen Aussage: »Komm morgen einfach vorbei, gib mir ein paar Unterschriften und dann kannste das Ding kaufen!«, war nichts gelogen. Wirklich nichts! Ich gab ihm am nächsten Tag fünf Autogramme, wartete etwa 16 Stunden ab, und dann rief er mich mit den folgenden Worten an: »Geh deinen Camper kaufen! Die Finanzierung ist durch.« Geiler Typ. Wer ihn mal live erleben möchte, sollte das Autohaus Kloos am Rüsterbaum in Ingelheim ansteuern. Der Kaffee schmeckt dort auch hervorragend.

Als Kredit und Fahrzeug der Wahl feststanden, durfte ich im Mai 2019 endlich als stolzer Vanbesitzer den Hof von Camping Moser in Mainz-Hechtsheim verlassen, um in das Buch meiner eigenen Geschichte einzugehen. Ich parkte das Traumauto vor dem Haus, in dem meine dahinscheidende Mietwohnung lag, und schlief wie ein kleines Kind die erste Nacht im Van. Direkt vor der Haustür.

Kapitelabschluss-Witz

Was heißt »Scheißauto« auf Englisch?

car-car.

Kapitel 5
Der Aufbruch

Da ich am Tag meiner Abfahrt noch nicht ahnen konnte, dass ich eine Art Vanlife-Naturtalent bin, fuhr ich erst mal nur bis zum Steinhuder Meer und verbrachte dort ein paar Tage auf einem soliden deutschen Campingplatz, um unter soliden Bedingungen langsam in meine neue Rolle hineinzuwachsen. Auf dem Platz herrschte nebst Zucht und Ordnung bis in die Grasnarbe eine mittelalterliche Herbergsmutter über alle Parkenden. Damals wie heute mochte ich es, zu beobachten, wie Freiheitsdrang und Spießigkeit auf Campingplätzen ihren kleinsten gemeinsamen Nenner finden – oder zeugen. Mal so, mal so.

Plötzlich stand ich unweit von einem älteren Herrn, einem echten Camping-Silberrücken mit Plauze. Als er mich oberkörperfrei in einer selbst abgeschnittenen Jeansshorts heimlich durch sein wucherndes Dickicht aus weißen Brusthaaren beobachtete, wusste ich, dass ich jetzt irgendwie einer von ihnen war. Oder werden könnte. Oder eben auch nicht.

Generell mochte ich ab Tag eins, was ich als frischer Vanlifer alles erleben durfte, und konnte fortan jeden neuen Tag kaum noch erwarten. Dieses Gefühl manifestierte sich zum Beispiel auch in einer exorbitanten Steigerung meiner Morgenmotivation. Für die nächsten zwei Jahre stellte ich mir keinen Wecker mehr. Meine innere Uhr war gedopter als die Tour de France. Mit dem ersten Aufschlagen meiner Augen war ich wach und wollte sofort aufstehen, um gemeinsam mit der Sonne den neuen Tag zu begrüßen. Nicht lange zuvor, noch »zu Hause«, musste ich mich gegen 10:30 Uhr aus dem Bett zwingen, um nicht versehentlich nahtlos in einen frühen Mittagsschlaf überzugleiten. Heureka! Mit meiner neu gewonnenen Lebenslust musste ich erst einmal warm werden, doch wir wurden uns schnell einig. Nach zwei frühmorgendlichen Fahrradtouren am See waren wir vollends eingegroovt. Nebenher lernte ich alle Funktionen meines Vans verstehen und ließ viele neue Handgriffe in Routinen übergehen. Nach zwei oder drei Nächten auf dem Campingplatz fuhr ich weiter nach Dänemark und verbrachte dort meine erste Nacht als Wildcamper zwischen einigen Pkw auf einem kleinen Bucht-Parkplatz an der Flensburger Förde. Rückblickend war ich nicht gut getarnt, aber ich wollte mich ja auch nicht mehr verstecken. Ich wollte leben. Mein Heck zeigte gen Osten, und so konnte ich morgens die aufgehende Sonne durch die geöffneten Türen im Bett empfangen – mit Blick auf die Förde. Mit einem frisch aufgebrühten Kaffee besiegelte ich meinen ersten Morgen als offizieller

Vollzeit-Nomade auf nicht deutschem Boden. Kein Sonnenaufgang war je so schön. Kein Kaffee schmeckte je so gut. Wenig später rollte ich Richtung Øresund-Brücke. Es war Ende August, und ich blieb bis kurz vor Weihnachten in Skandinavien.

Kapitelabschluss-Witz

Was spielen zwei Räuber mit deinem Kopf am Geldautomaten?
Pinpong.

Kapitel 6
Sich schließende Kreise

Ein schönes Phänomen, das ich als Vanreisender oft erleben und beobachten durfte, liegt in *sich schließenden Kreisen*. Manche Personen und Momente fügten sich in den letzten Jahren plötzlich und unerwartet in ein größeres Gefüge, das scheinbar profanen Situationen eine höhere Bedeutung verlieh. Anfang und Ende dieser Kreise scheuten dabei scheinbar weder Zeit noch Distanz, um sich am Tag X geradezu sehnsüchtig als geschlossenes System zu offenbaren. Die folgenden Beispiele gefielen mir besonders gut und füllen deshalb das Kapitel zum besagten Phänomen.

ALEX – DER KABELJAU-KREIS

Auf den Lofoten lernte ich Ende November 2019 Alex kennen, einen leicht verrückten Amerikaner aus Maine. Nur sein in den Augen blitzender Wahnsinn war noch größer als sein Herz. Ein guter Typ, der unersättlich die ganze Welt bereiste. Jedenfalls unternahmen wir viele gute Trips bei Wind und Wetter, am Tag und bei Nacht. Im Van, zu Fuß oder auf dem Fahrrad.

Die Lofoten sind nicht nur außergewöhnlich schön, sondern auch die Heimat des norwegischen Stockfischs. Jedes Frühjahr fangen die Fischer dort sehr viel Kabeljau, der zum Laichen aus der Barentssee an die Küste Norwegens kommt. Nach dem Fang wird der Fisch ausgenommen, geköpft und zum Trocknen für mehrere Monate im Freien aufgehängt. Dieser Prozess prägt maßgeblich das Erscheinungsbild der Lofoten, denn entlang der Küste stehen Tausende Holzgestelle mit ikonischer Optik, an denen Hunderttausende bis Millionen von Stockfischen zum Trocknen hängen. Diese heißen *Stokk*. Geht man auf den Lofoten angeln oder wandern oder fährt umher, sind diese Denkmäler für dehydrierenden Fisch omnipräsent. Die Lofoten haben das beste Klima zum Trocknen, da die Temperaturen dort auch im Winter nicht deutlich – und wenn, dann nicht lange – unter null fallen, dem Golfstrom sei Dank. Alex und ich haben uns also viel um, unter und in der Nähe dieser *Stokks* aufgehalten. Als ich ihn irgendwann im Dezember 2019 um 5:30 Uhr bei einem leichten Schneestürmchen zur Fähre für die Strecke von Å i Lofoten nach Bodø, brachte, hielten wir lose fest, dass wir uns im Februar 2020 in Portugal treffen könnten. Denn für die Zeit ab Januar hatte ich mir vorgenommen, nach Südeuropa zu fahren. Als nettes Kontrastprogramm zum arktischen Norden. Und er wollte dort unten ein paar mildere Wintermonate verbringen.

Entgegen meinen bisherigen Erfahrungen mit losen Verabredungen – diese stand zudem unter der berauschenden Wirkung von Reiseadrenalin, der Kraft der Lofoten und einer ganz neuen Freundschaft – trafen wir uns tatsächlich im Februar 2020 in Portugal. Genauer gesagt, in Peniche. Da ich damals die Mautstationen in Portugal noch nicht verstanden hatte, musste ich an der letzten Schranke vor Peniche, die sich leider nicht wie magisch öffnete, eine Strafe von 80 Euro begleichen. Ich ging davon aus, dass man, wie in Skandinavien, nach einem Nummernschild-Scan einfach irgendwann eine Rechnung zugeschickt bekommen würde. Profitipp für Langzeitreisende in Portugal: einen Viaverde-Transponder für die Windschutzscheibe bestellen! Keine Wartezeiten, die Maut wird direkt abgebucht und funktioniert auch in fast ganz Spanien. Außer im Baskenland, denn die kochen selbst bei der Maut ihr eigenes Süppchen.

In Peniche angekommen, fühlte ich mich mit Portugal sofort verbunden. Und fast ein bisschen zu Hause. Wir liefen umher und setzten uns dann draußen (im Februar! Mit kurzen Hosen! Wie kann man sich da nicht wohlfühlen?) auf die Plastikstühle einer kleinen Café-Bar. Derartige gastronomische Hybride gibt es in Portugal zuhauf. Wir starrten auf die gegenüberliegende historische Gefängnisfestung des faschistischen Systems, das in Portugal noch bis Mitte der 70er-Jahre herrschte. Mit jeder Sekunde des Starrens fühlten wir uns freier. Und dann, beim Anstoßen mit einem günstigen *Vinho tinto da casa* und nach dem ersten Biss in meine erste *Bifana*, sah ich ihn genau hinter Alex an der Hauswand hängen: getrockneten Stockfisch. Das war ein magischer Moment, der fast schon so *cheesy* wirkte wie eine gescriptete Szene. Heute weiß ich, dass der Kabeljau aus Norwegen fest in der portugiesischen Kultur und Küche verankert ist. Der *Bacalhau* ist die Hauptzutat zum portugiesischen Nationalgericht, *Bacalhau à Bras*, das neben dem heiligen Fisch noch frittierte Kartoffelstiftchen, viele Eier und noch mehr Knoblauch beinhaltet. Gehackte Petersilie und schwarze Oliven runden den deftigen Gaumenschmeichler nicht nur optisch ab. Maria, die Mutter meiner Freundin, trägt zwar den Namen von fast 60 Prozent aller Portugiesinnen, aber sie bereitet den besten *Bacalhau à Bras* von allen zu. In Portugal wird der sehr salzige Fisch für 72 Stunden gewässert, um ihn wieder weich zu machen. Währenddessen muss das Wasser regelmäßig erneuert werden. Dann wird der Fisch gekocht oder gebraten oder beides. Rund um den Polarkreis genießt man den knüppelharten Stockfisch traditionell etwas anders. Auf diese Art hat sicherlich Thor schon seinen Stockfisch gegessen: In Norwegen haut man mit einem Hammer so lange auf den Fisch, bis er weich wird. Dann isst man ihn einfach roh. Ich verehre beide Arten und erkenne einmal mehr, dass mich sowohl Skandinavien als auch Portugal faszinieren und tief berühren. Ich fühle mich zu beiden hingezogen. Obwohl oder gerade weil sie so unterschiedlich sind. Jedenfalls finde ich bis heute, dass sich dieser Kreis von Nord- bis Südeuropa ganz wunderbar um Alex, den Stockfisch und mich geschlossen hat.

KINDERARBEIT – ZUNGE AM SPIESS

Mein zweiter Kreis verläuft nicht sehr weit vom ersten. Sie überschneiden sich wie das Audi-Logo. Der Lofoten-Kabeljau spielt hier ebenfalls eine zentrale Rolle. Diesmal geht es um einen besonderen Teil des köstlichen Dorschs aus dem Nordmeer.

Da ich eines Tages auf den Lofoten nicht kochen wollte, fand ich mich in einem Restaurant wieder, das direkt am Rambergstranda bei Ramberg gelegen war. Der Rambergstranda ist eine schöne, weiß-sandige, lang gezogene Sichel mit toller Aussicht auf die grünen Berge hinter dem Fjord. Dort badete ich zum ersten Mal im Leben im Europäischen Nordmeer. Das war durchaus knackig, aber wunderschön.

An einer der Spitzen der Strandsichel befindet sich das Ramberg Gjestegård. Hinter dem kecken Zungenbrecher verbirgt sich ein freundliches Konglomerat aus Restaurant, Campingplatz und Gästehäusern. Im urigen Innenraum dominiert die Farbe Rot, wie auch an der kompletten Außenfläche des historischen Gasthauses. Der Speiseraum liegt im ersten Stock, und da dank beginnender *off-season* außer mir kaum jemand da war, wählte ich einen Tisch direkt an der Fensterfront, um mir den Strand und die Berge durch die strahlend weiß gepinselten Holzrahmen anzuschauen, welche die einmalige Kulisse wie ein Kunstwerk einfassten. Selbst schlechtes Essen hätte mir hier geschmeckt. Vermutlich aus Langeweile kam sogar der Chefkoch an meinen Tisch und hielt einen freundlichen Plausch. Nachdem er einige interessante Lofotenfakten preisgegeben hatte, wollte er mir natürlich das lofot'sche Nationalgericht schmackhaft machen, das er wie kein Zweiter beherrschte: frittierte Kabeljauzungen. Ich musste kurz an *Das Leben des Brian* denken und erwartete auch noch Otternasen oder Ozelotmilch auf der Tageskarte. Die blieben aber aus. Als leidenschaftlicher Ex-Koch lief mir natürlich das Wasser im Mund zusammen, als er mir von der butterweichen Konsistenz vorschwärmte, die nach einem Biss auf die goldbraune Knusperhülle meinen Mund füllen würde. Mit *»Say no more! Yes, please!«* – komplimentierte ich ihn freundlich-forsch in die Küche. Denn jetzt war ich hungrig. Vor allem vor Neugier.

Während ich an meinem kräftigen lokalen Bier von ein paar Fjordbuchten weiternuckelte, platzierte der breit grinsende Koch eine riesige Platte vor mir. Der Teller war so voll und so groß, dass ein kurzer Moment der Akklimatisation vonnöten war. Und die Beilagen waren gar nicht alle darauf zu sehen, sie wurden nämlich à part serviert: eine Schüssel mit Kartoffeln und eine Sauciere voll flüssiger Lofotenbutter. Die circa 15 goldbraunen Kabeljauzungen lagen auf einem Berg aus fein gehobeltem Karottensalat und wurden von einem monströsen Klecks Crème fraîche flankiert. Schon beim visuellen Verdauen dieser Ladung fiel ich in ein kleines Mittagstief. Simultan zur Ankunft einer neuen, frisch gezapften Schaumkrone machte ich mich ans Werk. Kabeljauzungen sind nicht unbedingt klein. Etwa doppelt so groß wie die allseits bekannten Chicken-Nuggets der gängigen, viel zu wenig verhassten Fast-Food-Ketten. Der engagierte Koch sollte recht behalten: Das Fleisch der Kabeljauzungen schmolz im Mund wie *Foie gras* – nur wurden dafür vorher keine zukünftigen Daunenjacken zwangsernährt. Der zarte Biss der Zungen war aber nur so zart, dass sie fast noch mit dem etwas bissfesteren Filetfleisch des Kabeljaus vergleichbar waren. Doch ihr Geschmack war viel intensiver, souveräner und auch vollmundiger. Als hätte man die Schönheit der rauen Küstenstriche der Lofoten materialisiert, paniert und frittiert. Ich knusperte, ich schmatzte, ich goss reichlich flüssige Butter nach, als der Koch wieder an mich herantrat. Gutes Timing, denn es schien clever, eine kleine Fresspause einzulegen. Nachdem er gesehen hatte, dass es mir schmeckte, hielt er mir einen pausenfüllenden Vortrag über die traditionelle Entnahme der Fischzungen in gut bezahlter Kinderarbeit. Seit jeher war es auf den Lofoten üblich, dass im Frühjahr in den Fischverarbeitungshallen in vielen Buchten Hochbetrieb herrschte. Dort wurden die Tonnen von Kabeljau als Vorbereitung fürs Trocknen ausgenommen und geköpft. Während die Eingeweide als *flying buffet* für Möwen und andere wilde Buchtbewohner dienten, wurden die Köpfe nicht entsorgt, sondern in großen Boxen gesammelt. Um ihr Taschengeld aufzubessern, kamen Kinder in ihren kleinen, leuchtenden Profifischer-Thermoanzügen an die

Hallen und schnitten den Köpfen kiloweise die Zungen heraus. Dafür steckten sie jeden Kopf auf einen großen Metallspieß und entfernten die Zunge mit einer fachmännischen Schwungbewegung.

Dieser Kabeljauzungen-Kreis schloss sich Monate später im Wohnzimmer meiner Eltern, wo es zwar keine Metallspieße gab, aber einen Fernseher. Wenn Dokumentationen über Orte liefen, an denen ich war, nahmen sie diese auf, damit wir sie gemeinsam während meiner Besuche anschauen konnten. Eine schöne Tradition, wie ich finde. Als wir einmal eine Lofoten-Doku ansahen und ich die Kabeljauköpfe bei Ramberg in die Boxen fliegen sah, konnte ich den weiteren Verlauf der Doku voraussagen und mich dabei ganz weltmännisch fühlen. Und wieder schloss sich ein Kreis, der nördlich des Polarkreises begonnen hatte und weiter südlich endete.

MILAN – NORDKAP–ALGARVE

Dezember in Nordnorwegen: Alles war gefroren und schneebedeckt. Eisige Winde peitschten übers Land. Wir starten für diese Kreis-Story am Nordkap: Pünktlich zum Sonnenuntergang um 13:30 Uhr kam ich an einem wunderschönen, komplett in Rot getauchten Nordkap an, das ich so vorher noch nicht gesehen hatte. Die Sonne geht zwar weder richtig auf, noch unter, aber mittags beleuchtet sie den Himmel manchmal rot. Bei meinem ersten Besuch im September 2018 verhüllten dicke Nebelschwaden die Hand vor Augen. Diesmal war es viel schöner. Funkelndes Eis und weißer Schnee reflektierten das warm anmutende Spiel der schwindenden Sonne, während die dominante Dunkelheit der arktischen Wintermonate wieder das Kommando übernahm. Ich schoss ein paar Fotos vom eisernen Globus-Denkmal, kaufte typischen Nordkap-Merch im überteuerten Shop und überlegte dabei, ob ich für die Nacht bleiben oder wieder fahren sollte. Scheinbar dachte ich laut, denn die Frau an der Kasse teilte mir energisch mit, dass ich besser wieder fahren sollte. Schwere Schneestürme seien angekündigt, und die einzige Straße würde wohl heute noch gesperrt werden. Dabei schielte sie mit ernster Miene über ihre tief sitzende Brille. So viel Seriosität konnte ich nicht einfach ignorieren. Dass der Hinweg heute geklappt hatte, war schon riesiges Glück gewesen. Für knapp zwei Wochen war die Straße zum Nordkap für Autos gesperrt, da heftige Winterstürme sie unbefahrbar machten. Die Winde waren so stark, dass sie sogar schwere Autos von den glatten Pisten hätten schieben können. Doch an diesem Morgen fuhr ich einfach drauflos und hoffte auf das Beste. Mit Blick auf anstehende Arbeit und andere Reisepläne hatte ich nur an diesem einen Tag ein passendes Zeitfenster, um ans Nordkap zu kommen. Odin und sein Cousin vierten Grades, Petrus, schienen mir offensichtlich wohlgesonnen, wodurch ich bei fast blauem Himmel und Windstille losfahren und tatsächlich auch ankommen durfte. Auf dem Parkplatz vor dem Nordkap-Center, der sich nach dem frühen Sonnenuntergang und vor dem anbahnenden Schneesturm rasch leerte, standen noch zwei »Fußgänger« mit großen Rucksäcken und berieten sich. Das Mitnehmen von Hitchhikern rund um das Nordkap war für mich eine Art Tradition, die ich 2018 begonnen hatte. Also überlegte ich nicht lange und bot ihnen einen warmen Sitz im Van an, um bequem ins nächstgelegene Städtchen zu kommen. Dort hatten die beiden ein Hostel im Auge, wie ich im Anschluss erfuhr. Tatsächlich waren sie am Tag zuvor durch den Schneesturm gewandert und hatten in einer kleinen Hütte etwas unterhalb des Nordkap-Plateaus übernachtet. Das Wort Hütte ist in dem Fall fast schon ein Euphemismus, denn es handelte sich um einen puristischen Steinverschlag mit Tür und Dach, den man innen selbst beheizen musste.

Vorne, rechts neben mir, saß Nacho. Er kam aus Peru – oder zumindest aus der Nähe von Peru, ich erinnere mich nicht mehr genau. Er arbeitete in der Wintersaison oft in Andorra. Wir planten, uns im Januar dort zu treffen, doch dieser Kreis schloss sich leider nicht. Ich war da, doch Nacho arbeitete spontan irgendwo anders auf der Welt. Auf der Rückbank saß Milan, ein kleiner, leiser, junger Franzose aus den Pyrenäen. Die beiden hatten sich unterwegs getroffen und wanderten spontan gemeinsam zum Nordkap. Wir hatten gute Gespräche über die üblichen Verdächtigen: Reisen, Abenteuer, Freiheit. Als wir am Hostel in Olderfjord ankamen, tauschten wir diverse Kontaktmöglichkeiten aus, und ich fuhr noch ein paar Kilometer weiter, um irgendwo ein schönes Parkplätzchen für die Nacht zu finden.

Und der Kreis? Mit Milan schließt er sich jetzt gerade, im Jahr 2024, während ich dieses Buch schreibe. Wir hielten seither Kontakt. Zwar oft mit langen Pausen, aber insgesamt beständig. Er wohnt mittlerweile in Südspanien, ist nicht mehr so leise und nicht mehr so klein, denn er trainiert sehr viel Calisthenics und ist ein absoluter Permakultur-Profi geworden. Er hat die letzten Jahre darauf verwendet, diese Disziplin bis zum grünstmöglichen Daumen zu meistern. Milan wird uns bald auf unserem Grundstück in Südportugal besuchen und uns mit seinem wertvollen Wissen einen wild-organisierten Nutzgarten anlegen, der die natürlichen Gegebenheiten des Landes, des Bodens und des natürlichen Wasserflusses nach Regenfällen bestens ausnutzen wird. Ein weiterer toller Kreis, der am nördlichsten Punkt Europas anfing und sich nahe dem südlichsten Punkt schließen wird. Ich liebe solche Fügungen. Das sind die Kreise, in denen ich am liebsten verkehre.

PATRICK – KINDERGARTEN-NOMADEN

Der Patrick-Kreis schloss sich andersherum, denn ihn kannte ich im Gegensatz zu den anderen beschriebenen Menschen schon vor dem Vanlife. Genauer gesagt, seit dem Kindergarten. Aber irgendwann zwischen Grundschule und Abitur verloren wir uns aus den Augen. Den ersten Kontakt seit über zehn Jahren hatten wir kurz telefonisch, 2016, als Patrick mir einen Schamanen, Druiden und Naturheiler in Rosenheim empfahl, der ihn mit nur einer Sitzung von seiner Apfelallergie befreite. Er rief mich danach sofort an, weil er noch wusste, dass wir beiden in Kindertagen immer die größten Allergie- und Asthmaopfer waren. Doch der Kontakt verlief sich wieder. Es sollten erneut knapp vier Jahre vergehen, bis Patrick mich urplötzlich im Frühling 2020 anrief. Es war Anfang April, und ich saß gerade mit meinem Morgenkaffee an den Klippen der Praia da Concha, gleich neben São Pedro de Moel an der portugiesischen Westküste, als mein Handy klingelte. Patrick begrüßte mich mit den Worten: »Hier, Klaus, samma, du machst doch jetzt Vanlife? Des hab isch uff Instagram g'sehe? Erzähl ma' bissje!« Wir kommunizieren gern in der Sprache unserer gemeinsamen Heimat.

Patricks Interesse an meinem Lebensstil war groß, denn er hatte zu dem Zeitpunkt bereits seine zweite Firma aufgezogen und konnte ebenfalls von überall arbeiten. Jahre zuvor begegnete mir seine erste Firma, »partyguerilla«, mal als Best Practice für schlaues Marketing und perfekte Produktplatzierungen in der JvM Academy. Nachdem er seine Anteile dort verkauft hatte, reiste er umher und startete dann in München »2besales«, eine LinkedIn-Agentur, die ebenfalls schnell boomte.

Unser Gespräch dauerte über eine Stunde und ich erzählte ihm alles, was ich über Vanlife wusste – also übers

Leben, Arbeiten, Reisen und Glücklichsein im Van. Was soll ich sagen, ich gab einfach meine Inspirationen von vor meinem Aufbruch 1:1 weiter, woraufhin Patrick sich ebenfalls einen Pössl 2Win Plus kaufte und sich ebenfalls einen Geschäftswagen-Kredit von meinem Freund geben ließ. Und genau wie ich startete er dann erst mal nach Skandinavien. Da ich zu der Zeit im Süden war, dauerte es nach dem Telefonat noch mal fast eineinhalb Jahre, bis wir uns mit unseren Vans über den Weg fuhren. Im Spätsommer 2021 parkten wir endlich nebeneinander in einer kleinen Bucht in Süddänemark. Steffi und ich waren gerade auf dem Rückweg von Schweden und Norwegen, es passte also perfekt. Das Vantreffen geschah fast 15 Jahre, nachdem wir uns das letzte Mal gesehen hatten. Damals waren wir im Grunde noch Kinder, doch jetzt trafen wir uns als bärtige, erwachsene Männer, die beide im Van wohnten und von unterwegs ihre Brötchen verdienten. Wir redeten, lachten, gingen schwimmen und bereuten unsere Entscheidungen definitiv nicht.

Ein wunderbarer 35-jähriger Kreis, der 1986 im Kindergarten begann und sich 2021 in Dänemark schloss. Seither treffen wir uns regelmäßig, meistens in Portugal, da Patrick gern mehr Zeit auf dem Surfbrett als im Van verbringt.

Bis demnächst, Klaus!

Kreis im Kreis: Beim Treffen in Dänemark entstand auch das Titelbild für das Buchcover.

Kapitelabschluss-Witz

Schlechter Wortwitz, aber gute Geschäftsidee? Falls ich bald weder als Buchautor noch als Werbetexter mehr erfolgreich sein sollte, bereite ich aktuell schon die folgende Alternativ-Karriere vor: VAN *LIVE*! Zu diesem Zweck habe ich bereits zwölf Kameras fürs schonungslose 24/7-Broadcasting im Van installiert. Allerdings nicht in meinem, ich bin ja nicht blöd.

Kapitel 7
Wandern

Wandern ist wie spazieren gehen, nur teurer. Zu keinem anderen Anlass in meinem Leben trage ich aufwendigere und teurere Klamotten als beim Wandern. Wie etwa dann, wenn ich beispielsweise im wetterintensiven Nordskandinavien wandere, wo man mitunter sogar im Sommer mehrlagig präpariert sein sollte.

Wenn ich meinen Wanderzwirn überwerfe, meine Goretex-veredelte Alman-Rüstung, dann vereint sich auf meinem nach Kilometern lechzenden Körper die Crème de la Crème der weltweiten Draußenklamotterie zu einer wind- und wasserabweisenden Monstermembran, die von keiner Wetterlage überrascht werden kann. *Bring it on, Petrus and Odin!*

Aber auch innerlich, tief unterhalb der mehrlagigen Materialfinesse, passiert beim Wandern einiges. Wer wandert, geht auf sich zu. Wer wandert, kommt bei sich an, macht Rast und kann gestärkt ins Leben zurückkehren. Ich wandere gern einsam oder gemeinsam. Doch gerade, wenn man allein oder nur zu zweit ist, dringt man beim Wandern tiefer vor und erfährt mehr, als säße man nur schnöde zum Plauschen im Café. Besonders beim Alleingang durch die Natur kann man zu einer sehr ehrlichen Auseinandersetzung mit sich selbst finden. Egal, ob man sich staunend am menschenleeren Fuße eines norwegischen Gletschers bewegt, in eine südfranzösische Schlucht juchzt oder einen schwedischen Wasserfall anhimmelt: So ehrlich wie beim Wandern ist man sich selbst gegenüber selten.

Meine liebsten Wanderungen, die ich während des Vanlifes machte, habe ich in kleinen Episoden niedergeschrieben.

REINEBRINGEN

Will man mit sich ins Reine kommen, hilft einem, wie der Name schon verrät, der Reinebringen. Er ragt direkt neben der malerischen Kulisse empor, die das Lofoten-Dorf Reine mit seinen roten Fischerhütten am fjordverwöhnten Nordmeer bietet. Der knapp 450 Meter hohe, spitz zulaufende Fels wendet sich Reine mit einer schroffen Steilwand zu, die nahezu senkrecht nach oben zu verlaufen scheint. Sein Anblick wirkt typisch lofotisch und doch irgendwie ganz besonders. Man merkt auf jeden Fall, dass er mit den anderen schroffen, spitzen Bergen der Lofoten verwandt ist. Er ist der Alphaberg, der Odin, und die anderen Berge sind seine Sprösslinge.

Ist er nass, schimmert er bei gewissen Lichtverhältnissen so schwarz wie eine funkelnde Sternennacht. Auf der »Rückseite« wirkt der Reinebringen etwas weniger dramatisch und bietet neben vielen steilen Passagen auch lange grüne Bergkämme, über die er mit anderen Gipfeln verbunden ist. Nur ein paar Zacken weiter liegt das Ende der Lofoten-Inselkette mitten im Nordmeer. Der Aufstieg zum Gipfel erfolgt zum Glück über die etwas weniger dramatische Rückseite, ist jedoch auch nicht ohne. Tödliche Stürze waren keine Seltenheit. Damit solche Stürze der Vergangenheit angehören, haben tibetanische Treppenbau-Spezialisten für felsige Stufenkunst im unwegsamen Gelände gesorgt. Als ich im September 2019 meine norwegische Version von »Im Frühtau zu Berge« zum Besten geben wollte, hatten die Scherpa-Treppen, aka *Sherpatrappa*, sozusagen Neustufengeruch, und das Hämmern und Klopfen der tibetanischen Spezialeinheit verhallte noch andächtig in den ikonischen Felsformationen. In weiser Voraussicht übernachtete ich unweit mit grandioser Aussicht: Folgt man der E10 von Reine Richtung des Dorfs Å, erscheint linker Hand ein Parkplatz namens Steffenakken, auf dem man mit direktem Meerblick parken kann. Das tat ich und ruhte wohl bis 4:30 Uhr am Morgen.

Mit am Vorabend geschmierten Broten, einem Apfel und viel Trinkwasser im Rucksack stand ich mit dem Reinebringen Fuß an Fuß, während der Rest der Lofoten noch schlief. Ich strahlte vor Glück und kurz darauf mit der Sonne um die Wette, die simultan mit mir den Berg erklomm. Sie schien dabei direkt aus dem Meer zu steigen, ich kam leider schneller aus der Puste. Was für ein Anfängerfehler! Ich statuierte nach nicht einmal 300 Stufen ein Paradeexempel für den gefährlichen Mix aus Euphorie und Selbstüberschätzung, der schon so manchen Mann bereuen ließ. Keuchend, die Jacke öffnend und den Rucksack von mir werfend, plumpste ich auf eine kleine Steinbank neben den Stufen und atmete leidenschaftlich bis hektisch in die frisch-kalte Luft des jungen Tags. In Momenten wie diesen vergaß ich oft, dass sowohl meine Lunge als auch die schlabbrige Umverpackung noch nicht wieder ganz zu alter Leistungsfähigkeit zurückgefunden hatten. Wie auch? Wann auch? Wodurch auch? Hoffentlich zukünftig durch mehr Momente wie diesen – durch mehr Stufen, mehr Gipfel, mehr Schritte, mehr Grenzüberschreitungen.

Nach ein paar Minuten semikontrollierter Durchschnauferei bei bester Aussicht war ich wieder startklar und machte mich an die verbleibenden rund 2.000 Stufen bis zur letzten kleinen Passage unter dem Gipfel, die, warum auch immer, keine helfende *Sherpatrappa* aufweist. Ab da muss man je nach Wetter- und Bodenbeschaffenheit auf allen Vieren zum Ausguck kraxeln. Mein frühes Aufstehen hatte sich gelohnt: Abgesehen davon, dass die morgendliche *golden hour* Überstunden machte, war ich nach wie vor noch keinem anderen Menschen begegnet. Großartig! Ich freute mich, wie gut ich mit mir allein auskam.

Irgendwo auf dem Weg, vermutlich auf Stufe 1.371, erblickte ich unten den Küstenparkplatz, an dem ich die Nacht verbracht hatte. ›Läuft bei mir‹, dachte ich. Nach den letzten Stufen, als ich bereits auf der Kraxelpassage kraxelte, kam mir dann doch ein Mensch entgegen. Ein bestens gelaunter, junger Typ. Die Morgensonne, die ungefähr unsere Höhe hatte, reflektierte feurig in seiner großen, verspiegelten Sonnenbrille, als er mir zurief: »*Enjoy, man! You' got the whole mountain top to yourself!*«

Und so war es auch: Oben angekommen, schnaufte außer mir niemand in die Stille. Das Plateau war recht schmal, also konnte man gar nicht anders, als nach den ersten Schritten steil abwärts auf das kleine Reine tief unten zu blicken. Und gleich dahinter reihten sich die berühmten Lofoten-Berge zwischen unzähligen Buchten, Fjorden und Dörfern. Irgendwo ganz hinten, im blaugrauen Dunst der Ferne, erahnte man das norwegische Festland. Das Wetter spielte nicht nur mit, es übernahm eine entscheidende Rolle für den kleinen Trip. Die Tage davor und danach war es eher herbstlich grau-kalt, oft regnerisch und frisch gewesen, doch an diesem Tag glänzte der Himmel so blau wie sein flüssiger Horizontnachbar.

Ich verweilte dort oben noch eine Weile, frühstückte mein Frühstück und wartete darauf, endlich mit dem Schwitzen aufzuhören. Eine leichte Gipfelbrise föhnte meine nassen Stellen. Beim Abstieg kamen mir dann viele Menschen entgegen, die scheinbar keinen Wecker im Team hatten. Und nicht selten wurde mir keuchend, manchmal auch leicht panisch, die Frage gestellt, wie weit es denn noch bis oben sei. Wie eine Ansage vom Band spulte ich stets Folgendes ab: »*There are many steps left, but it's defnitely worth it! It's really amazing up there. Just keep going!*«

Beim Schreiben dieser Zeilen erlitt ich durch die intensiven Erinnerungen offenbar einen Höhenluft-Backflash. Dieser Berg ist wie eine Droge. Nur das Absteigen allein reicht nicht, nach dem Reinebringen braucht man ein mentales Runterbringen.

PREIKESTOLEN

Die Preikestolen-Bewanderung ist der Klassiker, ohne den kein Norwegen-Trip auskommt. Norwegen ohne Preikestolen wäre wie ein Besuch in Rom, ohne am Vatikan zu sagen, dass man bei diesen ekelhaften Verbrechern, die mit Gott eh nichts zu tun haben, nicht hineingehen will. Erst recht nicht gegen Eintritt!

Ich kann stolz behaupten, beides gemacht zu haben. Ich war auf dem Preikestolen, und ich habe in Rom vor den Toren des Vatikans mein kleines, kleruskritisches Textchen aufgesagt. In die Stadt Rom an sich habe ich mich allerdings schockverliebt – doch dazu mehr an anderer Stelle.

Im Juli 2021 waren Steffi, Tobi und ich spontan in Norwegen. Bei diesem Trip konzentrierten wir uns auf Südnorwegen, das ich bis dato selbst noch nicht gut kannte. Bereits am ersten Tag war ich nicht wirklich überrascht, dass auch der Süden des Landes unfassbar schön ist. Anders als der Norden, aber ebenfalls durchweg *eye candy.* Einen nicht unwesentlichen Anteil an dieser Schönheit haben die Berge und Fjorde. Die wohl berühmteste Berg-Fjord-Kombination in Südnorwegen erschließt sich einem am Preikestolen. Das markant hervorstehende, flache Felsplateau, vermittelt einem in 604 Metern Höhe über dem Lysefjord den Eindruck, dass man schwebt.

Typisch norwegisch existiert an keiner Stelle des schwindelerregenden Plateaus ein Geländer. Ich vermute, dass die Gesetze dazu noch aus Wikingertagen existieren. Ich bin jedenfalls ein Fan dieses Umstands. Wo und wann, wenn nicht beim Wandern, kann man sich in Selbstverantwortung üben? Ein ehemals großer *human skill*, der leider zunehmend ausstirbt. An solchen barrierefreien Reisezielen herrscht eine durchdringende Stimmung aus positiver Aufregung und natürlicher Selektion. Denn wer sich für ein Selfie und potenzielle Social-Media-Likes über die magische IQ-Grenze des Preikestolen-Plateaus hinauswagt, um direkt am Rand zu posen, wird vom Rest der Menschheit nur bedingt vermisst werden. Apropos vermissen: Wir hatten länger keine richtige Wanderung mehr unternommen und freuten uns sehr auf den Weg zum berühmten Fels. Da man am Wanderparkplatz nicht über Nacht mit dem Camper stehen durfte, rollten wir am Abend davor noch spontan auf einen Campingplatz in der Nähe und zahlten ein kleines Vermögen. Leider ist das Land so verdammt schön, dass man ihm jeden Cent gönnt. Der Campingplatz hatte die Aura einer Lightversion von einem Everest-Basislager. Fast alle Fahrzeuge waren offroadtauglich oder sahen wenigstens so aus, und alle Menschen trugen nur die feinsten Outdoor-Ensembles der teuersten Marken in bunten Farben. Und alle hatten diese typische Bergsteiger-Gesichtsbräune: schwarz-rote Nase, braun-rote Backen und eine weiße Panda-Brille, wo tagsüber die Sonnenbrille wohnte.

Die Stimmung im Lager war insgesamt einwandfrei, und bei der abendlichen Gassirunde über den ganzen Platz hatten wir einige gute Gespräche. Da wir unseren Wecker auf 4:30 Uhr programmiert hatten, aßen wir rasch zu Abend, packten schon die Rucksäcke mit Verpflegung und legten unsere wohl durchdachten Outdoor-Ensembles zurecht. Das ist ein tolles Gefühl, wenn man über dreißig ist und sich seine Klamotten für den nächsten Tag selbst rauslegen kann! Vollständig abgenabelt, würde ich sagen. Nach ein paar Stündchen Schlaf erwürgte ich gut gelaunt den Wecker, und wir fuhren noch bei völliger Dunkelheit um Viertel vor fünf los. Ich war ehrlicherweise erstaunt, dass nicht mehr Basecamp-Kollegen aufbrachen. Ich sah uns im Traum schon alle gemeinsam im Nebel losrollen wie eine Horde Gorillas. Denn nach unserer naiven Vorstellung lag das besondere Gefühl der Preikestolen-Besteigung auch darin, dass man vor der Sonne oben ankam – oder wenigstens simultan. Auch am Wanderparkplatz waren wir dann die Ersten. Umso motivierter und glücklicher liefen wir los. Für unseren Hund, Tobi, sind solche Wanderungen das Größte, aber da er gern bis 10:30 Uhr schläft, war er noch nicht ganz bei sich. Vermutlich kackte er deshalb mitten auf die ersten Meter des Wanderweges. Für gewöhnlich parkt er sehr professionell rückwärts in Gebüschen ein und lässt seine Häufchen wie ein Magier verschwinden. Da wir unsere Kacktüten vergessen hatten und Steffi das Baumblatt falsch positionierte, drückte die noch warme Kacke an ihrem Finger kurz auf die Stimmung, aber die Schönheit

Norwegens gewann abermals und ließ auch dieses Missgeschick schnell vergessen.

Die Wanderung war wirklich wunderschön, die Landschaft abwechslungsreich und die Aussicht grandios. Nicht zuletzt, weil die Blautöne der frühen Stunde nahezu poetisch in der Ferne verblassten, während die aufgehende Sonne den feuchten Dunst des Morgens auflöste. Nach ungefähr zwei Stunden erreichten wir das Plateau. Auch Menschen ohne Höhenangst, wie ich, blicken ehrfürchtig auf das einschüchternde Profil des Preikestolen, das sich einem offenbart, wenn man die letzte Rechtskurve nimmt. Bei Menschen mit Höhenangst, wie Steffi, steigert der Anblick schlagartig zwei Dinge: den Blutdruck und die Schimpfwort-Frequenz. Wir gingen vorsichtig die letzten Schritte und frühstückten mitten auf dem Plateau. Dank der Gunst der frühen Vögel teilten wir es mit nur wenigen anderen Menschen. Einige hatten sogar in Schlafsäcken dort oben übernachtet. Ich mag mich wiederholen, aber: typisch Norweger! Der Himmel über uns war wolkenfrei, nur zwischen der Preikestolen-Kante und dem Fjord lag ein flauschiges Bett aus weißen Wattewolken, das sich aber nach und nach verzog. Nachdem das Frühstück verspeist und alle guten Bilder geschossen waren, machten wir uns an den Abstieg. Wir hatten bereits alle möglichen Winkel erkundet, und die zunehmende Menschenzahl auf dem Preikestolen löste ein gewisses Unbehagen aus. Ich hoffte insgeheim, dass ein Statiker das preikestol'sche Menschen-Traglastverhältnis regelmäßig durchrechnet. Meine Sorge war sicherlich völlig unbegründet, aber am Ende des

Tages ist man eben doch nur die Summe seiner beknackten, irrationalen Ängste.

Auf dem Rückweg war dann ein ähnliches Phänomen zu bezeugen, wie schon auf dem Reinebringen: Wenn die Frühaufsteher zurückwandern, wandern die Langschläfer hin. Und das ungelogen zu Tausenden! Ich bin noch nie im Leben an so vielen Menschen vorbeigelaufen. Es war absurd. Wir waren eher genervt von ihnen, nur Tobi verspürte vermutlich den Reflex, unter ihnen neue Herrchen zu finden, die zu normalen Uhrzeiten das Bett verlassen. An vielen engen Passagen und stufigen Stellen staute sich der Verkehr. Nur ein paar Norweger in engen Laufklamotten joggten wie irre durch die Menschenmassen und sagten dabei mit jedem Atemzug *»Sorry!«* oder *»Thanks!«*, weil man als spazierender Normalo zur aktiven Slalomstange in ihrer Lauf-Performance Richtung Gipfel werden musste. Nur kurze Zeit später, wir waren noch gar nicht so viel weiter vorangekommen, hörten wir hinter uns wieder *»Sorry! Thanks! Sorry! Thanks!«* und die bunten Goretex-Wikinger mit beachtlichem Lauf-Teint rauschten erneut an uns vorbei. Sie verschwanden hopsend in den Menschenmassen. Am Startpunkt angekommen, aßen wir ein Eis und kauften selbstverständlich einen Preikestolen-Aufkleber. Man will ja schließlich nicht, dass Gäste im Van nicht mitbekommen könnten, dass man dort war.

Für eine erfolgreiche Preikestolen-Besteigung hat man im Grunde drei Optionen, aus denen man wählen kann, um viel

Spaß zu haben. 1. Früh aufstehen. 2. Direkt dort oben übernachten. 3. Einen hautengen Marathon-Zweiteiler überstreifen und einfach wie wild durch den Besucherstrom rennen.

KVALVIKA BEACH

Wie der Name verrät, handelt es sich nicht um einen Berg, sondern um einen Strand. Also vorwiegend flach und aus Sand. Doch an der Schönheit des Kvalvika Beach sind auch einige Berge maßgeblich beteiligt. Damit meine ich nicht die vorwiegend weiß schimmernden, rundgeschliffenen Trilliarden von Minibergen namens Sand, die in der Kombination mit dem türkis-geilen Wasser auch schon eine Wanderung wert gewesen wären. Nein, ich meine die Berge ringsum, die den Beach im typischen Lofoten-Style zur Vollendung pimpen.

Zwei Wege zum Kvalvika Beach sind besonders populär: Die eine Route, genannt Ryten, ist länger und wandertechnisch etwas langweiliger. Auf den Lofoten entspricht das immer noch einer Note 1, aber keiner 1 mit Sternchen. Die andere Route, der Kvalvika Beach Trail, fällt kürzer aus, dafür spektakulärer. Insgesamt lässt sich der kurze Trail etwas unwegsamer, felsiger, naturbelassener und dadurch etwas spaßiger belaufen. Die Ryten-Route endet oben auf einem Plateau über dem Beach, direkt am Aussichtspunkt für die ikonische Kvalvika-Aussicht – ohne dass man beim Hinwandern eine Anstrengung spüren würde. Man schlendert eher, vom leichten Anstieg unbeeindruckt, über Pfade auf weiten Wiesen und passiert gelegentlich ein paar Holzstege, die einen durch die Landschaft tragen. Die Aussicht von der Plateau-Route ist aber durchweg wunderschön. Um von dort zum Beach zu kommen, muss man allerdings noch einen steilen Pfad hinabserpentieren.

Über die Beach-Trail-Route gelangte ich direkt zum Strand. Aber, um ihn in seiner ganzen Schönheit zu erfassen, muss man ihn wirklich von oben sehen. Bevor ich mich an den felsigen, matschigen und rutschigen Aufstieg an der rechten Flanke des Strands machte, erkundete ich erst noch den sandigen Teil auf Meereshöhe. Der Kvalvika-Sand ist sehr fein und an vielen Stellen mit Baumstämmen und anderen groben Treibgütern dekoriert, die still und leise von der unglaublichen Kraft des Meeres erzählen.

Gut versteckt, aber nicht unauffindbar, steht eine kleine Hütte aus Steinen, Treibgut und anderen Materialien am Strand. Im Grunde bilden einige Felsen die Basis, auf der ein paar Surfer diese Hütte gebaut haben. An kalten Tagen raucht gern mal der Schornstein. Irgendwer ist immer zu Hause. Nachdem ich den Strand ausgiebig erforscht hatte, erklomm ich den Pfad zum Aussichtspunkt über dem Beach. Es war zwar erst September, aber auf dem Weg hatte leichter Schneeregen eingesetzt, der sich zum Glück bald wieder verzog. Oben angekommen, entlockte mir der zweigeteilte Strand zwischen den schroffen Felsen und dem türkisfarbenen Meer ein lautes »*Holy shit!*« – allerdings erst, nachdem ich wieder vollwertig atmen konnte. Man konnte lange dort sitzen, ohne dass die Szenerie alt wurde. Vom höchsten

Punkt der Klippe aus, dem Ryten, sieht man rechts das offene Nordmeer und weiter links, hinter einigen Gipfeln, den Vestfjord. Also den Fjord, der das norwegische Festland von den Lofoten trennt. Ich stand staunend still und war doch tief bewegt.

Die ikonische Kvalvika-Beach-Ansicht lebt von zwei Sandbuchten, die mittig von einer gen Meer ragenden Felsnase getrennt sind. Sie ist aus typisch schwarzem Lofotenfels und gewinnt optisch durch einen tiefgrünen Grasüberzug an Reiz, der sich wacker gegen Wind, Wetter und Brandung an seiner steilen Position behauptet. Man schaut also von oben auf Grün auf Schwarz über Weiß vor Türkis und wechselt dabei ständig zwischen Details und dem großen Ganzen ab. Der Strand hinter der Felsbarriere heißt eigentlich Vestervika. Aber irgendwie hat sich Kvalvika Beach als Sammelbegriff für das visuelle Gefüge der beiden Postkarten-Strände durchgesetzt.

BARRANCO BEACH

Another beach from another country: Barranco Beach, aka Praia do Barranco, liegt gute 30 Autominuten entfernt von der »letzten Bratwurst bis Amerika«, also leicht östlich von der Stadt Sagres an der Algarve. Man erreicht diesen Strand zu Fuß oder mit dem Auto über eine »Straße«, die den Namen kaum verdient. Nach der Anfahrt sieht es im Autoinneren so aus, als habe man sich mehrfach überschlagen. Also nicht schlecht, falls man mal ernsthaft ausmisten will. Barranco Beach ist ein beliebter Anlaufpunkt für Vanlifer aller Art, vor allem für surfende und die, die ambitioniert aussteigen wollen. Je nachdem, zu welcher Jahreszeit man dort ist, wundert man sich, wie viele und welche Art von Autos diese enge, schlaglochverseuchte Hubbelpiste des Todes an einem Stück zurücklegen konnten. Im Mai oder Juni 2020 hatte ich den paradiesischen Sandkasten mit den omnipräsenten Hippie-Vibes quasi für mich. An diesem Tag parkte ich den Van etwas weiter entfernt, bei Ingrina. »Ingrina Camping« ist ein interessanter Ort, von dem ich bis heute nicht weiß, ob er von irgendwem betrieben wird. Ich konnte jedenfalls niemanden finden, der mein Geld entgegennehmen wollte. Der Platz war deutlich in die Jahre gekommen, aber nicht hässlich. Man war von positiven, postapokalyptischen Vibes umgeben. So, wie dieses Camping würde die Welt vermutlich aussehen, wenn nur Hippies auf unerklärliche Weise einen Atomschlag überleben würden. Die Sanitärgebäude waren einfach gehalten, schön bunt und erfüllten ihren Zweck. In einigen Ecken der Anlage hatten sich Menschen kleine Dauer-Camps eingerichtet. Aus manchen langzeitgeparkten Bussen wuchsen hölzerne Bauten, die jetzt halb Van, halb Hütte waren. *Vütten* sozusagen. Die Anwesenheit anderer Menschen konnte man nur erahnen – manchmal hörte man Stimmen, manchmal waberten diffuse Musikfetzen vom Wind getragen über den Platz, um sich dann in einer der hohlen Korkeichen am Rand zu verlieren. Von kleinen Zeltbauten bis zu einem großen Doppeldeckerbus konnte man viel entdecken. Ich fühlte mich fast wie in einem Freilichtmuseum für Hippie-Vankultur. Hier stand mehr als nur die Zeit still. Hier stillte die Zeit die, die die moderne Welt satthatten und hungrig nach alternativen Existenzmodellen waren. Mit meinem 2019er Citroën-Jumper-Pössl-Ausbau fühlte ich mich zum ersten Mal seit meinem Start als Spießer. Wie ein Fremdkörper. Wie der Klassenfeind. Ich war der personifizierte Bausparvertrag, die lebende Steuererklärung, die rollende Neubausiedlung mit getrimmter Grasnarbe und Gartenzwerg-Armee im glatt gerechten Kiesbeet. Trotzdem fühlte ich mich irgendwie wohl. Hippie ist, wenn man's trotzdem macht.

Die komplette Algarve ist voll von tollen Wanderwegen, die einen oft direkt oben an den Klippen entlangführen. Die Tour zum Barranco Beach war nicht weit, aber grandios schön. Am besten haben mir die unzähligen Algarve-Störche gefallen, die pfeilschnell an den Steilklippen entlang manövrierten, als würden sie sich für pubertäre Schwalben-Rowdys halten. Sie trotzten ihrer Storchenanatomie wie Hummeln, die ja auch nicht wissen, dass sie eigentlich gar nicht fliegen können. Die spannweitengewaltigen Kunstflieger spielten mit den wirbeligen Winden in den schmalen Schächten der schroffen Klippenkamine und bewegten sich dabei so souverän und elegant, dass ich den Begriff »Storch« völlig neu denken musste. Manchmal donnerten sie einem über den Kopf hinweg, manchmal standen sie still in der Luft und überlegten, wie wohl ihr nächstes waghalsiges Manöver aussehen könnte. Tief beeindruckt von dieser Flugshow lief ich weiter und sinnierte über diese Störche: Ihr seid die Verrückten. Euch vertraut man keine Babys an. Nicht mit diesem Flugstil! Nicht mit dieser Lebenseinstellung! Ihr seid die Ausgemusterten. Die Abtrünnigen. Ihr habt keinen festen Job, kein Ansehen, keine Stellung in der spießigen Dienstleistungsgesellschaft nordeuropäischer Störche. Ihr seid wild, geradezu tollkühn. Ihr seid frei. Ihr lebt. Euch mag ich.

Obwohl ich schon seit Anfang des Jahres unter südlicher Sonne lebte, erst in Spanien, dann in Portugal, war ich immer noch weißer als die Störche. Deshalb arbeitete ich an diesem Tag oberkörperfrei an meinem Teint und blendete mit meinem perlweißen Torso vermutlich einige Schifferboote vor der Küste. Erfahrungsgemäß muss ich mich durch mindestens fünf Rottöne und drei Varianten von Flamingopink arbeiten, bis sich mein nordeuropäischer Sommerteint irgendwo zwischen dunklem Eierschalenweiß und mattem Hellbeige einpegelt.

Wie ein halbtransparenter Geist tauchte mein weißer Leib plötzlich oben auf der Klippe am Barranco Beach auf. Wären heute mehr Hippies dort unten gewesen, hätten sie sich sicherlich kurz erschreckt – oder ihren Stoff gelobt: »Endlich kickt die Brause!«

Beim steilen Abstieg zum Strand musste ich mich selbst beglückwünschen. Meinem immer besser werdenden Instinkt folgend, hatte ich meine Adiletten kurz vor Abmarsch noch durch feste Turnschuhe ersetzt. In Südportugal hat man einfach ein anderes Mindset als in Norwegen. Man ist gechillter, plant noch weniger und lässt einfach mehr passieren. Im Grunde wird man zu einer Art mentaler Adilette.

Der Barranco Beach ist so magisch und unangepasst, dass dort sogar die Google-Maps-App Humor beweist. Denn der informationsgeile Navigationsservice aus Kalifornien bietet einem hier einen sehr unwegsamen und steilen Abwärtspfad als »mögliche Autoroute« an. Er ist voll von losem Geröll und von tiefen Regenfurchen durchzogen. Und so passiert es manchmal, dass plötzlich ein Gefährt dort oben an der Kante auftaucht wie ein Achterbahnwagen kurz vor dem *deep drop*. Manche schafften es noch rechtzeitig, zu wenden oder panisch rückwärts hinaus zu beschleunigen, aber andere mussten sich ihrem Schicksal ergeben und die waghalsige Abfahrt durchziehen. Viele Offroad-Kisten und Geländewagen sahen dabei sogar ziemlich cool aus – alte Camper eher nicht. Unten am Strand war während solcher Einlagen dann aber immer mächtig Stimmung.

Apropos unten am Strand: Als ich dort ankam, fegte ein fieser Wind über den losen Sand. Nach ein paar Minuten auf dem Handtuch brach ich die Akupunktursitzung ab und wanderte vom Wasser weg in Richtung des großen Parkplatzes, der im Tal der lang gezogenen Barranco-Bucht liegt. Da hier sehr oft so ein Wind weht, stehen am Strandrand mehrere runde Steinformationen. Sie sehen aus wie Iglus ohne Dächer, nur mit größerem Eingang. In einem dieser Steinkreise ließ ich mich windgeschützt nieder und döste eine Runde unter der kraftvollen Sonne Algarviens. Während sie mich umfärbte wie kochendes Wasser einen Hummer, tanzten verschiedene Varianten von »Ach, ist das schön!« vor meinem inneren Auge.

SKULESKOGEN

Der Skuleskogen Nationalpark liegt an der schwedischen Ostküste und lässt sein schottisch anmutendes Inselgrüppchen vom Bottnischen Meerbusen liebkosen. Auf der anderen Busenseite liegt Finnland. Apropos »schottisch«, dieser Küstenabschnitt Schwedens wird auch als Höga Kusten, aka High Coast, bezeichnet und ist das stolze Zuhause von Schwedens köstlichem High Coast Whisky. Persönlich bin ich allerdings eher ein Fan des Mackmyra Whiskys, der etwas weiter südlich hergestellt wird.

Kleine Anekdote: Ich bin einmal extra zur Mackmyra-Destillerie in Gävle gefahren, um fortan ein oder zwei frisch verkorkte flüssige Genusseinheiten an Bord zu wissen. Doch leider schloss der Laden kurz vor meiner Ankunft. Nach einigem Klopfen an der gläsernen Pforte wurde mir netterweise noch mal geöffnet. Allerdings nur um mitzuteilen, dass der Destille-Shop bedauerlicherweise keine Alkohol-Verkaufslizenz besitzt. Na logisch, ich Dussel! Da ich bezüglich Kaffeetassen, Topflappen und anderem Whisky-Merchandise bestens versorgt bin, zog ich ungekaufter Dinge weiter.

Nach diesem Tiefpunkt zurück zur High Coast: Grüne Wälder und viele Fjorde arrangieren sich mit steilen und flachen Küstenabschnitten sowie mit einigen nackten Felsformationen zu einem wunderschönen Nationalpark. Vor allem eine *Herr-der-Ringe*-mäßige Schlucht inmitten des Waldes ist ein lohnendes Ziel für Wanderungen. Dieser malerische, steilwandige Ort hört auf den lieblichen Namen Slåttdalsskrevan. Ein wahrer Zungenbrecher, der auch als Beinbrecher einiges an Stock und Stein bereithält. Ich habe diese Wanderung einmal allein unternommen, im Winter 2019, und dann noch einmal mit Steffi, im Spätherbst 2020. Beide Male waren wunderschön.

2019 stapfte ich durch kniehohen Schnee. Viele Passagen waren völlig unberührt, keine einzige Fußspur war weit und breit zu sehen. Es sah wirklich surreal aus. Ich fand mich, so dachte ich, inmitten einer makellosen Winterlandschaft von Bob Ross wieder. Ich stellte mir vor, dass jeden Moment ein breiter Pinsel an mir vorbeistreifen würde, um plötzlich noch einen Baum in den Vordergrund zu zeichnen – und dazu würde eine sanfte Stimme aus dem Off durch die glitzernden Astspitzen säuseln: »*It's your world, you can create whatever you want in here.*«

Die dick mit Schnee bedeckten Zweige der Bäume berührten fast den hohen Schnee am Boden. Mehr Stille ging nicht – nur ich ging behutsam und bedächtig tiefer in den weißen Wald. Meine Laune war bestens, denn nach vielen Wochen nördlich des Polarkreises kribbelten endlich wieder Sonnenstrahlen auf meiner Haut. Ich fuhr tags zuvor recht flott eine weite Strecke und kam sprichwörtlich aus der Dunkelheit ins Licht. Am Morgen startete ich unter einer dichten

Wolkendecke Richtung Nationalpark, als plötzlich der Himmel seinen grauen Mantel aufriss wie ein lüsterner Exhibitionist und die Sonne ganz unerwartet meine Hände und Arme mit ihrer magischen Kraft berührte. So intensiv und so besonders fühlten sich ihre Strahlen noch nie an. Ich verzieh ihr sofort jeden Sonnenbrand und huldigte ihr, besang sie und ernannte sie zu meiner Göttin. Kurz darauf hielt ich an einer roten Ampel und stand dabei leicht bergauf, weshalb mir die tiefe Morgensonne voll aufs Gesicht küssen konnte. Lauthals jubelnd wartete ich auf Grün, um endlich weiterfahren und endlich ankommen zu können. Ich wollte raus. Ab in die Sonne!

Mein zweiter Guter-Laune-Grund war ähnlich mystisch: Kurz vor dem Nationalpark-Parkplatz fuhr ich durch eine Siedlung schneebedeckter Häuser, die auf den Namen Käxed hört und direkt an einer kleinen Fjordbucht liegt. Hier passierte es, ich sah mein senioriges Ich der Zukunft. Es war mein kleiner Nick-Miller-Moment. Erst die Sonne und jetzt das. Im Rolltempo schritt ich langsam die Straße entlang. So langsam, dass ich den Schnee unter meinen Reifen laut knirschen hören konnte, und dann stand da plötzlich dieser Mann am Straßenrand. Sehr alt. Sehr freundlich. Ein Bart, wie meiner, nur weiß. Eine Mütze, wie meine, aber gelb. Eine Jacke, wie meine, jedoch dunkelrot. Nur die gefütterten Gummistiefel kamen mir unbekannt vor. Scheinbar lag der Kauf noch in der Zukunft, also irgendwann zwischen jetzt und ihm. Auch seine Augen kamen mir vertraut vor. Ich rollte vorbei, wir schauten uns an, nickten uns zu, das war alles.

Aber wir wussten genau, wen wir da gerade gesehen hatten. Vielleicht war ich auch nur ein wenig high von der Sonne. In circa 30 Jahren weiß ich mehr.

Zurück zur High Coast: Ich wanderte vergnügt zu jener unaussprechlichen Schlucht, machte einige Fotos – darunter auch viele grinsende Sonnen-Selfies – und wanderte wieder zurück. Okay, ich gebe zu, dass vor Ort noch etwas anderes passierte. Dazu muss ich allerdings erklären, dass es am Eingang der Schlucht erst mal steil bergab geht. Die Nationalpark-Ranger hatten daher eine stabile Treppe aus Holz installiert, um allen Menschen bei allen Wetterlagen einen leichten und sicheren Abstieg zu ermöglichen. Na ja, was soll ich sagen, Mann zu sein ist nicht immer leicht. Oder sicher. Denn aus einem ähnlichen Reflex heraus, dem auch das Nichtlesen von Bedienungsanleitungen folgt, betrat ich die verschneite und vereiste Schlucht, ohne die hölzerne Gehhilfe für schlecht besohlte Outdoor-Amateure zu nutzen. Treppe? Für was, ey!? Doch direkt nach dem ersten Schritt, also noch vor dem Aufprall, mitten in der bauchkribbelnden Flugphase, bereute ich die Tat sofort und fragte mich, ob auf dem Eis genug Schnee liegen würde, um mich sanft abzufangen. Es war tatsächlich genug Schnee für eine nur mäßig schmerzende Landung vorhanden, aber zu wenig, um mich auf dem Eis zu bremsen. In Hackl-Schorsch-Manier donnerte ich hinab. Unten angekommen hatte ich sehr viel Schnee in der Arschritze, aber noch mehr Schamesröte im Gesicht. Obwohl ich wusste, dass ich ganz allein dort draußen war, setzte ich sofort zu einem peinlich berührten 360-Grad-Kontrollblick an, um sicherzustellen, dass wirklich nur ich selbst Zeuge meiner Blödheit war.

Steffi und ich waren 2020 einen Monat früher dort als meine Blödheit und ich im Jahr zuvor. Mitte November lag leider nur wenig Schnee, kleine Resteinseln, das meiste war kurz zuvor weggetaut. Aber dafür waren jetzt viele Wegpassagen und vor allem die vielen langen Holzstege, die uns durch den Wald und über die Moore führten, dick vereist. Über uns hing ein neblig-schöner Schleier in den Baumkronen. Der menschenleere Wald bot eine ruhige, fast märchenhafte Stimmung. Hin und wieder nebelte es auch mal tiefer und sehr ansehnlich auf grasigen Lichtungen, wodurch die umliegenden Bäume und Berge mit dem grauen Schleier zu verschmelzen schienen. Wir gingen diesmal eine andere Route und folgten einem Pfad entlang eines felsigen Bergkamms, der uns »über« den Wald führte, durch den ich im Vorjahr gegangen war. Auf dem Berg tobte ein wilder Wind, der uns Eisregen in die Gesichter peitschte. Aber dafür riss durch den Wind auch gelegentlich der Nebelteppich auf, und wir konnten über die hügeligen Wälder bis auf einige kleine Buchten und das Meer blicken. Entlang der Pfade liefen wir meist mitten im Wald und sehr hoch gelegen an großen Muschelfeldern vorbei, wie sie an manchen Stränden zu finden sind. Diese Abertausenden antiken Weichtierbehausungen erzählten von Zeiten, als der Meeresspiegel so hoch war, dass die historische Brandung einst die Berggipfel küsste, auf denen wir jetzt wanderten.

Kurz vor der Schlucht fanden dann Wald- und Bergpfad wie alte Kameraden wieder zusammen und führten uns über wacklige Steine, dicke Wurzeln und durch felsige Tunnel direkt zum Eingang der Schlucht. Die versteckte Wintersonne flirtete mit den Nebelschwaden und verirrte sich hin und wieder in den kargen Felswänden. Dadurch schimmerte dieser granitverwöhnte Korridor in einem einzigartigen Blaugrau, das diesen Ort jetzt fast zu einem ganz anderen werden ließ als im Jahr zuvor. Beide Varianten waren sehenswert. Dieser Tag bewies einmal mehr, dass es kein schlechtes Wetter für Wanderungen gibt – nur schlechte Ausreden.

MONFRAGÜE

Nein, nicht Frankreich. Spanien! Liest sich aber wie ein Departement, das man mit zu viel Essen im Mund möglichst französisch aussprechen möchte: »Mö'frägü«.

Im Parque Nacional de Monfragüe verbrachte ich knapp drei Wochen. Das Wetter meinte es für Januar ziemlich gut. Kurze Hose 24/7! Die Landschaft war toll und man konnte fantastische Touren mit dem Rad machen. Außerdem musste ich an einigen Aufträgen arbeiten, Wäsche waschen und wollte einfach mal für eine Weile entspannt parken. Dafür checkte ich auf einem großen, spärlich besuchten Campingplatz mit ghosttownähnlichen *Off-Season*-Vibes ein.

Für folgende Wander-Erzählung lasse ich »Radwandern« mal als Wandern gelten. Erstens, weil das mein Buch ist und ich hier der Bestimmer bin, und zweitens, weil ich am Ende der Geschichte weniger geradelt sein werde, als man es jetzt noch vermuten könnte. Die Ecke um Monfragüe ist neben ihrer schönen Landschaft vor allem für ihre tierische Artenvielfalt bekannt. Vogelfans aus aller Welt fügen sich im hiesigen Ornithologenparadies ganzjährig fette Fernglasabdrücke an beiden Augen zu. Ganz besonders berühmt sind die vielen Geier des Nationalparks, die sich vor allem in, auf und um die schroffen Felsen des ortsansässigen Canyons tummeln. Geier, ey! Beeindruckende Tiere, über die ich bis zu meinem Aufenthalt dort nichts Genaues wusste. Ich kam hierher, um diese Bildungslücke zu schließen und mir selbst ein Bild von dieser gefiederten Randgruppe mit »Todesaura« zu machen.

Wie vor jedem kleinen Tagestrip schmiss ich Snacks, Wasser, Taschenmesser sowie einen hochmodernen Sonnenmilch-Zerstäuber in den Rucksack. Meine schillernde Wanderkombi aus diversen Draußen-Marken füllte sich von innen mit Adrenalin und Abenteuer. Es umgab mich ein Outdoor-Odeur, das sich vor allem aus noch nicht ganz eingezogener Sonnenmilch und bereits getragenen Funktionsshirts aus 95 Prozent Plastik zusammensetzte. Durchaus betörend. Als äußerste Schicht meiner Adventure-Zwiebel machte ein leuchtender Windbreaker in Signalorange samt flotten Reflektorstreifen auf mich aufmerksam. Als würde sich die raue

Natur nicht schon genug vor diesem Anblick fürchten, krönte ich mein Outfit und mich mit einem neongelben, windschnittig geformten Fahrradhelm, der lässig auf dem Rahmen meiner übergroßen, vollverspiegelten Sonnenbrille für aktive Outdoormenschen auflag. Wenn's sonst keiner sagt, sag ich's: *muy sexy!*

Ich checkte die Route zu den Geierfelsen grob auf dem Smartphone und radelte los. Sie waren durchaus ein Stückchen entfernt, und die Strecke barg viele Berge, doch da ich mir wegen meiner B-Waren-Lunge ein E-Mountainbike zugelegt hatte, war mir das egal. Mit dem Outfit hätte das Sitzen auf einem schnöden Mountainbike ohne E auch geradezu lächerlich gewirkt. Mühelos düste ich durch die bezaubernde Landschaft. Der typische, harzig-süße, leicht mentholhaltige Duft der südspanischen Vegetation wehte mir um die Nase, während mein Mund als Mückenfriedhof fungierte. Die flachen, grünen Ebenen wandelten sich bald zu felsigen Hügeln, die steil-isch erklommen werden wollten. Manche Passagen waren selbst mit E-Bike nicht machbar. Auf dem kantigen Geröll drehten die Reifen durch. Ich zum Glück nicht.

Darum schob ich den müden E-Hengst einfach ein Stückchen bis zum Gipfel und genoss von dort die Aussicht über viele weitere Berge dieser Art. Die Sonne schien kräftig, und der Himmel war allseits blau. Während ich einen Schluck Wasser trank und dabei den Kopf in den Nacken legte, sah ich direkt über mir die ersten Geier kreisen. Rückblickend vielleicht ein deutliches Warnsignal. Doch offensichtlich hatte ich zu diesem Zeitpunkt alle Western vergessen, die ich jemals angeschaut hatte, und freute mich einfach nur darüber, dem Geierfelsen immer näher zu kommen.

Im Anschluss an die Trinkpause genoss ich eine herrlich kühlende Abfahrt, erklomm weitere Berge und rollte gut gelaunt auf ein breites Tal zu. »Ach, wie schö…eiße!«, hörte ich mich plötzlich rufen. Denn es machte laut »Flump-zisch«, und mein Vorderrad hoppelte nur noch auf der Felge über die staubige Piste. Ob ein spitzer Stein oder ein Dorn meinen Ausflug sabotierte, weiß ich bis heute nicht. Es steckte jedenfalls nichts mehr drin. Dooferweise war ich zu diesem Zeitpunkt noch zu cool, um immer Flick- und Werkzeug dabeizuhaben. Also stand ich da. Mitten im Nirgendwo. Die Sonne brannte, die Geier kreisten, das Handy suchte Empfang.

Zum Glück sah ich unter mir eine Teerstraße verlaufen und folgte schiebend dem Schotterpfad Richtung Tal, um dort irgendwo auf diese zu treffen. Nach einer Weile kam ich tatsächlich an eine größere Kreuzung, die sogar recht stark befahren wurde. Mindestens eine von diesen Straßen führte ebenfalls zu den Geierfelsen. Ich überquerte die Kreuzung, da auf der anderen Seite viel Gestrüpp war und ich ganz spontan einen genialen Plan entworfen hatte: einfach das Fahrrad im hüfthohen Dickicht verstecken und per Anhalter Richtung Camping zurückfahren.

Während ich mein Fahrrad versteckte, kam von der Kreuzung ein weißer Pick-up mit zwei Park-Rangern in meine Richtung. Sie parkten ein paar Meter entfernt, zückten Ferngläser und beobachteten die Gegend. Da ich mir im brusthohen Gebüsch stehend selbst etwas verdächtig erschien, ging ich proaktiv auf die beiden zu. Ich erklärte ihnen, was vorgefallen war und was ich hier gerade zu tun gewillt war. Mein Ego völlig ignorierend gaben sie mir zu verstehen, dass es sie einen Scheißdreck interessierte, was ich da gerade im Gebüsch machte. Meine naive Frage, ob man sich ein Taxi an diesen Ort bestellen könnte, beantworteten sie mit lautem spanischem Gelächter. Leider war das Englisch der beiden nur minimal besser als mein Spanisch. Und ich kann eigentlich nur *olé* sagen. Aus unerklärlichen Gründen erzählte ich ihnen von meinem Plan, per Anhalter zum Camping zu fahren und stellte mich danach sehr orangefarben und teilweise reflektierend an die Kreuzung.

In diesem Kontext, so ganz ohne Fahrrad, sah ich mit erhobenem Daumen und gekünsteltem Grinsen in meinem Outdoor-Clownskostüm vermutlich nicht sehr mitnehmbar aus. Vor allem Familienkutschen mit Kindern schienen eher zu beschleunigen als zu bremsen. Nebst Flora und Fauna beobachteten die Ranger nun auch mich, um danach heimlich in ihre Ferngläser zu grinsen. Niemand hielt. Bald verschwanden die Ranger auf dem gegenüberliegenden Feldweg als Staubwölkchen in den Weiten des Parks, und bei mir schwand die Hoffnung, noch irgendwo einsteigen zu dürfen. Nach einer gefühlten Ewigkeit freundete ich mich mit dem Gedanken an, die Radstrecke einfach zurückzulaufen. Während ich mich mental auf die quälenden Kilometer samt Höhenmetern vorbereitete, zeichnete sich gegenüber wieder ein Staubwölkchen ab. Aus dem Staub wurde der weiße Pick-up und aus meiner Frust Wut, weil ich den beiden Grinse-Rangern nicht auch noch als erfolgloser Tramper gegenüberstehen wollte. Als sie näher kamen, schauten sie mich an wie Matadore einen Stier. Oder andersherum. Sie hielten neben meinem Fahrradversteck und winkten mich zu sich. Wie in einem joggenden Cocktailshaker mischten sich Hoffnung und böse Vorahnung in mir zu etwas, das schwer im Magen lag. Bei den beiden angekommen, teilten sie mir über eine beeindruckende Hand-Fuß-Mund-Choreografie mit, dass mein Bike auf der Ladefläche und ich auf der Rückbank Platz nehmen sollten. ›*Olé!*‹, dachte ich. Auf der Fahrt merkte ich, dass die beiden sehr cool und wirklich nett waren. Ich bedankte mich mehrfach und beglückwünschte sie in aller Ehrlichkeit zu ihrem geilen Job. Den ganzen Tag in diesem Paradies unterwegs sein, Pick-up fahren und verlorene Touristen retten. *Que* Träumchen!

Habe ich an diesem Tag noch Geier gesehen? Ja! Am Camping angekommen, machte ich meinen Van fahrbereit, schloss das platte Bike an einen Pfosten und fuhr brüllend los: »Ohne Geier geh ich heute nicht ins Bett!« Nicht nach diesem miesen Start! Der Abenteueranteil schrumpfte zwar, weil ich mit dem Auto hinfuhr, aber es sollte sich trotzdem lohnen. Am Canyon bestieg ich noch zwei kleine Berge und hörte die riesigen Geier über meinem Kopf rauschen. Es macht richtig Krach, wenn ihre gefiederten Tragflächen die

Luft schneiden. Ich hatte ein paar coole Fotos im Gepäck, sah dann doch noch mehr Natur als gedacht, wanderte sogar noch ein bisschen und fuhr zufrieden zurück.

Ein sympathisches, älteres Paar aus Frankreich schenkte mir auf dem Camping ein kleines Fahrrad-Flickset und lieh mir passendes Werkzeug samt Pumpe. Da ich fortan auch so cool sein wollte wie die beiden Senioren, kaufte ich ebenfalls Flickzeug, Werkzeug und Pumpe. Eine lohnende Anschaffung, die seither natürlich noch einige Male zum Einsatz kam.

GERÊS – NAMI, CATHRIN UND JOÃO

Der Norden Portugals und vor allem der Nationalpark Peneda-Gerês sind klare Beweise dafür, dass Portugal nicht nur auf seine grandiosen Küsten reduziert werden sollte. Bitte nicht falsch verstehen: Natürlich werden die unzähligen Steilküsten und Strände völlig zu Recht weltweit abgefeiert, bereist, besungen und verehrt, aber nicht nur vor dem blauen Horizont geht's weiter – auch landeinwärts. Und wie! Der *rural part of* Nordportugal erinnert optisch an Südnorwegen, nur mit besserem Wetter. Hügel und Felsen gibt es bergeweise, Wasser rauscht im Überfluss, und oft sieht man vor lauter Bäumen den Wald nicht. Und als wären die Berge, Seen und Wälder nicht genug, laden einen unzählige natürliche Pools unter Wasserfällen sowie ganzjährig erfrischende Bergbäche zum Baden ein.

Steffi, Tobi und ich haben dort viele Wanderungen zu diversen Pools und Wasserfällen unternommen. Was mich auch sehr faszinierte, war die Symbiose aus menschlicher Handwerkskunst und lokalen Ressourcen – so harmonisch, dass die kleinen Dörfer wie natürlich gewachsen aussehen. Den folgenden Satz dürfen Logopäden gern für S-Laut-Übungen übernehmen: Die Gerês-sche Architektur bezirzt durch gewaltige Steine, gigantische Baumstämme und viel organisch geformtes Vollholz, das nahezu nahtlos mit den kuriosen Steinerscheinungen der Umgebung verschmilzt. Doch auch die anderen eher kubischen Steinhäuser, deren Hausfassaden nicht so kurvig daherkommen, sondern eher gradlinig, scheinen einer anderen Welt anzugehören. Das ein oder andere, entlegene, winklige Bergdorf bietet sogar kostenlose Plätze für Vans an. Auf einige Pools und Wasserfälle in Fußweite vom Parkplatz hatten wir uns bereits gefreut, doch es erwarteten uns weitere schöne Überraschungen. In den Bergdörfern von Gerês leben Rudel sehr kleiner Wildpferde, die dort kauend ihre Runden drehen. Wer diese kleinen Pferde nicht mag, sollte erstens zum Arzt gehen und zweitens einfach noch etwas warten, denn es kommen alternativ auch riesige Rinder vorbei, die dort ebenfalls frei leben. Die Rasse ist besonders hübsch, ihre Hörner haben mehr Spannweite als die Riesengeier von Monfragüe. Dank dieser netten Tiere hört man, wenn man abends vor dem Van sitzt, ständig Klauen auf Asphalt tapsen und Kuhglocken durch die Gassen melodeien.

Das Fahren mit dem Van ist in Gerês nicht immer einfach. Viele der alten Bergstraßen sind noch aus den Zeiten, als die Menschen nur einspurig zu Fuß gingen. Wichtig ist, dass man sich dort von Google Maps nicht ungeprüft die kürzesten Wege vorschlagen lässt! Denn Google Maps geht für den schnellsten Weg gern mal vanhassende Kompromisse ein. Obwohl ich in den Pyrenäen fast schon mal in einem handgemeißelten Minitunnel stecken geblieben wäre, der tatsächlich so aussah, als hätten ihn ein paar Anwohner nach Feierabend in den Fels geschlagen, verließ ich mich in Gerês trotzdem blind auf die Routenführung. Schon bald gelangten wir auf einer sehr engen und kurvigen »Straße« an den Punkt *of no return*. Der Punkt, an dem man hinter sich genauso viel der zu schmalen Bergstraße hat wie vor sich. Und wenden hätte man das Auto ja ohnehin nirgends können. Außer aufs Dach, ohne Probleme. Einfach Richtung Tal.

Genau in dem Moment, als die Kurve direkt vor uns so eng schien, dass ich schon überlegte, den Van in Einzelteilen um die Ecke zu tragen und drüben wieder zusammenzubauen, kam frontal ein kleiner Kipplaster angerauscht, der hinter sich mehrere quakende Kleinwagen herzog wie eine Entenmutter ihre Küken. Links war steiler Fels nach oben und rechts ging es sportlich-steil talwärts. Leitplanken? Fehlanzeige! Ein kaltes Schweißperlenfeld (cooler Name für eine Indieband) zeichnete sich auf meiner Stirn ab – und am Hals des Typen hinterm Kipplaster die pulsierende Halsschlagader. Merke: Selbst an einem der entspanntesten Orte der Welt gibt es Spackos mit mehr PS als IQ-Punkten.

Der Fahrer des Kipplasters war zum Glück so gechillt wie der Charme der Gegend, und wir krochen Zentimeter um Zentimeter aneinander vorbei. Steffi versuchte auf dem Beifahrersitz nicht auszurasten oder aus dem Fenster zu schauen, denn durch den Verlauf der Kurve schwebte sie zwischenzeitlich frei über dem Abgrund. Mittlerweile hatten sich hinter mir auch schon begeisterte, ungern Schlange stehende Fans eingefunden, die offensichtlich ganz nah dran sein wollten. Doch bald hatten wir die Kurve überwunden und fuhren langsam weiter. Großartig, nur noch zwölf Kilometer schlecht asphaltierter Minibergpfad. Easy!

Bevor wir uns wieder dem Wandern widmen, noch ein anderes Gerês-Bergstraßen-Anekdötchen von 2020: So romantisch und bezaubernd die kleinen Pferde in ihren kleinen Horden in den Dörfern auch sein mögen, auf den engen kurvigen Bergstraßen klappern ihre kleinen Hufe eher suboptimal. Dort sind sie brandgefährlich für alle Beteiligten. Wir befuhren eines Tages eine zweispurige (immerhin!) Bergstraße in Gerês Richtung Spanien, als in einer Kurve plötzlich drei oder vier Autos hielten. Die Menschen waren bereits ausgestiegen und filmten mit ihren Smartphones eine große Herde kleiner Wildpferde. So viele hatte ich noch nie auf einmal gesehen. Große, kleine, alte, ganz junge. Oooh, voll süß, Pferdebabys! Die Tiere chillten wie zenbuddhistische Mönche mit langen Haaren mitten auf der Straße und hätten wirklich nicht mehr auf unsere Anwesenheit scheißen können, als sie es auf den heißen Asphalt taten. Auch wir waren entzückt, zückten unsere Handys und machten Bilder. Hinter uns kamen immer mehr Autos zum Stehen. Auf der anderen Seite der Herde, also auf der Gegenfahrbahn, stand noch kein Auto. ›Komisch‹, dachte ich, ›hoffentlich fahren sie da drüben nicht zu schnell, die Pferde stehen versteckt hinter einer Kurve.‹ Während mir diese Erkenntnis zu unschönen Gedanken verhalf, die wie der neue Trailer von *Final Destination 7* aussahen, dröhnte bereits eine unfachmännisch aufgemotzte Auspuffanlage von Spanien aus kommend durch den stillen Forst. ›Scheiße,‹, dachte ich, ›Scheiße! Gleich wird meine intensivste Erinnerung an Gerês entstehen und zwar als ein mich langfristig traumatisierender Mix aus berstenden Pferdeknochen und spritzendem Pferdeblut, gepaart mit dem beißenden Geruch von Vollbremsung. Und zum Überfluss wird das alles noch von viel zu vielen Handys gefilmt.‹ Aber wie durch ein Wunder rauschte der Auspuff auf vier Rädern nicht voll in die Pferdemenge, sondern betätigte rechtzeitig die Bremse. Aber nicht, um wirklich zum Stehen zu kommen, sondern nur, um auf die Pferde zuzurollen und darauf zu hoffen, dass sie ausweichen würden. In Elchtest-Manier rollte das Fahrzeug hektisch lenkend um die Hottehüs, die sich nach wie vor für nichts interessierten – auch nicht für das Auto mitten unter ihnen. Manche Pferde gingen mit genervten Mienen einen oder zwei Zentimeter auf die Seite, das war's. Die meisten zuckten nicht mal, drehten nicht mal ihren Kopf nach dem Auto. Ich weiß nicht, was für Gras diese Pferde da oben fraßen, aber ich war von ihrer Gelassenheit tief beeindruckt. Und neidisch! Gerês-Pferd müsste man sein. Anekdote Ende.

Im Herbst 2022 haben wir uns in Gerês mit einem befreundeten Paar getroffen, mit dem wir viele lustige Unterschiede gemeinsam haben. Wir kennen uns, weil das Paar Tobis Schwester namens »Nami« adoptierte. Die beiden Hunde verbrachten ihre Welpenzeit im gleichen Heim. Leider leben in Portugal viele Welpen nur kurz und landen dann oft in verschnürten Plastiktüten in großen Mülleimern. Doch diese beiden und ihre fünf anderen Geschwister zum Glück nicht. Als Hunde-Flugbegleiterin brachte Steffis Schwester Anna die kleine Nami damals von Portugal nach Hamburg und lernte dabei ihre neuen Besitzer kennen. Neben der Tatsache, dass unsere Hunde Geschwister sind, sind Cathrin und João auch ein deutsch-portugiesisches Pärchen. Aber andersherum: Sie ist Deutsche, er Portugiese. Da wir uns zuvor immer nur in Hamburg mit Namis neuem Rudel getroffen hatten, wollten wir das endlich mal in Portugal tun. Denn schließlich stammten unsere Hunde sowie 37,5 Prozent der menschlichen Gene von uns Vieren von dort. Der Gerês-Nationalpark war der perfekte Ort für ein Wiedersehen. Im gleichnamigen Dorf hatten die beiden ein Apartment gemietet, und wir standen auf einem wenig ausgelasteten Parkplatz. Einer der vielen *Off-Season*-Vorteile, neben weniger stark besuchten Attraktionen, sind die freien Parkplätze und eine entspannte Polizei, die im Strafzettel-*Off-Season*-Modus operiert. Der Parkplatz war traumhaft. Wir verweilten dort, umringt von Bergen neben einer kleinen Quelle mit Frischwasser. Selbst die Polizei kam zu dem Wasserhahn, der einfach aus dem riesigen Felsen ragte, um die Trinkflaschen aufzufüllen. Ein Restaurant am anderen Ende des Parkplatzes hielt ein appetitlich duftendes Dauerfeuer am Laufen, auf dem allerhand Leckereien über Glut und Rauch veredelt wurden. Am zweiten Tag gaben wir uns dem Duft geschlagen, schwebten über den Parkplatz wie Samson zum Käse und aßen vorzüglich. Optisch war der Laden kein Hit, aber wir saßen sozusagen direkt über einem rauschenden Bergbach und schlemmten viel und gut für wenig Geld. So simpel der Moment auch war, so sehr hat er mich wieder daran erinnert, dass ich einst loszog, um genau so zu leben. Ge. Nau. So! Bisschen arbeiten. Bisschen rumkommen. Bisschen was Gutes essen. Bisschen glücklich sein.

João, Cathrin, Steffi, Nami, Tobi und ich machten uns gemeinsam auf den Weg zu einem Wasserfall. Die Hundegeschwister rannten durch die Natur und waren sichtlich glücklich, mehr von ihrer Heimat zu entdecken. Das Wetter war blendend. Ein portugiesischer Herbsttag, wie er sein soll: viel Sonne, die noch ihre Restkraft vom Sommer loswerden will, und dazu strahlend blauer Himmel. Nach einer Weile erklommen wir die letzten Steine eines felsigen Beckenrands vor einem tosenden Wasserfall. Das glasklare Wasser wurde von einer circa 20 Meter hohen *cascata* gespeist. Folgte man dem fallenden Wasser mit seinen Blicken nach oben, thronte dort ein steiler Schacht aus Fels, Moos und diverser Flora mit starken Wurzeln. Ließ man sich auf dem Rücken im Wasser treiben, sah alles nach Fisheye-Filter aus, war aber echt.

Das Wasser war abartig kalt. Schmerzend kalt. Ich möchte ja nicht angeben, tue es aber trotzdem: Ich war als erster Mensch drin. Nur einer der Hunde kam mir zuvor. Allerdings unabsichtlich, die Steine am Rand waren sehr rutschig. Ob Zufall, Wasserfall oder Schicksal: Wir genossen diesen Moment ausgiebig, staunten, froren und chillten noch eine Weile. Dann gingen wir zufrieden zurück und fuhren zu einer ruhigen Bucht in einem der vielen Zacken des großen Stausees in Dorfnähe.

BJÖRN UND WALDGEISTER

Diese Wandergeschichte handelt von Björn, Balthazar und mir. Björn und Balthazar stammen wie auch Katja aus dem fahrbaren Haus Beelzebus, das ich im späteren Kapitel »*going north*« näher beschreibe. Jedenfalls haben Björn, Katja, Balthazar und ich schon einige Wanderungen unternommen, besonders im Herbst und Winter 2019 auf den Lofoten. Auf einer unserer Touren, das werde ich nie vergessen, aßen wir auf dem Weg zu einem der vielen Lofotengipfel gefrorene Blaubeeren direkt von den Büschen. Sie schmeckten wie Eiscreme. Die »Wanderung« in dieser Geschichte ist eher ein mehrtägiger Männer-Angel-Trip. Nein, nicht wie in *Brokeback Mountain*. Weitaus weniger warm in den winterlichen Wäldern von Gotland. Balthazar, der gigantische Irische

Wolfshund, war auch dabei. Für ein gutes Abenteuer an frischer Luft war der sanfte Riese immer zu haben. Außerdem hatte er einen großen Hunderucksack an, in dem unser Bier war.

Da ich nach wie vor der erfolgloseste Amateurangler in ganz Skandinavien war, wollte Björn mir einen besonderen Platz auf Gotland zeigen, eine Art Geheimtipp seiner Angel-Gang. Zu dieser Stelle am See konnte man nur zu Fuß durch dichten Wald gelangen. Wir packten Angelausrüstung, Rucksäcke, Zelt, Proviant und andere Dinge, die man zum »Überleben« im Wald braucht, in Björns kleines Auto und fuhren so weit, wie Wald und Auto es zuließen. Dann schulterten wir unser Gepäck und stapften mit Balthazar in die Wildnis. Als »Camp« erkoren wir einen Platz unter zwei dicken Bäumen. Der Geheimtipp-Teil des Sees lag drei oder vier Meter unter uns, es ging relativ steil bergab zum Wasser. Hier hatten wir eine gute Aussicht, die Bäume boten Schutz vor Wind, und eine alte Feuerstelle unter dem Laub sollte unsere Küche werden. Im Gegensatz zu mir, ich war ja zu diesem Zeitpunkt nur Outdoorpraktikant, war Björn so was wie die schwedische Variante von Bear Grylls. Elk Grylls, könnte man sagen. Oder auch Björn Grylls, denn *Björn* ist das schwedische Wort für Bär. Schweden hat übrigens eine der größten Bärenpopulationen Europas vorzuweisen. Allerdings nicht auf Gotland, nur auf dem Festland.

Woher ich das weiß? Kurz nachdem ich Ende August 2019 Schweden zum ersten Mal mit meinem Van erreicht hatte, blieb ich ein paar Nächte auf einem Campingplatz irgendwo im Nirgendwo. Es war ein toller Teil Schwedens. Wild. Wirklich wild. Und wunderschön. Bei der Anfahrt zum Nationalpark war ich in diesem Fall froh, dass Google mich über kleine, unbefestigte »Straßen« führte, die mitten durch die Wildnis führten. Einmal fuhr ich an einem entlegenen Haus vorbei. Vor diesem Haus saß eine vielköpfige Familie von den Großeltern bis zu den Enkelkindern. Alle waren in grau-grünen Jagdzwirn gehüllt, mit neonorangefarbenen Highlights in Form von Westen oder Mützen. Sie hatten einen langen Jagdtag hinter sich. Das sah man ihnen an, wie sie da so zufrieden auf der Treppe vor dem Holzhaus saßen. Die Älteren hielten Bierflaschen in der Hand und zeigten zufriedene Gesichter unter ihren Mützen. Die Kleinen erzählten mit vollem Körpereinsatz und Stöcken in den Händen von den Abenteuern des Tages. Neben dem Haus stieg kräftiger Rauch aus einem Ofenrohr, das aus dem Dach einer Art Scheune ragte. Rauch, wie er nur entsteht, wenn das Feuer frisch entfacht wurde und sich wildflammig über das knackende und zischende Holz hermacht. Ich konnte es schon seit ein paar Kilometern riechen. Nun rollte ich langsam am Haus vorbei und beschaute die Szene wie eine »Eingeborenen-Installation« in einem verstaubten Naturkundemuseum. Nach ein paar mehr Umdrehungen meiner Reifen konnte ich dann auch durch die offenen Holzflügeltüren in die Scheune blicken. Vier gigantische Elchhälften hingen an Ketten von der Decke. Nicht trotz, sondern wegen der zwei toten Tiere in vier Hälften, wirkte die Szenerie auf ihre Art sehr friedlich. Sie war ehrlich. Sie war ursprünglich. Ich beneidete diese Familie, die sich hier im Wald selbst versorgte und drei Generationen vereinte, um kostbares Wissen und essenzielle Fähigkeiten weiterzugeben. Ein großer Teil von mir wollte sofort anhalten, »Hey-hey« sagen, um für einen kurzen Moment dieser malerischen Kulisse wie aus einer anderen Zeit, aus einer anderen Welt, anzugehören. Viele Fragen wollte ich stellen und meinen Neid ausdrücken. Aber ich war zu schüchtern. Ich rollte weiter. Doch diese Szene verewigte sich wie ein heroisches Ölgemälde auf der leeren Leinwand meiner mentalen Sehnsuchtsstaffelei.

Zurück zum Bärenthema: Als ich am Camping ankam, war der Tag gerade schon auf dem Sprung. Es war jedoch noch hell genug, um zu sehen, dass auch hier die Zeit stillstand, ungefähr seit den 1970er-Jahren. Die einzigen modernen Elemente an den Gebäuden waren die lieblos festgenagelten Flicken aus jüngeren Baumarktmaterialien wie Sperrholz oder Wellplastik. Trotzdem war es schön. Ein malerischer See lag dem Camp zu Füßen. Die Duschen waren heiß. Die Waschmaschine wusch. Was wollte man mehr? Der Betreiber war ein uriger deutscher Kerl, der vor vielen Jahren, wenn nicht Jahrzehnten, nach Schweden ausgewandert war. Er war hier quasi alles, was man sein musste: Herbergsvater, Fliegenfischer, Schneepflugfahrer und Koch im platzeigenen Restaurant. Nachdem er mir erzählt hatte, dass er gleich in die Küche müsste, weil später noch zwölf hungrige Bärenjäger aus dem Wald kämen, um seine berühmten Elchburger zu essen, wusste ich, dass Schweden hinterm Billy-Regal noch weitergeht. Sehr viel weiter. Notiz an mich: Unbedingt noch mal dort halten und seine berühmten Elchburger probieren. Habe ich damals irgendwie versäumt, ich Depp. Am nächsten Tag wollte ich mehr über Bären wissen. Ehrlich gesagt hatte ich außer wilden Blaubeeren hier oben nichts anderes erwartet. Auf omnivore Bestien mit über 250 Kilogramm Kampfgewicht war ich mental nicht vorbereitet. Alles, was ich bis dato über Bären wusste, hatten mir in meiner Jugend Anthony Hopkins und Alec Baldwin in *Auf Messers Schneide* beigebracht. Bären gegenüber verspüre ich eine gesunde Urangst. Eine Angst, die auch dann noch anhielt, als mir der urige Auswanderer versicherte, dass die Bären gar kein Interesse daran hätten, mir zu begegnen. Bären gingen Menschen aus dem Weg, sagte er. »Der Bär sieht dich garantiert, aber du wirst ihn niemals sehen.« Ich lernte: »Aufeinandertreffen entstehen in 99 Prozent der Fälle zufällig, nie mit Absicht des Bären. Nur wenn man allein wandert oder zu leise ist und der Wind den Menschengeruch vom Bären wegträgt, kann es passieren.« Bis heute weiß ich nicht, ob der Mann mir zu seinem Vergnügen Angst einjagte oder mir ernsthaft helfen wollte – oder einfach geniale Marketing-Skills besaß? Denn nur wenig später kaufte ich ein »Bärenglöckchen« für den Rucksack in seinem kleinen Camper- und Outdoorladen. »Bären hassen metallische Geräusche. Die klingen nach Waffen und Gefahr.« Alles klar, her damit! Damit bimmelte ich fortan durch Schwedens Wälder. Einen Bären sah ich nie, aber zweimal frische Spuren am Flussufer beim Angeln. Für einen Outdoorpraktikanten wie mich war das aufregend genug.

Weiter mit dem menschlichen Björn: Wir bauten unser Camp auf und gingen dann mit Beilen an den Gürteln und Dosen in der Hand Feuerholz sammeln. Dafür bedienten wir uns ausschließlich an toten Bäumen. Laut Björn würde das Schlagen von lebenden Bäumen die Baum- und Waldgeister erzürnen, und der Trip sollte ja gemütlich werden. Ich hielt die Idee ohnehin für gut. Wir sägten und schlugen genug Holz für ein paar Stunden zusammen und machten uns an die Zubereitung des Abendessens. Das Motto des Menüs lautete »Schwedische Tankstelle«. Wir servierten uns mild geräucherte, schwarzkrustige Käse-*grillkorv*, die mein heimischer Kochkumpan Stoffel allenfalls als »Phosphatschlauch« bezeichnen würde. Aber im fluffig-klebrigen Weißmehl-Backteigling an scharfer, industriell verkorkster Tomaten-Zucker-Emulsion gingen sie gut runter. Dazu empfahlen wir uns ein komplementäres Dosen-*öl* aus der Region. Das Bier hätte uns auch in einem anderen Kontext gemundet, aber gerade die Festbestandteile dieses Menüs überzeugten vor allem wegen der Zubereitung auf offener Flamme direkt am See und unter Bäumen. Wildnis. Feuer. Bier. Makabere Witze. Und ein paar Päckchen *Snus* hinterm Backenzahn. Perfekt! Insgesamt zwar eine fiese Attacke auf den Körper, aber dennoch eine Art schwedisches Spa für die Seele! Um unseren Körpern zwischendrin auch mal etwas Gutes zu tun, streiften wir durch den Wald und suchten mehr Feuerholz.

Später in der Nacht, als langsam Gesprächsstoff, Bier und Feuer ausgingen, stellten wir fest, dass das Wetter umgeschlagen hatte. Wenn man nah am Feuer sitzt, nimmt man schleichende Kälteeinbrüche nicht richtig wahr. Obendrein zog ein handfester Sturm auf. Unser Zelt hatte zwei »Räume« und einen Flur dazwischen. Ich lag in dem einen Raum, Björn und Balthazar in dem anderen. Der Sturm ließ die Bäume ringsum laut ächzen und hob das Zelt mit so viel Gewalt an, dass nur noch die Stellen Bodenkontakt hatten, an denen wir lagen. Nicht einmal beim Zeltaufbau hatten wir Glück mit Fischen, wir hatten die Heringe vergessen. Das Zelt wehte in Höhe des ersten Stocks, während wir noch im Erdgeschoss lagen. Mit den knapp über null Grad hatten wir für Mitte Dezember zwar noch Glück, aber der Wind drückte diesen Wert konstant nach unten – das Zelt allerdings nur selten. Zu allem Überfluss hatten wir beiden Experten keine Isomatte oder Ähnliches eingepackt. Wir lagen mit unseren Schlafsäcken auf dem kalten Boden. Die großartige Phosphatschlauch-Dosenbier-Bettschwere, die wir beim Hinlegen verspürt hatten, verflog schneller, als der Wind in den Bäumen pfeifen konnte. Neben der omnipräsenten Sorge vor Ästen und ganzen Bäumen, die aufs Zelt fallen könnten, merkte ich, dass mein Körper – und vor allem der Teil rund um meine Lunge – zu zittern und zu krampfen begann. Da Björn und ich davon ausgingen, dass der jeweils andere trotz der Bedingungen als ganzer Kerl tief und fest schlafen wür-

1. Rentierfell –
Lofoten, Norwegen, 2019
2. Bart-Selfie –
Nazaré, Portugal, 2020
3. »K.-o.-Pilot« –
Autobahn, Spanien, 2024
4. Herbsttöne –
Lofoten, Norwegen, 2019

1 »Camp Alta« –
Kiruna, Schweden, 2020

2 Winter-Vanlife –
Senja, Norwegen, 2019

3 Stille Straße –
Zentralschweden, 2019

4 »Kalter Überzug« –
Alta, Norwegen, 2019

① Night Hike –
Reinebringen, Norwegen, 2019

② Fjord-Blick –
Segla, Norwegen, 2019

③ Frühstück –
Segla, Norwegen, 2019

④ »E6-Beleuchtung« –
Nordnorwegen, 2019

1 Sonnenaufgang – Preikestolen-Wanderweg, 2021

2 »Holzweg« – Südnorwegen, 2021

3 »Büroalltag« – Südportugal, 202

1. »Banktermin« – Småland, Schweden, 2021
2. Rückblick – Südschweden, 2021
3. »Frühe Vögel« – Picos de Europa, Spanien, 2023
4. »Schöner Augenblick« – Südnorwegen, 2021

1 Schiebetür-Romantik – Süddänemark, 2021

2 Rumhängen – Glaskogen, Schweden, 2021

3 »Van-Spa« – Algarve, Portugal, 2022

4 Meerblick – Zambujeira do Mar, Portugal, 2023

1 Windwanderung – Südnorwegen, 2021

2 Fahrfreude – Nordportugal, 2022

3 Pferdenachbarn – Galicien, Spanien, 2022

1. Vorgarten-Foto – Gotland, Schweden, 2021
2. »Bewohner-Stapel« – Saint-Cirq-Lapopie, Frankreich, 2022
3. Zweifacher Schlafzimmerblick – Monsaraz, Portugal, 2022
4. »Schwefel-Spa« – Saturnia, Italien, 2023

de, fand leider keine Konversation statt, die dieses Outdoor-Trauerspiel frühzeitig hätte beenden können. Doch irgendwann geschah es. Unklar darüber, ob es eine sanfte Stimme aus dem Licht, wütende Waldgeister oder Björn war, der mich rief, antwortete ich auf ein zartes »Oli?« im peitschenden Getose mit einem vorsichtigen »Ja!?«

Tatsächlich rief Björn, und wir wurden uns schnell einig, dass dies kein Moment sei, um es wie echte Männer durchzuziehen. Die Gefahren nahmen zu, wir kamen maximal schlecht ausgerüstet, und der arme Hund litt auch. Wir verschnürten das Zelt so, dass es wohl bis zum nächsten Morgen halten sollte und wanderten Richtung Auto. Selbst auf der gut halbstündigen Autofahrt Richtung Van taute ich nicht ganz auf. Als ich endlich in meinem mobilen Zuhause ankam, einfach die Gasheizung aufdrehen und mich gemütlich betten konnte, fühlte sich der kleine Van wie die luxuriöseste 5-Sterne-Penthouse-Suite der Welt an. Dubai lag plötzlich direkt am Finnischen Meerbusen. Ich fühlte mich so reich, so geborgen und so zu Hause wie schon lange nicht.

Am nächsten Morgen stellten wir fest, dass wir beide gar keine Isomatten besaßen. Da wir aber sowieso noch Dosen-*öl* und mehr Phosphat-*korv* im Supermarkt besorgen wollten, bevor wir uns wieder in die Wildnis aufmachten, fragten wir dort nach alten Kartons, die uns als Matratze dienen könnten. Acht aufgefaltete Bananenkisten später hatten wir uns im Zelt zwei solide aussehende Schlafplätze gebastelt. Für zusätzliche Gemütlichkeit und Kälteschutz schichteten wir noch eine dicke Lage Tannenzweige und Moos darunter. Später am Tag machte sogar mein Angelfluch eine Pause, und ich konnte einen riesigen Hecht einholen. Vermutlich der größte Fisch, den ich jemals gefangen habe.

Dann verlief der Rest des Tages bis in die Nacht inhaltlich und kulinarisch ähnlich wie die gesamten 24 Stunden zuvor. Nur mit dem Unterschied, dass wir etwas weniger ungemütlich schliefen – beziehungsweise überhaupt schliefen. Alles in allem war es ein Männerwochenende in der Wildnis, wie es sein sollte: die Heringe vergessen, dafür einen Hecht gefangen. Die erste Nacht nicht durchgehalten, dafür die zweite Nacht auf Bananenkisten. Essen war geil, aber ungesund, die Getränke waren hervorragend und die Stimmung durchweg Bombe. Bis auf den einen Moment, nachts im kalten Zelt, in dem ich mir vorkam wie Chris McCandless in seinen finalen Minuten, als er mit letzter Kraft seinen Schlafsack-Reißverschluss bis unters Kinn hochzog.

Doch auch diese Nacht hatte es nicht geschafft, mich krank zu machen. Keine Erkältung, nichts! Im Winter davor habe ich mich zwischen zwei bis drei Lungenvorfällen ständig im Wohnzimmer auf der eigenen Couch mit irgendwas selbst angesteckt. Frische Luft ist wirklich gesund. Raus mit euch!

FULUFJÄLLET

Der Fulufjället-Nationalpark ist, wie alle Weltstars, groß, schön und erfolgreich. Er liegt im Südwesten Schwedens und erstreckt sich bis nach Norwegen. Dort heißt er allerdings »Fulufjellet«. Da ihm seine atemberaubende Schönheit scheinbar nicht genügt, hat der findige *Fulu* vom *Fjäll* zwei Rekordhalter produziert, die sich sehen lassen können: Zum einen genießt dort Old Tjikko seine Rente, der vermutlich älteste Baum der Welt. Das klingt jedoch deutlich glamouröser, als er ist. Die rund 900 Jahre alte Fichte sieht aus wie ein Weihnachtsbaum, der zu früh am Times Square stand und dann angefangen hat, Crack zu rauchen. Aber, was er optisch nicht mehr draufhat, gleicht er mit seiner besonderen Aura wieder aus. Man spürt seine enorme Weisheit.

Der zweite Rekordhalter im Fulufjället-Nationalpark ist ein Wasserfall. Dieser *vattenfall* hört auf den ausgefallenen Namen Njupeskär. Er ist der höchste Wasserfall Schwedens – insgesamt 125 Meter hoch, wovon das Wasser 90 Meter in freiem Fall zurücklegt. Auf dem ganzen *Fjäll* gibt es einiges zu bestaunen und zu erleben. Freunde der schwedischen Lingusitik sowie Zungenbrecher-Fans werden folgenden Satz mögen: Auf den vielen Wander- und Rundwegen im Nationalpark Fulufjället sollte man folgende Ziele ansteuern (bitte erst den Mund leer kauen): Lavskrikeleden, Njupeskärsleden, Jaktfalksleden sowie Rösjöstugorna zwischen den Seen Lilla Rösjön und Stora Rösjön.

Im Herbst 2019 bewanderte ich das *Fjäll* zum ersten Mal. Mein Vollzeit-Vanleben war erst einige Wochen alt und ich fühlte mich jünger denn je. Und obwohl mir der Park nur wenig später das Gegenteil beweisen sollte, genoss ich jede Sekunde dort. Herbstliche Farben dominierten die Szenerie, nur einige große und kleine graue Felsen von zackig bis rund hielten dagegen. Diverse Steilwände rangen der hiesigen Flora beim Senkrechtwuchern viel Willen und Geschick ab. Und immer, an jeder Stelle im Park, hörte man aus irgendeiner Richtung Wasser rauschen. Ein großes Schild am Eingang des Fulufjälls erzählt von den Bären, die dort wohnen, sowie von allerhand anderen Tieren und Bäumen und Sträuchern. Meinen Van hatte ich einige Kilometer entfernt auf einem offiziellen Camperparkplatz an einem ebenfalls rauschenden Fluss abgestellt. In Schweden ist das oft sehr rudimentär gelöst. An der Einfahrt hing irgendwo ein Briefkasten aus dicken Holzbrettern, die man vor langer Zeit, das Spaltmaß völlig ignorierend, zusammengenagelt hatte. An einer vom Wetter geschundenen Schnur baumelte ein Kugelschreiber, der weder kugelte noch schrieb, und in einer kleinen Box nebenan befanden sich vorgedruckte, per Hand zurechtgeschnittene Zettel, die zum Ausfüllen der persönlichen Daten samt Kennzeichen sowie An- und Abreisetag einluden. Hatte man den Zettel ausgefüllt, packte man ihn mit dem passenden Betrag in bar in einen Umschlag oder man verband beide Papierdokumente per bereitgestellter Büroklammer zu einer juristisch einwandfreien Einheit und warf sie gemeinsam in den Schlund des hölzernen Relikts aus einfacheren und vermutlich schöneren Zeiten.

Ich stand dort einige Nächte und genoss es sehr. Erstens, weil ich ganz allein war, und zweitens, weil ich jeden Morgen an einer dicken hölzernen Essgarnitur am Flussufer frühstücken konnte. Verträumt starrte ich dabei in den nadeligen Wald und summte dem flüchtigen Sommer mit viel Marmeladenbrot im Mund ein leises Abschiedslied. Das beste Leben, das ich genau in diesem Moment haben konnte.

Von diesem Parkplatz aus radelte ich einige geteerte, wenngleich sehr ruhige Waldstraßen entlang zum offiziellen Eingang des Fulufjället-Nationalparks. Dort war ähnlich wenig los wie auf den Straßen. Genau mein Ding!

Ich schloss mein Fahrrad an einem Wegweiser mit unaussprechlichen Namen an, studierte grob die große Tafel mit der Karte und lief los. Wenn man einfach immer dem Rauschen folgte und sich stets entgegen der Fließrichtung des Bachs bewegte, kam man irgendwann am großen Njupeskär an. Zwischendurch konnte ich den Njupeskär von der Rasthütte, Njupeskärsstugan, schon sehen. Von der Rasthütte kann man sich dem Njupeskär auf zwei Arten nähern: Entweder tallängs, dem Weg des Bachs bis zum Fuß des Wasserfalls folgend, oder man erklimmt über einen felsigen Pfad das Plateau, von dem aus sich das Wasser wie transparente Lemminge hinabstürzt. Um meiner schicken Outdoorklamotte Tribut zu zollen, die zum Teil aus Schweden stammt, wählte ich die zweite Option und machte mich an die felsigen Höhenmeter. Aber wie! Schritt um Schritt und Sprung um Sprung ließ ich die jungen Hirsche des Parks vor Neid erblassen. Doch dann kam es, wie es kommen musste. Die Erfahrung vom Reinebringen-Aufstieg hatte ich an diesem Tag leider noch nicht im Gepäck.

Plötzlich versagte meine Atmung, mein Herz schlug circa 25-mal pro Sekunde und meine Beine zuckten so unkontrolliert wie ein rückwärts ablaufendes Riverdance-Video. Ich japste ins mittlerweile recht neblige Nichts der Fjälls und kauerte mich wie ein Fötus auf einen flachen Fels. Mein Körper war mit jeder seiner Zellen am Limit. »Game over!«, stand irgendwo über mir in der Luft geschrieben. Ich brauchte einige Minuten, um Lunge und Herz wieder auf ihren Normalzustand zu bringen. Dabei schwitzte ich so sehr, dass ich locker als Mini-Njupeskär durchgegangen wäre. Als ich Stimmen hörte, dachte ich erst, dass ich bleibende Schäden davongetragen hätte, doch zum Glück tauchten unter mir zwei farbige Outdoorjacken auf. Zwei junge skandinavische Frauen erklommen die Felsroute bei einem unangestrengten Plausch, als würden sie per Rolltreppe emporsteigen. Peinlich berührt von meiner amateurhaften Nahtoderfahrung raufte ich mich zusammen und nahm eine lässige Pose neben meinem Rucksack ein, als würde ich, den Nebel ignorierend, die herrliche Aussicht genießen. Anstatt meine immer noch zu schnelle Atmung zur Schau zu stellen, hielt ich die Luft einfach komplett an und nickte den beiden nur wortlos zu. Puh! Das war knapp. Viel Interesse an mir bestand bei ihnen zum Glück eh nicht. Zack, schon waren sie vorbei, und ich konnte mich noch eine Weile sammeln, bevor ich langsamer, bedächtiger und meiner Verfassung angemessen weiterlief.

Auf dem Plateau klarte die Herbstluft auf. Ganz entspannt, ohne weitere krasse Anstiege, konnte ich den Njupeskär von oben bewundern und seinem laut tosenden, leise fallenden Wasser ins Tal hinterherschauen. Dann spazierte ich Richtung Rösjöstugorna, das zwischen den Seen Lilla Rösjön und Stora Rösjön lag, bevor ich mich wieder ins Tal begab. Dort folgte ich dem Bach zum spektakulären Aufprallpunkt des *vattenfalls* und ließ mich vom gewaltigen Spritzwasser nass regnen. Alles in allem eine gelungene Wanderung, die mich einmal mehr ein wenig näher zu mir selbst gebracht hatte – sowohl zu meinen Grenzen als auch zu meinen Möglichkeiten.

Mein zweiter Besuch des Fulufjälls und des Njupeskär fiel komplett anders aus. Steffi und ich fuhren im November 2020 direkt zum Nationalpark. Ich fand alles wieder, auch meinen Parkplatz am Fluss, diesmal unter Schneemassen verborgen. Wir fuhren bis zum Holzportal des Parkeingangs. Wieder war kaum etwas los. Wenige Autos, wenige Spuren im Schnee. Die besondere Magie des Ortes lag jedoch erneut in der Luft und materialisierte sich sogleich in Form einer warmen Strickware: Steffi hatte sich kurz zuvor eine schwarze Wollmütze gewünscht, und als wir aus dem Van ausstiegen, hing direkt am ersten Holzpfosten eine zum Mitnehmen. Danke, Fulu!

Eingehüllt in mehrere Schichten Outdoor- und Underwear stapften wir auf knirschendem Schnee los. In weiser Voraussicht hatten wir unsere Überzieh-Spikes dabei, die bei einem Skandinavienaufenthalt zwischen September und Mai nicht fehlen dürfen. Denn dort, wo kein Schnee liegt, bedeckt zumeist Eis den Boden. Wir blieben auf der Talroute, diskutierten darüber, ob die ganzen Bären wohl gerade Winterschlaf hielten, und lauschten der Stille. Keine Vögel, kein Wind, kein Rauschen. Kein Rauschen? Ja, denn nachdem wir die letzten Meter im kleinen Canyon vor dem Wasserfall auf Spikes zurückgelegt hatten, standen wir vor einem komplett eingefrorenen, über hundert Meter hohen Eisfall: ein *vattenfall* mit viel *vatten*, aber ohne *fall*. Was für ein Anblick! Tausende Eiszapfen und Eissäulen formten sich zu einer gigantischen Statue, die sich der skandinavische Winter zu seinen eigenen Ehren errichtet hatte. Hinter dem Eis floss noch ein bisschen Wasser herunter, das der Fluss oben auf dem Plateau nicht einfrieren konnte. Jene unten ankommenden Tropfen speisten einen eher zurückhaltenden Bach, der sich leise seinen Weg durch die weiße Landschaft bahnte, um im kommenden Frühling wieder das gesamte *Fjäll* zu berauschen. Ein paar Fotografen in bunten Jacken und mit großen Objektiven spielten am feuchten Fuße der *Icewall* »Wer traut sich für das beste Foto am nächsten ran?«. Ich landete irgendwo im Mittelfeld. Dann wanderten wir zurück, um uns im Auto aufzuwärmen und weiter nordwärts zu fahren.

REINEBRINGEN II

Ja, ich war nach meiner ersten Gipfeltour im September 2019 ein zweites Mal auf dem Reinebringen. Diesmal kam ich im November und Dezember auf die Lofoten, um dort Freunde zu besuchen. Und wie sich herausstellen sollte, um viele neue Freunde dazuzugewinnen. Der Winter auf den Lofoten war wirklich etwas Besonderes. Ich wollte nur zwei Nächte bleiben und blieb mehrere Wochen.

Zwei dieser neuen Freunde waren Alex aus Amerika und Joan aus Spanien. Wir unternahmen diverse Trips zu Fuß, auf dem Fahrrad und mit meinem Van. Wir erkundeten nachts Höhlen, machten Feuer, tranken Bier und grillten alles auf offener Flamme, was uns in die Finger kam oder was wir im Rucksack mit dabeihatten. Viele gute Gespräche. Viel Lachen. Viel Männer-Deep-Talk. Viele böse Witze. Viele Pläne. Viele Ideen. Viele Träume. Zum Glück haben Menschen, die öfter unterwegs sind, oft genau die gleichen oder zumindest die gleiche Anzahl an Schrauben locker.

Wenn man nachts gemeinsam in einer Höhle auf den Lofoten sitzt, zu der man erst über leere Winterstraßen geradelt, dann gelaufen und dann noch ein bisschen geklettert ist, um dann durch den Schein eines Feuers eine kleine Bucht im Mondschein schimmern zu sehen, dann fällt der Satz »*That's the life, man!*« relativ häufig.

Eines Abends saßen wir drei in Runhilds Catogården am Kaminfeuer und stellten fest, dass die Nacht klar und das Nordlicht enorm werden würde. Deshalb schließe ich diese

Geschichte hier und erzähle sie im Kapitel »Nordlicht« zu Ende. Denn aufs Nordlicht muss man manchmal eine Weile warten. Das ist ganz normal.

Kapitelabschluss-Witz

Der funktioniert gesprochen besser als schriftlich. Gern mal auf der nächsten Berghütte ausprobieren.

Was haben guter Deutsch-Rap und ein neuer Wanderschuh gemeinsam?

Ferse mit Blasen.

Kapitel 8
Going north – Winter-Vanlife

INTRO

Mein erstes Winter-Vanlife, wie nomadige Fachleute auf vier Rädern das Leben im Van während der Wintermonate nennen, gehört zu den besten Erfahrungen meines Lebens. Geplant war es nicht – erst recht nicht in Skandinavien! – aber ich bin da irgendwie hineingeschlittert. Und auch währenddessen öfter mal geschlittert. Nur selten im Leben konnte ich auf eine solche Dichte an neuen Erfahrungen pro Tag zurückblicken, wie zu jenen kurzen Tagen während der langen Monate nördlich des Polarkreises. Im harschen Winter Nordskandinaviens durfte – oder besser gesagt musste – ich viele Dinge neu kennenlernen. Dazu gehörten unter anderem: mein Auto, meine Vorstellung von »viel Schnee«, mein Kälteempfinden, meine Autoreifen und ich selbst.

Als ich im August 2019 kurzhosig und vollgepackt mit warmen, spätsommerlichen Vibes losfuhr, wusste ich nicht, dass ich mich bis Mitte Dezember nicht von der Schönheit der arktischen Leere würde losreißen können. Ich brach mit den Worten »Ich bin mal für ein paar Wochen in Skandinavien« auf und meinte das damals auch so. Erstens, weil ich generell keinen Plan fürs Leben hatte, der über einen Zeitraum von ein paar Wochen hinausging, und zweitens, weil ich irgendwas sagen musste. Man fährt nicht einfach los, winkt aus dem Autofenster und sagt kein Wort. Ich bin ja nicht die Queen. Und so kam es, dass ich unter dem Arbeitstitel startete, nur mal für ein paar Wochen nach Skandinavien zu fahren, um dieses »Vanlife-Ding« mehr oder weniger sachte anzugehen.

Den Spätsommer Skandinaviens sowie die darauffolgenden ersten Herbsttage kannte ich bereits von meinen Erfahrungen als Disco-2-Lifer. Allerdings war ich damals nur ein schnöder Tourist, der beim Losfahren schon genau den Tag kannte, an dem er wieder zu Hause in Deutschland sein würde. Damals war klar, dass dieser Tag vor dem Wintereinbruch sein würde. Doch auch den skandinavischen Spätsommer und Herbst kann man oberhalb des Polarkreises nicht wirklich als solchen erkennen. Also zumindest dann nicht, wenn man mitteleuropäische Verhältnisse zum Maßstab nimmt. In der zweiten Augusthälfte schien zwar durchaus noch eine güldene Sonne vor viel strahlendem Blau, aber ihr Schein trog: Es war meistens kühl, und wenn nicht, dann kalt. Nur rund um die Mittagsstunden konnte man ein Bad in der Sonne mit den wärmenden Momenten eines mitteleuropäischen Spätsommers gleichsetzen. Morgens und abends wurde es arschkalt. Ich mochte das aber ganz gern so. Wenn man tagsüber in kurzen Klamotten wanderte, war es abends ein besonderer Genuss, sich mit anpassenden Maßnahmen im Textilbereich den Regeln der Natur zu unterwerfen. Dann konnte sich eine flauschige Outdoor-Zipper-Jacke unter Umständen wie die Umarmung der strengen, aber liebenden Mutter Natur anfühlen.

Und während ich jeden neuen Herbsttag mehr lieben lernte und die Farben genoss, die einerseits zahlreicher wurden, und andererseits weniger, war ich *too loveblind*, um den heranpirschenden Winter klar zu sehen. Meine Kleidung wurde zwar schleichend umfangreicher, aber so erging es auch meinem Herz! Zwischen Bergen, Fjorden, Wandertouren und meditativen Angelstellen vergaß ich fast alles, was sonst existierte. Gut, okay, meinen lästigen Job als Werbetexter konnte ich nicht ganz ignorieren. Doch genau dieser Mix aus Fokus auf die Arbeit und Abtauchen in die unvergleichliche spätherbstliche Nordwelt ließ mich gleichsam naiv wie lebensbejahend vergessen, dass ich in kürzester Zeit mit Eis an Stellen konfrontiert sein würde, wo vorher keins war. Gegen Ende September bemerkte ich, dass eines Morgens gar nichts mehr blühte und fortan wunderschöne Eisblumen das neue Erscheinungsbild für natürliche Kreativität wurden. Und dann blühte es endlich auch mir: »Ich bin in Nordskandinavien! Und ich will unbedingt hierbleiben, doch der Winter klopft streng an die nicht isolierte Schiebetür.«

Nein, mein Camper besitzt bis heute kein Winterpaket, also keine wintertaugliche Isolierung in Boden und Wänden sowie keine verkleideten Wasserrohre etc. Aber es ging auch ohne. Im Gegensatz zu meinem Auto kam ich scheinbar mit einem soliden Winterpaket ab Werk. Sowohl mental als auch physisch. Obwohl ich selbst Gegenteiliges erwartet hätte, da meine Lungen-OP erst sieben Monate her war, machten mich meine neu entfachte Lebensfreude, meine neuen Vanfreunde sowie die omnipräsente Aura nordischer Götter und der allgegenwärtige Geist der alten Wikinger extrem kälteresistent. Außerdem zog einen die aufkommende Stille des arktischen Winters in ihren Bann wie das betörende Singen der Sirenen. Ich musste einfach dorthin fahren. Weiter rein. Weiter nördlich. Immer weiter!

Winter-Vanlife kam mit allerhand Verpflichtungen und täglichen To-dos daher, die ich als Amateur nicht zwingend auf dem Schirm hatte. Oder besser gesagt: auf der Windschutzscheibe. Die knapp zweieinhalb Quadratmeter große, leicht gewölbte Glasfront, die mir stets sehr gut beim Geradeausfahren half, bedeckte nach langen Winternächten gern mal eine mehrere Zentimeter dicke Eisschicht, welche oftmals unter einigen Dezimetern Schnee begraben lag. Das gleiche Schauspiel war auf meinen zwei Solarpanels auf dem Dach zu beobachten, die dann logischerweise keinen Strom mehr produzierten. Mit viel Sonne oder gar Tageslicht durfte man im Winter dort oben ohnehin nicht rechnen, aber ich hatte den sportlichen Ehrgeiz entwickelt, jedes Watt mitzunehmen, das die scheue Wintersonne noch zu geben bereit war. Außerdem wollte ich nicht eine von diesen Arschgeigen sein, die ihr Dach nicht von den Eis- und Schneemassen befreien, um dann auf dem Highway in Mario-Kart'scher Manier alle Verfolger mit fliegenden Überraschungsbomben zu beglücken. Hinter Lkw ist mir das selbst schon häufiger passiert, und es macht real deutlich weniger Spaß als auf der N64. Um aus der Frontscheibe wieder hinausschauen zu können, hatte ich zwei Optionen: 1. Den Motor und die Heizung zwei Stunden laufen lassen. 2. Mich mit Besen und extra langem Eiskratzer bewaffnen, um über die garstigen Aggregatzustände von Wasser herzufallen wie ein wütender Wikinger über ein beschauliches Dorf in Mitteleuropa. Natürlich entschied ich mich immer für die zweite Variante. Es machte sogar Spaß. Der morgendliche Wikinger-Raubzug nördlich meiner Motorhaube wurde zu einer Art Frühsport-Routine, die mir wirklich guttat. Randnotiz: Das Laufenlassen des Motors, um Eis, Schnee und zweistelligen Minusgraden zu trotzen, ist eine weitverbreitete Methode in arktischen Gefilden. Ich parkte mal im November auf einem Supermarktparkplatz bei Skjervøy, das ziemlich weit im Norden liegt, und wunderte mich über das sonore Surren, dass die arktische Stille durchdrang. Auf dem Parkplatz standen circa 25 Fahrzeuge, darunter teure Pick-ups, brandneue Volvos und andere schicke Mühlen, die mit laufendem Motor ungeduldig auf ihre einkaufenden Herrchen warteten. Die Motoren liefen, die Schlüssel steckten, und die sehr gechillten dazugehörigen Menschen legten drinnen *kjøtt*, *brød*, *ost* und *elg salami* für den Gegenwert eines portugiesischen Bruttojahresgehalts in ihr Körbchen. Ich mochte diesen Moment. Er transportierte so viele Wahrheiten. Zum Beispiel, dass ein laufender Motor nachhaltiger ist als ein Motor, der bei zweistelligen Minusgraden mehrfach an- und ausgeschaltet wird. Es zeigte auch, dass es in Nordnorwegen wenig kriminelle Energie gibt, denn Lenkradschlösser oder andere präventive Maßnahmen konnte ich ebenfalls nicht entdecken.

Einmal, als ich in Norwegen über ein Hochplateau fuhr und das Thermometer meines Vans -30 °C Außentemperatur anzeigte, blinkten innen alle Warnleuchten wild auf. Während ich überlegte, ob das bunte Schauspiel mehr nach Eis-Disco oder nach Van-Exorzismus aussah, offenbarte sich linker Hand ein arktisches Eisszenario, das mich anhalten ließ. Ein gefrorener Fjord, umstanden von vereisten Bergen, alles Ton in Ton, pures Perlweiß. Man konnte alle beteiligten Komponenten nur deshalb voneinander unterscheiden, weil sich genau hinter dem Fjord, zwischen zwei Bergen, die Sonne mit einem dermaßen güldenen Gold vom kurzen Tag verabschiedete, dass sich durch das spontane Wechselspiel aus schwarzen Schatten und goldenen Highlights alle Konturen und Umrisslinien der Szenerie voneinander abhoben. Ich fuhr kurz ran, um Fotos zu schießen. Natürlich ließ ich als strebsamer Arktispraktikant den Motor laufen und hüpfte aus dem Van. Noch bevor meine Füße den Boden berührten, fühlte sich meine Nase so an, als ob jemand Blitzbeton eingefüllt hätte. Sie war binnen einer halben Millisekunde so fest geworden, dass ich sie kaum mehr rümpfen konnte. Alles war eingefroren. Jedes Rotzmolekül, jedes Nasenhaar, jeder Millimeter meiner Nasenschleimhaut transformierte zur Miniatur-Wunderland-Bühnenkulisse von *Frozen*. In Windes Eile, der stark wehte, schoss ich ein paar Bilder mit meiner zitternden Kamera und hüpfte zurück ins Auto. Ich hatte nur einen Pullover an, da ich direkt vom Fahrersitz aus hinaussprang. Allerdings war mein Pullover ein handgefertigtes Stück aus Hamburg: ein knallroter Norwegerpullover aus Merinowolle von »Fischerhemden Uwe«. Bei Temperaturen bis -5 °C brauchte ich dank des Wunderzwirns selten eine Jacke, wenn ich draußen irgendetwas rund ums Auto erledigte, wie zum Beispiel das Freikratzen der Windschutzscheibe. Ich vermisse die Kälte und den Pullover. Wird höchste Zeit, dass ich mich wieder von der Kälte umgarnen, vom Eis tragen und vom Ruf der Wildnis führen lasse!

Ich vermisse auch den Spirit der Norweger. Als ich die Lofoten Ende November verließ, hielt ich kurz vor dem Festland beim einzigen Camping, der zu der Zeit noch aufhatte. Wäsche, duschen etc. standen mal wieder an. Ich war der einzige Gast mit Camper auf dem großen Platz. Es lag kniehoch Schnee, und der angrenzende See sah aus wie ein zugeschneiter Spiegel. Tageslicht gibt es im Dezember kaum, alle meine Erinnerungen an den Campingplatz sind dunkel. Sehr gut, aber dunkel. Nur in zwei der vielen Hütten brannte Licht, weil dort Monteure wohnten, die irgendwo einen Auftrag hatten. Ich saß die meiste Zeit oben im Haupthaus des Campings und arbeitete. Mein Van fühlte sich dieser Tage irgendwie zu einsam an. Im Haupthaus war im Grund nur der drollige Besitzer des Platzes anwesend, der ebenfalls einsam und von Langeweile geplagt war. Trotzdem oder deswegen öffnete er jeden Morgen das Haus, kochte frischen Kaffee und wartete auf Kundschaft. Ich saß dann unweit der Rezeption an einem Tisch, trank seinen Kaffee leer, und wir plauderten zwischendurch über dies und das. Manchmal bekam ich auch einen Teller Kekse. Da die Gäste-Waschmaschine kaputt war, durfte ich bei ihm waschen. Er wohnte am Rand des Platzes und hatte ein nettes Holzhaus mit Seeblick – zumindest in den helleren Jahreszeiten. Eines Nachmittags sprang er plötzlich auf und sagte, dass er einen Termin habe. Er übertrug mir nach nur 36 Stunden »des Kennens« die Verantwortung für seinen Platz und sagte, ich solle die Gäste, die sich angekündigt hatten, nett empfangen und sie in alles einweisen. Dann winkte er und düste los. Ich muss unbedingt meinen Lebenslauf aktualisieren: »Manager eines Campingplatzes auf den Lofoten: 27.11.2019, 14:30 Uhr bis 27.11.2019, 16:45 Uhr.«

Ich hoffe, ich habe mit meinen drastischen Kälteschilderungen niemanden abgeschreckt. Denn selbst, wenn ich drei Fußzehen und eine Nasenspitze verloren hätte, würde ich dieses besondere Van-Erlebnis jedem wärmstens empfehlen. Im Folgenden werde ich mich nun mit Freude und einem Hauch Wehmut an alle Momente erinnern, die konstant oberhalb des Polarkreises und unterhalb des Gefrierpunktes lagen. Mir wird ganz heiß ums Herz, wenn ich an die Massen aus Schnee und Eis zurückdenke, so weit das Auge reichte.

WINTERREIFEN MIT SPIKES

Diese Geschichte zu meinen Reifen beginnt im Straßengraben auf Senja: Es war Freitagabend, ich war auf dem Weg zu meinem neuen Freund Peter und wurde von einem Schneesturm überrascht, der den bereits vereisten und platt gefahrenen Schnee auf den Straßen um viel Neuschnee bereicherte. Die Sicht aus der Windschutzscheibe bestand im Grunde nur aus den Abertausenden Schneeflocken, die dort vom Wind getrieben aufprallten. Im Licht meiner Scheinwerfer sahen sie wie Millionen von klitzekleinen Kometen aus. Sonst sah man nur finstere Nacht. Es war zwar erst 20 Uhr oder so, aber es wirkte wie mitten in der Nacht. Bis dato spielten meine »Allwetterreifen« ganz gut mit. Leider hatte ich beim Eintritt des Schneesturms versäumt, auszusteigen und Schneeketten auf die Antriebsräder zu ziehen. Ich dachte: ›Das geht auch so.‹ Ging es eine Weile auch. Nur in dem Moment, als ich einen relativ steilen Berg hinabfahren musste und plötzlich mit einem Lkw konfrontiert war, der diesen nicht richtig hochkam und schon leicht schräg auf der Straße stand, bereute ich mein Versäumnis. Natürlich konnte der Lkw bergauf nicht vollständig anhalten, sonst wäre er niemals wieder losgekommen, und so kämpfte er sich mit durchdrehenden Reifen und überwiegend auf meiner Straßenseite weiter nach oben. Ich wollte auch nicht anhalten, sondern so schnell es ging an ihm vorbeifahren. Vor lauter Minikometen im Sichtfeld schätzte ich jedoch die

Breite der Straße falsch ein und mein Vorderreifen sackte in den Graben. Zum Glück war genau an dieser Stelle eine Art Plateau, wie eine kleine Stufe, sodass der Reifen nicht komplett in den Graben rutschte – und dann womöglich meinen ganzen Van hineingezogen hätte. ›Scheiße!‹, dachte ich und machte die Warnblinker an. Die Lichter des Lkw verschwanden im Rückspiegel, und ich stand erst mal recht verlassen dort herum. Zum Glück hörte es nach ein paar Minuten auf zu schneien. Ich rief meine Versicherung an und fragte, ob solche Abschleppmanöver in Norwegen in der Police enthalten wären. Tollerweise waren sie es, und meine Versicherung kontaktierte nach dem Abfragen meines Standorts einen lokalen Abschleppdienst. Dieser sollte allerdings noch gute zwei bis drei Stunden brauchen. Es war Freitagabend, bis eben tobte noch der Schneesturm, und ich war nicht sehr weit weg vom Arsch der Welt. Während ich wartete, nahm der Verkehr überraschend zu, da wohl auch auf Senja und nahe dem Arsch der Welt viele Norweger am Freitagabend Ausgehpläne haben. Da die Straßenanzahl auf Senja übersichtlich ist, kamen viele der Ausgehenden an mir vorbei. Und ich muss sagen, wirklich jedes Auto hielt, um zu fragen, ob alles okay sei und ob ich Hilfe benötigte. Viele fuhren wieder, als ich von meiner kontaktierten Versicherung berichtete, aber manche wollten sich nicht abwimmeln lassen. Von Reifenhaftspray bis Teppichstücken wurde an und unter meinen Reifen viel getestet, damit ich vielleicht aus eigener Kraft aus dem Graben fahren könnte. Doch es half alles nichts. Ein Norweger setzte sich sogar an mein Lenkrad und wollte es selbst probieren. Nachdem er den Reifen bis direkt an die Kante des Plateaus bewegt hatte, ohne herauszukommen, sprang er wieder aus meinem Van, rief mir *»No, that didn't work!«* zu und fuhr in seinem Auto weiter.

Die Herzlichkeit der Leute war wirklich schön. Aber alle, die anhielten, taten das Gleiche. Sie schauten auf meine Reifen, lachten laut und schüttelten den Kopf. Viele erklärten mir, dass ich mit solchen Reifen hier oben keine Chance hätte. Mir wurden *»real winter tires«* und sogar Spikes empfohlen. Vor allem, wenn ich noch länger bleiben und bis ans Nordkap fahren wollte.

Nach zwei Stunden kam endlich der Abschleppwagen. Darin saß ein junger Typ, der sehr wortkarg und sichtlich genervt war, dass er einen ignoranten Touri mit Sommerreifen am Freitagabend aus dem Graben ziehen musste. Er tat sein Werk, drückte mir einen Zettel in die Hand und verschwand wieder. Ich war froh, aber auch besorgt, wie ich es noch bis zu Peters Haus schaffen sollte. Mittlerweile war es nach 22 Uhr, und der eine Tunnel, den ich noch passieren musste, war bereits gesperrt. Nachts fanden dort Reparaturarbeiten statt. Nach dem Tunnel wartete eine steile Abfahrt, die zu dem Fjord führte, an dem Peter wohnte. Adrenalingeladen fuhr ich einfach los und hoffte das Beste. Auf einer steilen Bergaufpassage gingen dann mal wieder sämtliche Warnleuchten an, und die Reifen drehten konstant durch. Oben angekommen, fuhr ich einfach nur nach rechts von der Straße ab und hielt in etwas, das wie eine kleine Parkbucht aussah. Ich zog die Jalousien zu und ging erschöpft ins Bett. Mit der ersten

»Helligkeit« des Tages öffnete ich die Schiebetür und musste feststellen, dass ich in einer Baustelle stand. Um mich herum lagen Baumaterialien, Baufahrzeuge und anderer Kram. Und Tonnen von Schnee. Mein Baustellen-Campingplatz gehörte zu den umfangreichen Tunnelreparaturen, denn der Tunnel lag nur noch wenige Meter vor mir. Ich fuhr hindurch, freute mich über das Gefühl von rund 1.000 Metern Asphalt unter meinen Reifen und stoppte direkt danach wieder auf einem vereisten Parkplatz. Es war Zeit für die Schneeketten, um die fünf Kilometer lange Abfahrt auf der Winterpiste schadenfrei zu überstehen. Natürlich hatte ich die Schneeketten eine Nummer zu groß gekauft, weil meine Größe ausverkauft war. Und ich Amateur dachte, dass es bestimmt cool aussieht, wenn die Ketten bisschen lockerer sitzen. *Baggy Style.* Leider blieben sie nur mit Mühe und Not am Reifen, als ich den Berg mit maximal 15 km/h hinabrollte. Das Rasseln und Klappern klang deutlich nach einer Nummer zu groß, aber es funktionierte. Ich fuhr die letzten zehn Kilometer bis zu Peter sehr entschleunigend.

Als ich ein paar Tage später wieder aufbrach, um nach Tromsø zu fahren, waren die Straßen zum Glück überwiegend frei dank milderer Temperaturen und der Salzsalven der großen Räumfahrzeuge. Da ich mich im vereisten Tromsø dann deutlich mehr als Schlitten bewegte und weniger als Van, machte ich umgehend einen Termin bei einer lokalen Werkstatt aus und ließ mir echte norwegische Winterreifen mit Spikes auf schwarzen Stahlfelgen montieren. Was für ein Gefühl: Frisch behuft gen Norden!

Meine anderen Reifen, die dort oben nichts taugten, musste ich Tetris-mäßig unter dem Bett verstauen, wodurch drei Boxen und viel Equipment, das vorher im Keller lagerte, fortan neben mir im Bett Platz finden mussten. Zudem verlieh jetzt der konstante Geruch von Reifen und Schmierfett meinem Schlafzimmer ein überraschend heimeliges Flair. Rückblickend waren die Spikes die beste Entscheidung. Das Gefühl, irgendwo in Nordnorwegen im motorisierten Eigenheim über glänzende Eispisten zu brettern, während sich die wilden Schneeaufwirbelungen im Rückspiegel mit der tief stehenden Sonne zu einem dynamischen Kunstwerk vereinten, ist unbeschreiblich. Ich schaute oftmals mehr in den Rückspiegel als nach vorn. Nicht besonders schlau, aber trotzdem lohnend.

Nur einmal noch, in einer sehr eng geführten S-Kurve, brach mein Heck aus und ich *slidete* auf einer Pulverschnee-Eis-Melange quer über beide Fahrbahnen. Zum Glück ohne Gegenverkehr. Wäre zeitgleich einer der fetten Nord-Trucks unterwegs gewesen, würde ich jetzt in Walhalla für meine mitteleuropäischen Fahrkünste verspottet werden. Tote Wikinger können echt gemein sein.

HAMMERFEST

Ich erinnere mich an einen sehr bezeichnenden Moment, als ich im November 2019 die Zubringerstraße nach Hammerfest fuhr, die über schöne Brücken sowie durch viel Eis, Schnee und Tunnel führte. Völlig zu Recht bezeichnet man diese Region und ihre Bedingungen als arktisch. Die gesamte Umgebung war, so weit das Auge reichte, weißer als jedes Zahnpastawerbung-Grinsen.

Ich war nicht mehr weit von der nördlichsten Stadt der Welt entfernt – wie sich Hammerfest in der Eigenwerbung beschreibt –, als mir endlich mal ein anderes Auto entgegenkam. Nicht, dass ich in dem Moment einsam war oder dergleichen, aber manchmal war es schön zu wissen, dass noch jemand da draußen rumgurkte. Das entgegenkommende Auto war ein VW T3 Syncro in grandiosem Zustand und mit allerhand Offroad-Spielzeug auf dem Dach und an den Seiten. Am Steuer saß ein kerniger Österreicher mit Dreitagebart und abenteuerlustigen Augen. Seine Nationalität erkannte ich nicht dank meines anthropologischen Talents, sondern wegen des »AT« auf seinem Nummernschild. Als wir uns so nahe waren, dass wir uns gegenseitig in die Augen schauen konnten, geschah einer dieser magischen Momente unter Männern, der von außen vermutlich nach nichts aussah, aber zwischen uns Bände sprach. Das lag zum einen an unserer einfach gestrickten Natur, aber eben auch an dem Umstand, dass wir beide allein im arktischen Norden unter diesen besonderen Bedingungen umherfuhren und scheinbar beide an der Stadt Hammerfest interessiert waren. In dem Moment, als zwischen unseren Windschutzscheiben nur noch knapp zwei Meter lagen, schauten wir uns an, nickten uns so zu, dass man die Kopfbewegung auch mit geübtem Auge kaum wahrnehmen konnte, und zuckten mit dem Zeigefinger nur für eine Millisekunde vom Lenkrad hoch, um uns höflich und anerkennend zu grüßen. Anwesenden Profis wäre ebenfalls aufgefallen, dass der jeweils linke Mundwinkel beider Akteure eine minimale Aufwärtsbewegung vollzog, während sich das linke Augenlid zu einem sogenannten Fünftel-Zwinker schloss. Wie gesagt, das alles war von außen kaum zu erkennen, doch wir transportierten dabei folgende Worte: »Hey! Schön dich hier zu sehen. Wie geht's? Es gibt nichts Schöneres, als gerade hier zu sein, oder? Der absolute Wahnsinn. Pass auf dich auf! Der arktische Winter kann ebenso tückisch wie schön sein. Genieß es! Bis bald vielleicht, Kamerad.«

Daraus möchte ich folgende, allgemeingültige Erkenntnis ableiten: Männer sind tiefgründiger, als man denkt, es ist nur schwer zu erkennen.

Das in Schnee und Eis gehüllte Hammerfest ist für mich der Inbegriff des Nordens. Im Hafenbecken lebte ein weißer Belugawal, und im Stadtraum fand man Laufschlitten, die mit Schlössern an Zäunen und Pfosten befestigt waren, wie bei uns Fahrräder. Und natürlich ist Hammerfest die Heimat der »Royal and Ancient Polar Bear Society«. Oder, wie man auf Norwegisch ganz niedlich sagt: *Isbjørnklubben*. Der kalte *klubben* beschreibt sich selbst am besten, deshalb zitiere ich ihn hier einfach mal wörtlich: »*The idea was to create a unique memory for guests of the World's Northernmost Town. The polar bear is our city's coat of arms and was therefore chosen as the society's logo. The strength of the polar bear reflects the willpower and survival skills necessary for living in the Arctic.«* Und da ich einige Nächte im Van am äußersten Rand des Hafenbeckens von Hammerfest wohnte, lasse ich *willpower and survival skills* fortan die Skills-Liste meines Lebenslaufs anführen, das ist ja wohl klar. In solchen *klubben* verbringe ich die Wochenenden am liebsten.

MIT EINEM RENTIER GESCHLAFEN

Die Sodomisten unter meinen Leserinnen und Lesern werden enttäuscht sein. Der Titel war nur *Clickbait*, inspiriert von den Abgründen des heutigen Onlinejournalismus. Sorry! Natürlich habe ich nicht mit einem Rentier geschlafen. Zumindest nicht im romantischen Sinne. Und es war auch kein ganzes Rentier, sondern nur sein kostbares Fell.

Der Norden Skandinaviens hat mich aus vielerlei Gründen zu einem Fan auf Lebzeiten gewonnen. Das liegt aber nicht nur an der einmaligen Natur, sondern auch am Spirit sowie der besonderen Geschichte der dort lebenden Völker. Das Leben und die Kultur der Sami sind beispielsweise überaus beeindruckend. Und auch, wie sie bis heute im rauen Lappland überleben. Früher waren die langen kalten Winter ihre größte Herausforderung, heute ist es das kalte Gemüt unserer modernen Welt, das kein echtes und ehrliches Interesse mehr an Traditionen, Bräuchen und Identitäten hat. In Parks können Touristen das Leben der Sami noch als Kulisse bestaunen. Kinder dürfen mit Lassos auf Rentiere werfen, und abends wird ein Feuer angemacht. Leider ist alles nur eine Show. Wie der Rest der Welt auch. Willkommen in der Moderne.

Nach dieser kleinen Gesellschaftskritik, in der ich den Eindruck erweckt habe, als sei ich besonders tiefgründig und nachdenklich, tat ich im skandinavischen Winter so, als wäre ich ein Wikinger. Die Welt der wilden Nordmänner und -frauen samt ihren Mythen, Sagen und Göttern hat es mir angetan. Beim Fahren tauchte ich gern in Hörbücher ab, die anschaulich erzählen, wie nach dem Glauben der Wikinger die Welt entstanden ist. Das Spannende daran war, dass ich mit jedem Tag in dieser Kulisse des Nordens – und besonders zu dieser Jahreszeit – die Wikinger-Welt besser nachvollziehen lernte. Alle Traditionen, Mythen und Gestalten passten in diese Landschaft und andersherum wie die Faust aufs Auge.

Man kann sich denken, dass ich natürlich mehr als einmal im Wikingermuseum auf den Lofoten zu Gast war, um faktische Informationen zu erhalten und den Geist der Wikinger einzuatmen. Selbstverständlich waren die massiven Esstische, Kelche, Webstühle, Feuerstellen, Waffen und Livedarsteller in dem gigantischen Langhaus-Nachbau auch nur eine Show, aber ich war trotzdem *hooked*. Heute weiß ich, was mich damals in die Arme der Wikinger getrieben hat: In weiser Voraussicht darauf, dass ich bald lange bei konstant zweistelligen Minusgraden in einem mäßig isolierten Auto wohnen würde, begab ich mich auf die Suche nach meinem inneren Krieger. Und wer, wenn nicht die Wikinger selbst, hätten eine bessere Inspirationsquelle sein können, um mit stolz geschwellter Brust und viel innerer Ruhe kampfbereit meinem Schicksal entgegenzutreten? Für diesen Zweck kaufte ich mir keine Streitaxt, aber immerhin die mächtigste Waffe der Welt: Mjölnir. Hinter diesem schönen Namen, der so klingt, als wolle man nach zu vielen Hörnern Met noch ein weiteres bestellen, verbirgt sich der berüchtigte Hammer Thors. Mjölnir gilt dort oben als eine Art Kraftsymbol. Was ja auch Sinn ergibt, der Sage nach hatte das Ding einen gehörigen Wumms und hätte die ganze Welt zerstören können. Oder eben retten! So stark war … oder ist er. Vielleicht existiert er physisch ja noch irgendwo? Seine Symbolkraft kann jedenfalls heute noch Berge versetzen. Deshalb wollte ich mir unbedingt ein energiegeladenes Replikat am Rentierlederband um den Hals und vor die Brust hängen, wo seine Energie meine Lunge erhalten und beschützen sollte. Im Wikingermuseum fand ich ein tolles Exemplar, das durch seine Einfachheit besticht. Im Grunde ist es ein bronzefarbenes Stück Metall, das unten die typisch breite Hammerform Mjölnirs aufweist und oben einfach zweifach eingedreht ist, um sich solide am Lederband festzuhalten. Keine Ornamente, kein Prunk. Pure Mjölnir-Power ohne Schnickschnack. Als zusätzlichen Schutz für meinen rechten Lungenflügel, der ja vorwiegend defekt ist, fädelte ich rechtsseitig noch einen kleinen Thulite auf. Dieser wird auch der »rosa Stein Norwegens« genannt und symbolisiert Lebenskraft. Dass er dafür steht, fand ich erst später heraus, aber scheinbar griff ich instinktiv zum richtigen Stein.

Mein Mini-Mjölnir erwies mir treue Dienste. Gemeinsam zerschlugen wir nicht nur jede Form von Zweifel, sondern auch viele Angriffe von Kälte. Da es aber im Innenraum bei Nacht sehr kalt wurde, waren Mjölnir und ich Manns genug, um uns einzugestehen, dass wir noch jemandem im Team brauchten, um die arktischen Nächte souverän wegzulächeln. Es kam nicht selten vor, dass die Wand am Kopfende meines Bettes morgens ein Kunstwerk aus Eisblumen war, da meine Atemluft an ihr kondensierte und bis zum Morgen eingefroren war. Um Gas zu sparen, machte ich nachts immer meine Heizung aus. Ich stellte den Timer allerdings auf 6 Uhr, damit ich den Tag nicht aus dem Bett heraus in arktische Innenraumkälte starten musste. Leicht vorgewärmt, im einstelligen Gradbereich über Null, so mochte ich meine Morgenluft im Van.

Abgesehen von meinem Gasheizungswecker hatte ich zum Schlafen nur einen mehrere Jahre alten Schlafsack an Bord und eine weiße Decke. Ich weiß nicht mehr, woher ich sie hatte, aber sie war vom Schlag »günstige IKEA-Decke«. Eine, mit der man sich zu Hause auf der Couch im Sommer zudecken würde, wenn die kühle Abendluft Hallo sagt. Warum war mein Bett in diesem unpassenden Anti-Winter-Modus? Weil ich bei meiner Abfahrt, wie bereits erwähnt, nicht so weit vorausgedacht hatte. Doch die rettende Lösung lag quasi direkt vor mir. Sie lag in der Seele und in der Kultur Lapplands. Sie lag im Erbe der stolzen Sami. Sie lag an der Rezeption des einzigen Campingplatzes, der zu der Jahreszeit in der Gegend um Kiruna noch offen hatte: Camp Alta. Dort kaufte ich mein erstes Rentierfell. Im Grunde kann man da oben fast überall Rentierfelle kaufen. Mögen die meisten Sami-Farmen oft nur noch Show sein, geschlachtet wird dort wirklich noch. Neben den Fellen kann man alle Teile vom Rentier kaufen. Filet, Ragout, ganze Keulen, Burger, Organe oder Blut. Roh, geräuchert oder als Salami. Der nächste Supermarkt hat garantiert alles. Das gilt auch für Elche. Und andere gigantische Tiere, die ich hier noch nicht konkretisieren möchte.

So kam es, dass Mjölnir und ich eines schönen Frühwintertags ein Rentierfell in unserem Bett begrüßen durften. Die zweilagige Oberschicht aus Schlafsack und IKEA-Decke blieb bestehen, aber ich bettete mich fortan sprichwörtlich auf dem Rentierfell. Es war zwar nur etwas größer als halb so groß wie ich, aber das reichte vollkommen aus. Nach meiner ersten Nacht darauf fühlte ich mich meinem geliebten Norden noch näher und glaubte, den nordischen Geist noch besser verstanden zu haben. Dieses Fell strahlte Energie aus. Und zwar in Form einer unerklärlichen Wärme. Es gab mir nachts nicht nur meine entweichende Körperwärme zurück, sondern hatte zusätzlich die surreale Kraft einer kabellosen Heizdecke. Ich verstand, warum man in Lappland diese Tiere im wahrsten Sinne bis aufs Blut verehrt – und reihenweise umbringt. Ohne Rentiere hätte kein Mensch hier oben jemals überleben können. Vom Huf bis zum Horn wird aus sämtlichen Körperteilen Nützliches aller Art gefertigt. Doch der König aller nicht essbaren Teile ist definitiv das Fell. Leider hatte ich ein Fell gekauft, das günstiger war, für nur circa 120 Euro, aber dafür einen wichtigen Präparationsschritt nicht durchlaufen hatte. Die Sami können auf natürliche Weise die Felle so präparieren, dass die Haut geschmeidig bleibt und die Haare des Fells nicht abfallen. Ich kaufte eins ohne diesen Schritt. Daher war die Haut etwas steifer und die Haare gingen bedauerlicherweise in größerer Stückzahl aus. Nicht so stark, dass ich irgendwann morgens nur noch auf blanker Rentierhaut liegen sollte, aber immerhin so stark, dass sich die Haare überall im Van verteilten und ich ständig so aussah, als hätte ich einen großen weißen Hund an Bord. Damals hatte ich aber noch keinen Hund, sondern nur mit einem Rentier geschlafen. Danke, Rentier, dass ich seit deinem Einzug niemals mehr frieren musste! Nur das Löffeln mit einem lebenden Rentier hätte noch gemütlicher und noch skandinavischer sein können.

ORCAS UND EIN VEREISTES BECKEN

Wenn man dem arktischen Winter Norwegens trotzt, liegt es meistens daran, dass einige außergewöhnliche Belohnungen warten. Dazu gehören zum Beispiel das fantastische Nordlicht. Ein anderes lohnendes Winterphänomen sind die Orcas, die den besonders fetten und schmackhaften Heringen an den Küsten und bis in die Fjorde Norwegens folgen, vor allem rund um die Lofoten. Und ich wollte natürlich den Orcas folgen, um meine 17 Follower auf Instagram zu begeistern. Aber auch an intrinsischen Beweggründen mangelte es nicht, es war wirklich ein lebenslanger Traum von mir, einmal wild lebende Orcas in ihrem Element zu erleben.

Für Jahrzehnte galt der Ofotfjord als Garant für spektakuläre Sichtungen. Er liegt zwischen den Lofoten und dem norwegischen Festland und beheimatet die Bucht und den Hafen der Stadt Narvik, die als die letzte große Stadt des Festlands gilt, bevor man auf die Lofoten fährt. Von Narvik starten viele der Touren, um Orcas zu sehen. Da die Heringe in den letzten Jahren aber die Gewässer auf der Nordseite der Lofoten bevorzugten, ebbte der Trend merklich ab. An den nördlichen Zipfeln der Lofoten herrscht generell viel Waltourismus, da von dort auch die Touren für Buckelwale und Konsorten starten, zum Beispiel von Andenes, einem windigen Hafenstädtchen an der Spitze des nördlichsten Zipfels der Lofoten. Von dort stach ich bei meinem Disco-2-Trip 2018 in See, um Buckelwale zu sehen. Das hat ganz okay geklappt. Ein ikonisches Schwanzflossenfoto konnte ich danach abhaken.

Als Vanlifer oder sonstiger Reisender steht man, egal wo man gerade ist, irgendwie immer mit allen anderen Vanlifern und Reisenden im Austausch. Entweder direkt vor Ort oder via Instagram und Co. Mit Menschen, die das Gleiche vorhaben oder auch zufällig in der Nähe sind. Diese von guten Informationen strotzende On-und-offline-Gemeinde half mir damals dabei, einen ganz neuen, heißen Spot für Orca-Touren zu entdecken. Er lag nicht auf den Lofoten, sondern nördlicher. Auch nicht auf Senja, sondern noch nördlicher. Ein Eishockey-Bundesligaspieler und leidenschaftlicher Fotograf, mit dem ich auf Instagram irgendwie über das Thema Norwegen und Orcas zusammenfand, riet mir, Richtung Skjervøy zu fahren. An diesem neuen *sweetspot* sollten sich angeblich nicht nur die großen Heringsschwärme tummeln, sondern auch deren faszinierende Entourage: die hungrigen Orcas.

Vom Hafenstädtchen Skjervøy hatte ich zuvor noch nie gehört. Ich bin mir auch relativ sicher, dass ich es bis heute falsch ausspreche. Angeblich sagt man »Scherwoi«. Es gehört zu einer gleichnamigen Inselgruppe, die knapp 250 Autokilometer nördlich von der Perle des Nordens, Tromsø, liegt. Die Inselgruppe, auf der Skjervøy liegt, ist sehr typisch für die zerklüftete Natur der gesamten Westküste Norwegens – und besonders für diesen Teil im Norden. Man verlässt bei der Anreise die Hauptschlagader des Nordens, wie ich die E6 gern nenne, und folgt einer kurvigen Landstraße über zwei lange Brücken bis auf die Insel Skjervøya, wo wenig überraschend auch Skjervøy liegt.

Mein Erscheinen beim hiesigen Orca-Bootstouren-Anbieter hatte ich bereits telefonisch angekündigt. Mit jedem Meter, den ich näher kam, stiegen Aufregung und Neugier. Leider war das Wetter schlechter als erwartet, und die Touren wurden gecancelt beziehungsweise verschoben. Bei rund -20 °C (durch den Meereswind gefühlt deutlich kälter) wollte man in einem kleinen Schlauchboot auf arktischer See kein Risiko eingehen. Außerdem pausierte die Crew, da wenige Tage zuvor ein Mann auf einem Bootstrip gestorben war. Nebst der Orca-Bestaunung vom Boot aus können abenteuerlustige Menschen auch in Neoprenanzügen und per Schnorchel den schwarz-weißen Walen ganz nah sein. Doch trotz dickem Neopren wurde einem vorerkrankten Schnorchler die Extremkälte zum Verhängnis, und er erlitt auf See einen Herzinfarkt. Er starb noch auf dem Boot.

Von der Schnorchel-Option wusste ich vorher nichts. Ich war von dem tragischen Ereignis schockiert und gleichsam angetan von der Möglichkeit, diese Tiere direkt in ihrem Element erleben zu können. Orcas selbst sind nicht gefährlich. In freier Wildbahn liegt ihre »Killer«-Rate von Menschen ziemlich bei null. Trotzdem verursachte mir der bloße Gedanke, neben ihnen zu schnorcheln, positiven Angstschweiß. Ein großer Teil von mir wollte diese Erfahrung wirklich machen, wenn ich schon mal hier war.

Da ich sowieso ständig telefonisch mit dem Anbieter in Kontakt stand, um zu wissen, wann die verschobene Tour stattfinden würde, fragte ich die Schnorchel-Option an. Zum Glück war ich vernünftig genug, offen und ehrlich von meiner zurückliegenden Lungen-OP zu erzählen. Daraufhin beschlossen wir gemeinsam, dass es keine gute Idee wäre.

Da ich einige Tage zu überbrücken hatte, suchte ich mir einen Parkplatz neben dem Fähranleger auf der Nachbarinsel und wartete dort. Ich wollte in der Nähe sein, sobald grünes Licht kam, und hatte eh noch Arbeit zu erledigen. Also drückte ich kurz später meine Reifen in den gefrorenen Schnee der hinterletzten Parkbucht auf dem Parkplatz, um als

Wildcamper nicht aufzufallen. Allerdings brachte mich der hinterste Parkplatz von insgesamt fünf Stück nicht wirklich in eine Position, die außerhalb des Blickfelds der Fährcrew, der Gäste oder der Polizei lag. Und mein Orange-Metallic-Lack ging zwischen all dem Schnee und Eis sowieso nicht unbedingt als Camouflage durch. In der Winterzeit in Nord-Norge, wie wir Einheimischen sagen, fiel mir allerdings regelmäßig auf, dass man im Grunde überall parken durfte. Es schien fast so, als hätte man sich das Wildcampen durch die bloße Tatsache, dass arktischer Winter herrschte, irgendwie verdient. Was in der Logik der lokalen Bevölkerung vermutlich so klingen würde: »Lasst die paar Vollidioten, die hier jetzt noch Abenteurer spielen wollen, doch parken, wo sie wollen! Hauptsache, sie nerven nicht und machen keinen Müll.« Dank dieser toleranten Einstellung parkte ich circa fünf Nächte dort und wartete auf meinen großen Einsatz. Es war nur ein schnöder Fähranleger, aber ich fühlte mich gesegnet. Mein »Office« gab aus allen Fenstern den schönsten Blick frei auf dunkelblaues, manchmal fast schwarzes Nordmeer vor perlweißen Bergen unter oftmals blauem Himmel. Ein paar wenige Male setzte ich zu einer Winterwanderung rund um meinen Van an, aber da dort keine Wege waren, kam ich selten weit. Ich versank meist bis zum Oberschenkel im Schnee und verlor dann schnell die Lust. (Merkliste: Schneeschuhe kaufen!)

Am fünften Tag war es dann endlich so weit. Ich wurde für 8 Uhr morgens am Folgetag zum Headquarter des Tourenanbieters bestellt. Im engen Hafenviertel, das fast nur aus aufgeschobenen Schneebergen bestand, fand sich nur schwer ein Parkplatz. Leicht verspätet betrat ich das Gebäude, in dem bereits hektisches Treiben herrschte. Viele Stimmen und Sprachen kreuzten sich, und ein muffiger Hauch von nassem Neopren lag in der Luft. Ich wendete mich an eine Person, die einen Pullover des Anbieters trug, und meldete mich an. Alles top, ich war noch rechtzeitig und mein Platz gesichert. Dann bekamen wir eine kleine Einführung in die essenziellen Themen wie Orcas, die arktische See sowie Sicherheit an Bord.

Obwohl das Thermometer mollige -12 °C zeigte und die Sonne »schien«, hatte ich mehr Kleidungsstücke an als jemals zuvor in meinem Leben. Ich entschied mich für ein alternierendes System aus feinstem Goretex-Outdoor-Hightech und bewährten Naturklassikern wie Merino- und Baumwolle. Am Telefon wurde mir vorab bereits gesagt, dass wir durchaus bis zu sechs Stunden auf dem windigen Schlauchboot sein könnten, auf dem man bewegungslos in der Kälte warten würde. Und der Wind könnte aus den -12 locker gefühlte -25 °C machen.

Da ich während des länger als gedacht währenden Aufenthalts im Innenraum des Headquarters schon die ersten zwei bis drei Schichten meiner arktischen Textilzwiebel durchgeschwitzt hatte, war ich froh, dass wir vom Anbieter noch einen soliden Profi-Onesie bekamen, den man zusätzlich überziehen konnte. Wow, was für ein Upgrade! Der massive und schwere Anzug sah aus, als könnte er Tausende Polarexpeditionen bestehen. Dem Geruch nach hatte er das auch. Dennoch war ich sehr froh über das professionelle Finish.

Kurze Zeit später wankten wir säuberlich aufgereiht mit kleinen Schritten in unseren Sumokostümen zum Schlauchboot und stiegen unelegant ein. Das Boot bot Platz für etwa zehn Gäste und drei Crewmitglieder. Ein Crewmitglied war Kapitän, eine junge Frau stand als Spotterin am Heck, und ein sehr junger Winterferien-Jobber fungierte als Springer zwischen beiden und bespaßte uns. Als Gast auf diesem Schlauchboot konnte man weder richtig stehen noch richtig sitzen. Freies Stehen wäre sicherlich zu gefährlich gewesen, aber warum traditionelles Sitzen als Option ausfiel, weiß ich bis heute nicht. Jedenfalls stand-saßen wir alle jeweils einzeln auf einer Art Plastikhocker. Als ob man auf einem Pferd säße, nur ohne Pferd. Die Beine waren weder angewinkelt noch durchgestreckt, irgendwas dazwischen. Die zehn Hocker waren so vor- und nebeneinander angebracht, dass man seine Beine und Füße im Grunde nicht bewegen konnte. Um die Landschaft zu genießen und nach Orcas Ausschau zu halten, blieb nur das Torsodrehen, bis die eigene Beweglichkeit oder die Zwiebelschichten einem ein Limit setzten.

Es war arschkalt, als wir den Hafenbereich verließen und bei gefühlten Trockeneistemperaturen über die zum Glück nur mäßig hohen Wellen des eisigen Fjords bretterten. Wir hielten zunächst Kurs auf den Bereich zwischen drei Heringskuttern. Die Crew stand in regem Austausch mit zwei anderen Schlauchbooten. Alle warteten gemeinsam auf ein

Zeichen. Die arktische Landschaft war so atemberaubend, dass man oft vergaß, dass das eigentliche Highlight noch ausstand. Da die Wintersonne selten über die uns umgebenden Berge wanderte, hatten wir stundenlang *golden hour*. Das war wirklich grandios. Ringsum weiß-gelbe Berge. Wir beobachteten die Heringskutter, die zu Flugzeugträgern für scharf fliegende Möwen wurden. Und endlich! Aus dem Funkgerät lärmte aufgeregtes Norwegisch, dann rief jemand etwas Englisches und plötzlich machte das Schnellboot seinem Namen alle Ehre. ›Hoffentlich sind meine tränenden Augen wieder aufgetaut und funktionstüchtig, wenn wir bei den Orcas ankommen!‹, dachte ich mir, während mein tiefgefrorener Beckenknochen rodeoähnliche Erfahrungen auf dem harten Plastikpferd machte. Und ja, natürlich waren alle Strapazen und das lange Warten völlig nichtig und klein, als vor uns die gigantische Rückenflosse eines männlichen Orcas auftauchte. Die rund 1,80 Meter hohe Flosse bewies, warum sie auch Schwertwale genannt werden. Ich würde ja Ninja-Delfine bevorzugen, aber das wirkt irgendwie zu unseriös. Oder Schwimm-Pandas. Auf jeden Fall ist alles besser als der Ausdruck Killerwal. Das ist Gaslighting par excellence. Ein Tiger ist ja auch keine Killerkatze und ein Adler kein Killervogel, obwohl statistisch betrachtet vermutlich sogar Adler mehr Menschen töten als Orcas.

Das riesige Männchen schwamm zielstrebig und majestätisch seines Weges direkt an uns vorbei und scannte den Fjord nach Heringen ab. Ich erinnere mich noch gut daran, wie man seine Anwesenheit spüren konnte. Seine Präsenz war energetisch greifbar. Seine Aura verschmolz mit den jubelnden Rufen der Menschen, die ihm huldigten. Ich fummelte hastig mein iPhone aus der Innentasche meiner dicken Winterjacke, die direkt unter dem Polar-Onesie lag, und entriegelte den Touchscreen mit meiner Nasenspitze. Dann gab ich ebenfalls mit meiner Nasenspitze den Code ein und schoss Fotos über die Lautertaste. Ohne Handschuhe schaffte ich es nach vier Stunden auf dem Boot nicht mehr, und meine Finger waren für die Sony-Kamera ohnehin schon viel zu steif. Aber besser Handyfotos als gar keine Bilder. Nach dem Männchen tauchte eine Gruppe jagender Weibchen auf, die in Formation schwammen und die Heringe einkesselten. Zeitgleich brach sich die Sonne goldgelb und orangefarben am Gipfel eines Berges. Geistesgegenwärtig schob ich mit meiner tauben Nase auf Video-Mode und fing diesen malerischen Moment als Bewegtbildkonserve ein. Nach diesen sehr nahen Begegnungen sahen wir weiter weg noch einige Flossen und Rücken auftauchen, hörten und sahen viele impulsive Ausatmer, dann fuhren wir glücklich zum Hafen zurück.

Dank Adrenalin und aller existierenden Glückshormonen grinsten wir alle und vergaßen, wie durchgefroren wir waren. Ich kann nicht für jede und jeden an Bord sprechen, aber ich war, ohne es direkt zu merken, an mein absolutes Kältelimit gestoßen. Das Aussteigen vom Motorboot und das Erklimmen des etwas höher gelegenen Stegs wurden zur Herausforderung. Wie Uma Thurman in *Kill Bill* musste ich meine Beine für jede Bewegung anschreien.

Von der Hüfte abwärts war ich nur noch TK-Ware. Auf dem Steg tat ich so, als wollte ich noch ein bisschen die Natur bewundern, doch ich konnte einfach nicht mehr laufen. Ich muss ausgesehen haben wie eine dieser Hartplastik-Cowboy-Spielfigürchen mit den markanten O-Beinen, die man auf Spielzeugpferde klemmt. Beim Versuch, geradeaus zu laufen, imitierte ich John Wayne nach seiner vierten Darmspülung. Dennoch erreichte ich nach einer Weile das Headquarter meiner Peiniger und trat ein. Es roch nach Schweiß auf Neopren und heißer Tütensuppe. Der Geräuschpegel war enorm. Ich war leider auf einer ganz anderen Wellenlänge. Ich wollte das Erlebte in Ruhe verarbeiten und mich dabei maßlos vollfressen. Also machte ich postwendend kehrt, watschelte zum Van und fuhr einige Kilometer zum nächsten Supermarkt. Ich hatte Hunger! Mein Körper lechzte nach allem, außer Tütensuppe. Ich kochte mir einen heißen Kaffee und fraß wie ein Orca. Ich schwamm offenen Mundes durch einen Schwarm aus skandinavisch inspirierten Sandwiches.

HOTEL CATOGÅRDEN

Das Catogården ist ein wunderschönes historisches Holzgebäude in Reine auf den Lofoten. Ein Gebäude, das so perfekt in diese Szenerie zwischen Bergen und Fjorden passt, dass es beinahe nicht wirkt wie von Menschenhand errichtet. Es steht unweit des berühmten Reinebringen. Die Aussicht aus allen Fenstern ist besser als jedes Fernsehprogramm.

Schon 2019, nicht lange nach der Eröffnung, waren alle Gästezimmer liebevoll und individuell gestaltet. Im Erdgeschoss befinden sich die Rezeption, eine kleine Küche, ein Yogaraum mit Rundumblick und ein gemütliches Kaminzimmer. Der Yogaraum dient auch als Kinosaal. Wir schauten dort eines Abends auf einer großen Leinwand einen meiner Lieblingsfilme, *Captain Fantastic*, an, und genossen gemeinsam die Emotionen, die Tränen und die Erkenntnis, dass es Filme gibt, die man nicht missen will, auch wenn wir als Menschheit insgesamt viel, viel, viel zu viel Zeit vor Bildschirmen verbringen.

Irgendwie wurde das Hotel & Guesthouse Catogården zu meinem arktischen *Hotel California*, denn es sollte sich bereits nach der ersten Nacht so anfühlen, als ob *I could never leave*. Ich fuhr Ende November 2019 hin, weil meine Beelzebus-Freunde dort waren, zwei Vanlifer aus Schweden, die im Garten des Catogården parkten. Björn half bei der Renovierung – er ist eine Art Handwerksgenie – und seine Freundin Katja ging währenddessen im Van ihrer digitalen Arbeit nach. Als Björn mich einlud vorbeizukommen, um die beiden nochmals zu sehen, berichtete er mir bereits von der Magie dieses Orts und von den besonderen, leicht verrückten Menschen, die dort wohnten. Das waren einige *Workaway*-Helferinnen und -Helfer sowie die außergewöhnliche Runhild Olsen, aka Queen Runhild, die die nordische Oase am Fjord betreibt und managt. Runhild ist Yogalehrerin, Schauspielerin, Sängerin, Business-Frau und vieles mehr. Sie wohnt im obersten Stockwerk, unter dem großen Dach, wo sich auch das Gemeinschaftswohnzimmer samt Küche befindet, inklusive grandiosem Balkon mit unvergleichlichem Ausblick. Dieser Balkon sorgte für den einzigen Moment und war der einzige Ort, an dem ich ganz kurz das Rauchen vermisste. Ich hatte früher auf vielen Balkonen geraucht, aber auf so einem gewiss noch nicht. Zum Glück bin ich viel zu gern Nichtraucher. An Winterabenden blickt man von dort oben auf ein Meer aus Dorflichtern sowie auf wunderschöne, schwarz-weiße Schneeberge. Oftmals flog Nordlicht vorbei. Ich blieb trotzdem Nichtraucher!

Runhild wohnte nicht allein unterm Dach, sondern mit ihrem Sohn, Sverre. Sverre ist die Vermenschlichung von Energie. Er war damals 15 Jahre alt und konstant auf der Suche nach seiner nächsten Aufgabe, seinem nächsten Streich, seiner nächsten Leidenschaft und dem nächsten Kostüm. Sein zeitloses Cowboy-Ritter-Ensemble oder sein ebenso funktionales wie schickes Wikinger-Feuerwehrmann-Outfit werde ich nie vergessen. Manchmal trug er auch einfach nur eine große norwegische Flagge und einen Säbel. Sverre litt an einer Kondition, die wir gemeinhin als »behindert« einstufen würden. Aber manchmal, wenn ich diesen Kerl beobachtete, der fast nur aus Herz und Energie bestand, fragte ich mich, ob nicht eher wir alle behindert waren und er in bester Verfassung. Er konnte keine klaren Worte artikulieren, aber man sprach ihn auf jeder nur erdenklichen Sprache an, und er wusste immer, was man wollte. Nur Runhild, seine Mutter, verstand jeden seiner Laute und sie redeten oft. Jedoch meist auch sehr körperbetont durch viel Kuscheln und Zuneigung. Was für ein Duo!

Ich kann mich noch gut erinnern, wie ich zum ersten Mal die steile Auffahrt zum Catogården hinauffuhr und meine norwegischen Winterreifen mit Spikes stellenweise im Eis-Schneematsch-Gemisch durchdrehten. Ich freute mich, den Beelzebus wiederzusehen und konnte mich schnell mit den anderen *Prisoners of their down device* anfreunden, da sie alle entspannt, lieb und sehr interessant waren. Schon am ersten Tag wurde ich in den besonderen Bann gezogen, den Runhild und ihr Catogården ausstrahlten. Und alle, die dort wohnten, gaben diese Energie ebenfalls weiter. Ich befand mich mitten in einer Art spirituellem Pyramidensystem. Ich schlief während meines mehrwöchigen Aufenthalts im Van, durfte drinnen Strom anzapfen und teilte meine Tage fortan so ein, dass ich sowohl meiner nervigen Arbeit nachgehen als auch beim Renovieren und Abreißen helfen konnte. Wir kochten gemeinsam, tranken gemeinsam, saßen am Kaminfeuer und redeten oft stundenlang. Unsere Gespräche waren tiefer als so mancher nordische Neuschnee und oft so herzlich, dass jener sofort schmelzen würde. Ich liebte das Phänomen, das ich bei vielen Gesprächen mit anderen Menschen unterwegs erleben durfte, die ebenfalls im Van oder sonst wie *außerhalb der Norm* lebten: Es gab kein Nein. Kein Falsch. Kein »Schwachsinn!«. Es gab kein kategorisches Abschmettern von Ideen, Weltanschauungen, Aussagen oder Träumen. Es gab nur Austausch auf Augenhöhe und gegenseitiges Ernstnehmen. Und wenn man anderer Meinung war, stellte man das nicht in den Vordergrund, sondern fragte nach, woher die Idee, Haltung oder Meinung der anderen Person komme. Im Grunde war es nichts anderes als das kleine Einmaleins der respektvollen Kommunikation, aber in der heutigen Zeit findet man solche zwischenmenschlichen Diamanten leider immer seltener. Oftmals ist vielen Menschen die eigene Meinung das höchste Gut, das es mit Fackeln und Mistgabeln zu verteidigen gilt.

Viele gute Roadtrips starten am Catogården, auch etliche spirituelle Reisen. Ich genoss jede Sekunde an diesem besonderen Ort mit diesen besonderen Menschen. Selbst als Björn und Katja abreisten, blieb ich noch. Bis dato verharre ich noch sehr oft in Erinnerungen, Emotionen und spirituellen Ebenen, die ich dort erfahren durfte. Ich denke, *I checked out any time I liked, but I could never leave.*

Ich war sogar plötzlich in einer Band! Wir schenkten Alex einen Song zum Abschied. Allerdings spielte ich nur den schüchternen Rhythmus-Frosch, schrieb aber maßgeblich an den Lyrics mit. Zusammen mit unserem spanischen *Guitarrero* und *Lead Singer*, Joan. Das Video entstand *last minute* auf dem Handy.

In einer Band sein? Check! Typisch Vanlife.

WALFLEISCH ZUM FRÜHSTÜCK

Triggerwarnung an so ziemlich alle Menschen, die nicht aus Norwegen, Finnland, Japan oder von den Färöer-Inseln kommen.

Skandinavien umgarnte mich auf allen meinen dortigen Reisen mit der besonderen Aura der nordischen Kultur. Ich wollte, wie die Skandinavier, wild sein, jagen, sammeln und die Natur zur Quelle meiner Energie machen. Sowohl mental als auch physisch. Dass ich dabei scheiterte, habe ich bereits beim Angelthema erzählt. Und auch jetzt möchte ich ehrlich kommunizieren, wozu mich diese nordische Lebensart noch verleitete.

Eines Tages betrat ich mit ein paar Freunden auf den Lofoten ein schickes Fischrestaurant, das den Ruf genoss, die besten Lachsburger nördlich des Polarkreises zu servieren. Die Burger-Gang bestand aus Queen Runhild und ihrem Sohn Sverre sowie Alex, Zaneta, Katja und Björn. Das Restaurant war recht neu gebaut. Es bestach mit einem betörenden Duft aus der Küche, mit massiven Holzbalken sowie mit riesigen Fenstern, durch die viel Licht fiel und die einen guten Blick auf den angrenzenden Fjord und die Berge boten. An den Wänden hingen Hunderte Fischschädel mit aufgerissenen Mäulern, und unter der hohen Holzdecke schwebte ein gigantischer Kronleuchter, der ebenfalls mit Fischköpfen bestückt war.

Wir nahmen direkt unter dem leuchtenden Fischfriedhof Platz und orderten Lachsburger. Entgegen der himmlischen Preisung fielen sie eher in die Kategorie »okay« als in den Bereich »die Besten«. Doch ich war mit der Gesamterfahrung des kleinen kulinarischen Trips in die geschmackliche Welt der Lofoten trotzdem zufrieden. Satt und glücklich, aber innerlich weiter suchend, stöberte ich noch ein wenig im restauranteigenen Fischladen, der allerhand kuriose Kostbarkeiten bereithielt. Typisch für die Region, waren alle essbaren Fischexponate auf irgendeine traditionelle Art und Weise haltbar gemacht worden, also gebeizt, geräuchert oder luftgetrocknet. Und plötzlich erblickte ich etwas in der Auslage, das mich auf vielen Ebenen berührte. Eine seltene Mischung aus Entsetzen, Neugier und Hunger überkam mich, als ich die faustgroßen, geräucherten Stücke Walfleisch entdeckte. Ich verurteilte es nicht, ich empfand Verständnis. Nachdem ich selbst einige Wochen im arktischen Winter zugebracht hatte, erschien es mir nur logisch, dass man hier früher zu dieser Jahreszeit nicht überleben konnte, ohne auch den Wal in seinen Speiseplan zu integrieren. Sowohl wegen seines nährstoffreichen Fleischs als auch wegen der wertvollen Fette, die nicht nur für die Ernährung, sondern auch für viele andere Zwecke essenziell waren. Heutzutage kann man im Winter einfach in den Supermarkt gehen und alles kaufen, was man braucht, aber eigentlich ist doch gerade der lokale Bezug von Nahrungsmitteln voll angesagt, oder? Bei uns sind es Rinder, Schweine, Hühner und ein paar Sorten Wild, in

Norwegen sind es eben Wale. Und im kalten Winter hat das Fangen eines Wals für ein Dorf bestimmt einst über Leben und Tod entschieden. Meine Neugier war jedenfalls geweckt – auch wenn ich dabei wehmütig an meine schönen Walsichtungen denken musste. Dennoch kaufte ich zwei Stücke, um zwei Dinge herauszufinden: 1. Wie schmeckt Walfleisch? 2. Was macht es mit mir, wenn ich es esse?

Ich behielt das Walfleisch für einige Tage im Van und rührte es nicht an. Erst als ich einige Zeit später meinen Rucksack packte, um mit Alex und Joan zum berühmten Segla auf Senja zu wandern und zu klettern, packte ich es ein. Irgendwie schien mir dieser Kontext gerecht und passend. Wo, wenn nicht an einem der ikonischsten Orte Norwegens, sollte ich das Fleisch verkosten? Wir kamen nach dem Aufstieg auf dem zugeschneiten Plateau an, von dem aus sich der berühmte Segla wie ein Denkmal zum Himmel reckt. Es war kalt, aber wir zogen unsere Jacken aus, um nach dem anstrengenden Aufstieg in die kalte Winterluft zu dampfen. Ich setzte mich auf einen kleinen Felsen und hatte den Segla genau vor mir. Außerdem hatte ich Hunger. Der Moment, der kurz darauf folgte, ist bis heute mein norwegischster Moment. Dazu muss ich erwähnen, dass ich mir 2018, bei meinem Disco-2-Trip, eine Messermanufaktur an der Westküste ausgeguckt hatte, wo ich mir den Traum von einem handgefertigten norwegischen Taschenmesser erfüllte. Dazu besuchte ich den kleinen Betrieb, der sprichwörtlich direkt am Fjord liegt, und wühlte stundenlang in den Regalen des Fabrikverkaufs. Ich fand ein tolles Klappmesser, dessen

Schaft aus norwegischer Birke gefertigt ist. Bis heute begleitet es mich auf allen Wanderungen und bei anderen Pseudo-Überlebenseinsätzen in freier Wildbahn. Auch bei diesem Trip war es dabei. Und bei aller verständlichen Kritik, die man als Außenstehender äußern kann, lag in dem Moment etwas sehr Schönes und Harmonisches: als ich mit meinem norwegischen Messer, am Segla sitzend, eine Scheibe geräuchertes Walfleisch abschnitt, wo es natürlich nichts anderes machen konnte, als zu schmecken. Segla, Messer, Walfleisch, Winter – in diesen vier Komponenten vereinten sich alle meine großartigen nordischen Erfahrungen der letzten Monate und Jahre.

Wir aßen zusammen und staunten andächtig. Dann zogen wir spontan Regenhosen über, weil der gesamte Schnee auf dem Berg überfroren war, und rutschten mehrere Hundert Höhenmeter auf unseren Hintern gen Tal. Joan hatte zwar keine Regenhose, aber seine graue Jogginghose, die sehr elegant mit seinen profillosen Leder-City-Boots harmonierte, wies erstaunlich gute Rutscheigenschaften auf. Dieser verrückte Mann aus Valencia bewies mehrfach, dass es nicht unbedingt auf die Kleidung ankam, sondern auf den reinen Willen und die pure Freude am Tun.

Auf diesem Trip verlieh Joan meinem Tisch auch das besondere Axt-Finish, das manchmal Getränke zu Fall bringt. Wir mussten Feuerholz für einen Senja-Grillabend machen und seine große Motivation ließ ihn aus Versehen schon im Van damit anfangen, als er die Axt aus der Halterung nahm.

Kapitelabschluss-Witz

Krasse Enthüllung: Was sagt man über bettnässenden Wikingernachwuchs in England?
Wicki leaks.

Kapitel 9
Nordlicht

MEIN ERSTES NORDLICHT

Ich kam dank meiner überraschend guten Kältebeständigkeit mehrfach, um nicht zu sagen oft, in den Genuss, tanzendes Nordlicht zu sehen, während mein Mund offen- und die Zeit stillstand. Vor allem dann, wenn man die halbe Nacht »auf der Jagd« war und nach viel Abwarten, Umherfahren und Appschecken endlich belohnt wurde. Manchmal, zu Nordlicht-Stoßzeiten, die in den Wintermonaten öfter mal stattfanden, musste man nichts machen, außer nördlich des Polarkreises zu sein und aus dem Fenster zu schauen. Bevor ich meine Sichtungen als Vanlifer näher beschreibe, möchte ich noch mal meine allerersten Nordlichterfahrungen durchleben, die ich fast vergessen hätte, wenn ich nicht gerade so intensiv in meinen Aurora-Erinnerungen schwelgen würde.

Mein erstes Nordlicht sah ich völlig unerwartet. Gegen Ende August 2018 parkte ich meinen Disco-2 auf einem kleinen Campingplatz auf Senja. Die felsige Insel liegt ein paar Stündchen nördlich der Lofoten. Sie ist etwas weniger populär, steht der lofotschen Atemräuberei jedoch in nichts nach – und steckt voller norwegischer Magie. Ich stellte mich auf eine von mehreren großen, lang angelegten Schotterterrassen, die wie gigantische Treppenstufen durch steile Grashänge voneinander abgetrennt waren. Es war kaum was los, trotz pornösem Logenplatz: Nur wenige Meter vor dem Auto lag ein tiefblauer See im Spätsommerschlaf, umringt und behütet von blaugrauen Berggipfeln und grünen Wäldern. Vereinzelt brach goldenes Blattwerk wie Mosaik hindurch – der Herbst stand vor der Tür. Während ich in meiner puristischen Außen-/Kofferraumküche Abendessen kochte, saßen auf der Stufe über mir drei italienische Schweizer vor ihrem Camper und stießen mit norwegischem Bier auf den beginnenden Sonnenuntergang an. Wir wechselten ein paar Worte, und später am Abend saß ich spontan mit in ihrem Camper. Es gab einige Runden Bier und Rommé. Und Sportzigaretten, aber nicht für mich. Rauchfrei! Die drei Familienväter, allesamt Mitte bis Ende 40, fuhren jedes Jahr zusammen, ohne ihre Familien, in Urlaub. Freundschaftspflege unter gleichaltrigen Geschlechtsgenossen. Coole Sache. Die drei konnten optisch, charakterlich und beruflich kaum unterschiedlicher sein, aber sie hatten viel Spaß und strahlten unglaublich viel Positivität aus. Plötzlich sagte einer von ihnen, dass gleich Nordlicht auftauchen würde – das erste des Jahres! Wir sprangen auf, hüpften raus und starrten in den klaren Nachthimmel. Ich hatte keine Ahnung, wonach genau ich

Ausschau halten sollte, aber allein der Blick in die funkelnden Sterne, weit weg von alledem, was euphemistisch als »Zivilisation« durchgeht, lohnte sich.

Doch plötzlich tat sich etwas. Wie flüssiges Licht schlängelte sich ein blassgrüner Streifen magischer Materie von den Bergen erst über den Fjord und dann über unsere Köpfe hinweg. Wow! Wir feierten. Wir jubelten. Und verharrten zwischendrin ergriffen in völliger Stille. Als sich das Spektakel verzog, taten wir das auch. Es war schon spät. Ich lag zufrieden im Schlafsack und machte gedanklich einen großen Haken hinter mein Spontan-Erlebnis. Nordlicht? Check! Wie töricht dieser Haken war, wurde mir dann in der folgenden Nacht klar. Die drei Väter waren schon wieder *on the Road*, und ich durfte ein sehr freundliches niederländisches Ehepaar um die 50 als meine neuen Nachbarn begrüßen. Auch sie, so erfuhr ich bei einem kleinen Plausch, kamen extra wegen des Nordlichts hierher. Um *»big northern lights!«* zu sehen, waren sie in einem winzigen, sporadisch ausgebauten Kastenwagen unterwegs.

Als sich der Tag zur Nacht abschminkte, lag ich völlig erledigt im Auto, eine stundenlange Wanderung in den Knochen. Die gute Nordlichtprognose hatte ich vergessen, und meine Augen hatten sich schon meinen schweren Schlaflidern ergeben, als ich von draußen plötzlich das juchzigste Juchzen meines Lebens vernahm. Begleitet von viel niederländischem Kichern und begeistertem Aufheulen warf ich schnell warme Kleidung über und purzelte aus der Hintertür meines Discos. Nicht, dass das erste Nordlicht nicht schon spektakulär gewesen wäre, aber was sich uns in dieser Nacht an diesem Himmel über diesem Senja bot, war einmalig. Eine unwirklich funkelnde Brandung aus schillernden Grüntönen brach schroff herein und tanzte ebenso anmutig wie gespenstisch am Himmel. Die Farbe Grün zeigte sich in völlig neuen Dimensionen, und das tollkühne Nordlicht hielt auch mit violetten, blauen und rot-orangenen Tönen nicht hinterm Berg am anderen Fjordufer. Es war, als würde man einen schwer erziehbaren Regenbogen auf einem Acid-Anabolika-Trip beobachten. Keiner von uns hatte je zuvor Derartiges gesehen. Unermüdlich tanzten die Lichter, und wir kleinen Narren reckten unsere kleinen Smartphones (mit schnöder 2018er-Technik) Richtung dieser gottesgleichen Erscheinungen, um den blasphemischen Versuch zu wagen, jene Magie mit unseren digitalen Faustkeilen einzufangen. Heute weiß ich: Selbst richtig geile Kameras mit ebensolchen Objektiven und den nötigen Aufnahmeeinstellungen können nicht kopieren, was solche Momente wirklich transportieren. Sie fangen nur die Oberfläche ein, nicht die Tiefe. Nicht die Magie. Nicht die Emotionen. Nicht das Unbeschreibliche.

Als der niederländische Mann erschöpft gute Nacht wünschte, starrten seine Frau und ich noch den letzten zappelnden Glühwürmchen am Himmel hinterher. Und dann sagte sie etwas, das ich hätte ahnen können, wenn ich ihr bei unserem vorherigen Plausch ein feinfühligeres Ohr geschenkt hätte. Sie sagte: »*Now I can die.*« In jenem Moment besiegelte meine knisternde Gänsehaut, dass sich sowohl das Nordlicht als auch die menschliche Komponente ins Undenkbare gesteigert hatten. Nordlicht zu sehen, war einer ihrer letzten Wünsche.

Die wackligen, unscharfen, nahezu lächerlichen Nordlicht-Handybilder auf meiner Dropbox verschweigen das alles, aber die Erinnerungen an diese beiden Nächte und Begegnungen liegen unantastbar in meinem mentalen Archiv und halten für immer die ganze Geschichte bereit. Ich habe heute noch die Nordlichtbilder, die sie mir geschickt hatte, denn ihr Samsung konnte etwas bessere Fotos machen als mein iPhone. Ob sie mittlerweile selbst dort oben mit dem Nordlicht tanzt, weiß ich nicht, ich kann es mir aber gut vorstellen.

Ziemlich genau ein Jahr später rollte ich in meinem neuen fahrbaren Zuhause wieder Richtung Polarkreis. Diesmal mit einer besseren Kamera und einem kleinen Stativ. Alle Komponenten eher im Bereich »Amateur«, aber das traf ja auch vollends auf mich zu. Auf alles: Ich war sowohl Amateur-Vanlifer als auch Amateur-Hobbyfotograf. Geil! Ich liebe das Gefühl, wenig Ahnung davon zu haben, was ich gerade mache. Ärgerlich war nur, dass ich die Datenpflege zu lasch nahm und trotz externer Festplatte sowie digitaler Back-up-Optionen Hunderte großartige Bilder verloren hatte. Dieses Gefühl liebte ich nicht.

Da auch die vielen Nordlichtnächte, die ich noch erleben durfte, von den Menschen lebten, mit denen ich sie verbrachte, tragen die folgenden Kapitel die Namen derer, mit denen ich ergriffen nach oben schaute.

BEELZEBUS – KATJA UND BJÖRN

Es war circa Ende September oder Anfang Oktober 2019, als ich auf einer großen Zubringerstraße auf das industriell geprägte Kiruna zurollte. Kiruna ist die größte Stadt im nordschwedischen Niemandsland. Eine riesige Erzmine, ein Skigebiet sowie ein kleines Industriegebiet mit vielen praktischen Geschäften für Vanlifer prägten den raubeinigen Charme der kalten Stadt. Kurz zuvor hatte ich mich ortsnah noch mit neuem Angelequipment ausgestattet. Und mit Handschuhen! Denn der Wind peitsche in diesem Herbst täglich feister aus der Manege. Ich hatte, wie so oft, keinen Plan, ich wollte einfach nur »weiter nach Norden« fahren. So weit, bis es nicht mehr weiter mit dem Auto nach Norden gehen würde, aber ohne zu hetzen. Ich wollte nun erst mal einen naturnahen Campingplatz finden, an dem ich Strom haben würde, um zu arbeiten und am liebsten ein Gewässer vor der Nase, um den nicht beißenden Fischen meine neue Angel zu zeigen. Und auch, um mal wieder heiß zu duschen. Wäsche waschen wäre auch nicht verkehrt. Kaum war die gedankliche Wunschliste fertig geschrieben, erhaschte mein peripheres Sehfeld ein handgedengeltes Schilderpotpourri am Straßenrand, das alle diese Wünsche über einfache Icons wortlos kommunizierte: Ich sah einen Fisch, eine Waschmaschine, einen Stecker für Strom und eine Duschbrause. Perfekt! Der Platz hielt, was die Schilder versprachen. Ich parkte mit Frontscheibenblick auf den See und stöpselte Strom an, denn mit Sonnenenergie ließ sich Ende Oktober nicht mehr viel holen. Die Urlaubssaison war vorbei. Nur noch die, die es wirklich wollten, waren jetzt noch hier oben. Funfact: Eines dieser wenigen Autos kam aus Bad Kreuznach, also unweit meiner Heimat. Ich hatte das vertraute Kennzeichen nicht bemerkt, aber als ich am zweiten Tag arbeitete und bei leicht geöffnetem Fenster etwas ausgleichende Frischluft inhalierte, ertönte plötzlich ein vertrautes »Gude!« jenseits des Polarkreises. Sein Ursprung war ein netter älterer Herr auf Reisen. Wir babbelten kurz, dann fuhr er weiter.

Es lag noch kein Schnee, der See war noch flüssig, aber morgens ruhte bereits eine dünne Schicht Eis auf allen Bäumen, Wiesen, Hüttendächern und Autos. In der anderen Ecke des Platzes entdeckte ich einen spektakulären Bus. Ein alter Mercedes-Benz, genauer gesagt, ein 508D von 1984. So alt wie ich, aber etwas schöner erhalten. Neben einem grandiosen Dachträger, der eher einer Dachterrasse glich, überzeugte der Ein-Zimmer-Oldtimer durch eine düstere Folierung, die aussah, als würden Hitchcocks Vögel den Schwarzwald angreifen. Ich wusste sofort, dass ich den Hobel schon mal auf Instagram in meiner Vanlife-Blase gesehen hatte. Als ich den Besitzer bei nächster Gelegenheit draußen sah, lief ich rüber, um mich in ausgiebiger Lobhudelei bezüglich seines Meisterwerks zu üben. Mein positiver Zuspruch stieß auf offene Ohren, und wir plauderten ganz spontan für gute zwei Stunden bei klirrender Kälte, bis es noch dunkler und noch kälter wurde. Zumindest für mich. Björn, so hieß der schwedische 508D-Besitzer, hatte die Kälte nicht wirklich wahrgenommen. Warum auch. Waren ja nur knapp null Grad, und wir hatten immerhin Pullover an – leider trug ich diesmal nicht meinen Merino-Norweger. Mit der warmen Strickware war ich auch schon recht kälteresistent geworden, aber in anderen, *normalen* Pullovern war jeder deutsche Zugvogel noch winterfester als ich.

Weil unser Plausch unter gleichgesinnten Van-Enthusiasten durchweg unterhaltsam verlief und ich mit meinen Angel-Skills leicht übertrieben hatte, verabredeten wir uns für den nächsten Morgen um 7:30 Uhr am hölzernen Ruderboot des Platzes für eine morgendliche Ausfahrt zum Fischen. Unsere spontane Packliste: Angel, Wollmütze, dicke Jacke, dicke Socken und eine große Thermoskanne mit Kaffee.

Das freundliche Goldgelb der Morgensonne log wohlige Wärme übers vereiste Gelände und den nebligen See, als wir mit kleinen Augen losruderten. Nach einigen Zügen an den Rudern und am Kaffee ließen wir uns treiben, um die Angeln am gegenüberliegenden Ufer auszuwerfen. Unsere Augen wurden langsam größer, dank des Kaffees und der tollen Landschaft.

Ich kann nicht mehr genau sagen, ob es mein erster oder zweiter Wurf war, aber ich vollbrachte tatsächlich das Undenkbare. Noch während ich in der Auswurfbewegung war, platschte es plötzlich laut neben mir im Wasser. Ein großer Fisch? Nein. Die Kurbel meiner Spule hatte sich gelöst und fiel neben mir ins Wasser. Ich war kein Experte für Angelequipment, wusste aber trotzdem sofort, dass sie da nicht hingehörte. Der Grund, warum wir nach einer ganzen Seeumrundung und Hunderten Würfen mit Björns Angel nichts gefangen hatten, war garantiert, dass die Fische selbst noch länger und lauter weitergelacht hatten als wir.

Kleine Frage: Wenn ein Fisch unter Wasser direkt vor sich einen leckeren, sich köstlich windenden Wurm schweben sieht, fragt er sich dann, ob die Sache einen Haken hat?

Jedenfalls war diese kalte, sehr fischarme, aber sehr unterhaltsame Ausfahrt der Beginn einer guten Freundschaft, die sich kurz darauf um Björns Freundin Katja erweiterte. Katja hatte die unvergleichliche Folierung des Busses designt. So was machte sie als Artdirectorin und Folien-Pro auch beruflich. Da ich zu dem Zeitpunkt fast so schlecht fotografierte, wie ich angelte, freute ich mich, mit Katja eine professionelle Fotografin an meiner Seite zu wissen, die mich in die wunderbare Welt der Nordlichtfotografie einführen würde. Nur wenige Tage nach unserer ersten Begegnung brachen wir als kleine Vankolonne in die lappländische Wildnis hinter Kiruna auf, um einige Tage an einem Fluss im Nirgendwo zu stehen und das berühmte Nordlicht zu genießen. Ganz ohne Lichtverschmutzung, abgesehen vom eigenen Lagerfeuer. Zuvor legten wir noch einen kleinen Vorrat an Dosen-*öl* mit und ohne Alk, *brød, ost* und Unmengen an schwedischen Industrie-Bratwürsten, aka *grillkorv*, an. Bei klirrender Kälte am knisternden Feuer schmeckt eine etwas zu kross flambierte Bacon-Cheese-*grillkorv* einfach geil. Plus: Die unzähligen E-Stoffe (E wie ekelhaft!) in den Dingern halten den Körper von innen warm.

Die frühe Abenddämmerung setzte bereits ein, als wir die Vans V-förmig am Seeufer drapierten, um in der Mitte eine Feuerstelle einzurichten. Dabei weihte Björn mich in einen alten Wikingertrick ein: Auf der Rückseite der Feuerstelle, also da, wo man selbst nicht sitzen möchte, muss ein langer flacher Stein aufrecht stehen und den restlichen Steinkreis wie eine kleine Wand überragen. Denn ist dieser Stein mal heiß, klebt der Rauch wie magisch daran, zieht steil empor, und man sitzt rauchfrei an der Vorderseite. Klappt fast ausnahmslos gut, und wenn man dafür sensibilisiert ist, erkennt man solche Feuerstellen zuhauf in Schwedens Wäldern. Bestimmt hat Wickie vor Hunderten von Jahren für diese Erfindung kurz an seiner (oder ihrer?) Nase gerieben.

Nach einer kleinen Stärkung saßen wir noch am Feuer, und ich wühlte mich unter Katjas Anleitung durch das Menü meiner Sony-Kompaktkamera, an der man tatsächlich alle Einstellungen manuell vornehmen konnte. Nach meiner Handy-Nordlicht-Pleite im Vorjahr wollte ich diesmal geile Aurora-Fotos mein Eigen nennen. Also hatte ich noch zu Hause eine kleine Sony gekauft und sogar ein eigenes Stativ dabei, das allerdings nur einen knappen halben Meter hoch war. Dadurch verbrachte ich nicht nur jene Winternacht, sondern viele weitere in starker Bodennähe, zumeist kniend, sitzend oder gar liegend. Das war sicherlich einer der Gründe, warum sich meine Winterfestigkeit so schnell und so enorm verbesserte. Meine letzte Lungen-OP war noch keine acht Monate her und trotzdem wurmte ich wie selbstverständlich auf eisigem Boden neben meinem kniehohen

Kamerastativ und konnte kerngesund das Leben genießen. Ich glaube, in dieser Nacht sprach ich einen Satz zum ersten Mal aus, der nachfolgend zu einer Art Slogan für mich wurde: »*Vanlife saved my life!*« Sicherlich wäre ich zu Hause nicht gestorben, aber mit *life saven* muss ja nicht zwingend das Gegenteil von sterben gemeint sein, sondern zum Beispiel auch davon, nicht richtig zu leben.

Während uns gegen halb neun abends ein Lichtmix aus Feuerschein und blauem Handylicht aus den minütlich gecheckten Aurora-App-Screens um die roten Wangen strahlte, näherte sich das grüne Wunder von oben. Die App-Vorhersagen waren fantastisch, keine einzige Wolke stand am Himmel, die Show versprach gut zu werden. Wir positionierten uns ein Stück abseits der Vans, um dem Feuerschein zu entkommen. Da ich weder mit der Philosophie der Langzeitbelichtung, noch mit der Wissenschaft rund um die Blendenöffnung praktisch vertraut war, schoss ich als Generalprobe noch rasch einige manuell eingestellte Probefotos vom schillernden Sternenzelt. Dabei lernte ich *last minute,* dass ich den Selbstauslöser nutzen musste, um nicht durchs Direktabdrücken die Langzeitbelichtung zu verwackeln. Gerade noch rechtzeitig konnte ich diese Einstellung vornehmen, bevor ein satter grüner Fluss wie aus dem Nichts über uns hinwegglitt. Anders als einen Fluss kann ich es nicht beschreiben. Wie Flüssigkeit, wie Plasma, wie Licht im falschen Aggregatzustand rauschte Aurora Borealis absolut geräuschlos über den Himmel. Finnische Forscher haben dem Nordlicht zwar Knister-Sounds nachgewiesen, aber in diesen

Genuss kam ich noch nicht. Ich hörte definitiv nichts, nur die begeisterten Ausrufe meiner Freunde und meiner selbst. Auf diese verbale Form der Begeisterung ist in Anwesenheit des Lichts immer Verlass. Bei ausnahmslos allen Nordlicht-Sichtungen meines Lebens habe ich Menschen in gelöstes Jubeln ausbrechen hören. Selbst, wenn ich völlig allein irgendwo war, musste ich meine eigene Begeisterung laut vor mir selbst ausdrücken.

Wir fotografierten, filmten und staunten, bis sich der Licht-Fluss langsam wabernd vernebelte und das Ende des Stroms wie der Schwanz einer magischen Schlange verschwand. Dieser starke, gefühlt ewig andauernde Strom war die perfekte Trainingseinheit für mich. Ich konnte die Kamera-Settings, -Knöpfe und -Rädchen jetzt flüssig bedienen und hatte einige tolle Bilder im Gepäck. Zum Abschluss gab's noch ne Runde Feuer, Bier und ein paar Gutenachtgeschichten.

Kleine Vanlife-Amateur-Anekdote: Am nächsten Morgen wachte ich mit leerem Wassertank auf. Warum? Mein Wassersystem ist schlauerweise mit einem Temperaturfühler ausgestattet, der kurz über 0 °C ein Ventil öffnet, um Eis in den Leitungen zu vermeiden. Eigentlich cool, aber gleich am ersten Tag vom mehrtägigen *Offgrid*-Parken kein Wasser mehr zu haben, war semioptimal. Zum Glück war es kalt und somit konnte ich für meine benutzten Teller, Tassen, Pfannen und diversen Körperregionen dieselbe Taktik anwenden: einfach ungereinigt mehrfach benutzen. Oder, wenn's wirklich sein musste, schnell mal grob abreiben. Trinkwasser hatte ich zum Glück noch. Damals hatte ich noch kein Alb

Filter-System verbaut und kaufte mein Trinkwasser noch separat. Krasser Aquaamateur!

Die Tage dort draußen waren ein Genuss. Still. Langsam. Chillig. Einfach entschleunigend. Ich hatte sogar ein paar Tage frei. Die Abläufe ähnelten sich, aber jede Minute war etwas Besonderes. Wir tranken Frühstückskaffee am Feuer, wir lachten ohne Sorgen, hatten Spaß ohne Internetempfang, angelten ohne Fische und grillten Phosphatschläuche ohne Nährwert.

Zusammen mit Beelzebus verbrachte ich in den darauffolgenden Wochen noch unzählige weitere Nordlichtnächte von Schweden bis auf die Lofoten. Björn und Katja sind, wie der Bus von außen schon verrät, der Gothic-, Heavy-Metal-, Death-Metal-, Black-Metal-Szene zugehörig und lieben die dunkle Seite des Lebens. Sie tragen gern Schwarz, haben sich Vampir-Schneidezähne einbauen lassen und in ihrem Van findet man neben satanischen Motiven auch einen echten Totenkopf auf dem Armaturenbrett. Kennt man die beiden jedoch etwas besser, merkt man sofort, dass das alles nur Fassade ist. Sie sind so herzlich, dass sich sogar ein frommer Christ eine Scheibe davon abschneiden könnte.

Björn ist sogar so wenig *evil*, dass er noch nicht mal einen geangelten Fisch töten kann. Und wenn's doch mal sein muss, fürs Abendessen oder so, kriegt er sofort Zwiebelschäl-Augen. Meistens gibt er ihnen einen liebevollen *bussbuss* auf den Kopf und lässt sie, mit beiden Händen sanft umschlungen, ganz vorsichtig zurück ins Wasser gleiten. Junge,

Junge, wenn Satan das wüsste, wäre er sofort raus aus dem Club! Ich liebe den schwarzen Humor der beiden und bewundere ihr großes Herz – außen *gothic*, innen goldig.

Unsere Wege trennten und kreuzten sich immer mal wieder. Eine kleine Pre-Abschiedsparty, die wir auf den Lofoten feierten, möchte ich hier unbedingt noch in meinen Beelzebus-Nordlicht-Anekdoten verewigen. Es war mittlerweile Anfang November, und die spitzen Berge der Lofoten trugen durchweg weiße Mützen. Egal wie eklig nasskalt es am Tag war, die absurde Schönheit der Lofoten machte aus jeder noch so tristen Wetterlage etwas Besonderes. Zur Abwechslung waren wir für eine Nacht auf einem Campingplatz direkt am Skagsanden Beach eingekehrt. Eigentlich hatte der Platz gerade zu, denn Wintersurfer waren keine da, aber die Besitzer ließen uns nach einem kurzen Telefonat rein, sodass wir heiß duschen und Wäsche waschen konnten. Netterweise schenkte uns das ältere, herzliche Besitzerpaar auch noch eine Ladung Feuerholz für unser kleines Abschieds-BBQ. Die Feuer- und Grillstelle lag direkt am Strand, man hörte die schwarzen Winterwellen klirren, und die dunklen Steilwände links und rechts des Strands trugen stolz ihre vom Mond illuminierten Schneekuppen zur Schau. Kurzum, es hätte schlimmer sein können. Da mich meine Vergangenheit als Koch mehr und mehr einholte und mich zur Reduktion meines unkontrollierten Phosphatschlauch-Konsums animierte, warteten heute feinste Rindersteaks aus diversen Rückenbereichen auf ihren Einsatz über lodernder Birkenglut. Notiz an mich selbst: Für den Preis von vier hochwertigen Rindersteaks in und aus Norwegen kriegt man in anderen Ländern eine ganze Rinderfarm samt Belegschaft. Aber die glücklichen Rinder, die hier so vielfältig auf den saftigen Weiden weiden, sollten einem jeden Cent wert sein. Abgesehen von meinen skandinavischen Käse-Bacon-Grillwurst-Momenten kaufte ich zumeist nur die feinsten lokalen Schmankerln. Als gelernter Koch ist das ein fortlaufender Reflex. Und ich bin auch echt schon zu alt für das klassische Dosenravioli-Vanlife *on a budget.*

Während dieser Nahrungsmittel-Geld-Überlegungen fällt mir spontan ein, wie ich mal nachts am Strand, allerdings in Australien, wie ein König aß, ohne einen Cent zu bezahlen. Ein paar Freunde und ich hatten damals unser Lager, das aus Schlafsäcken um eine Feuerstelle bestand, in einer kleinen Bucht in Agnes Waters aufgeschlagen. In der ersten Nacht dort lagen und saßen wir vergnügt ums Feuer, als wir uns plötzlich fragten, ob wir unseren Augen und Ohren wirklich trauen konnten. Binnen weniger Sekunden war der ganze Strand von extrem hektischen, seitwärts laufenden Krebsen übersät, die alle so wirkten, als hätten sie sehr wichtige Termine vor sich – oder den Herd angelassen. Oder beides. Der gesamte Abschnitt des Strands, den der Feuerschein fürs Auge freigab, wuselte, zischelte und tippelte. Die Abertausenden Füßchen spielten eine nächtliche Symphonie auf Millionen von wohl temperierten Sandkörnern. Es wirkte fast so, als würden die faustgroßen Krebse durcheinanderrufen und übereinandersteigen wie nach der morgendlichen Börsenöffnung. Aber so blöd sind Krebse ja nicht, dass sie was mit der Börse zu tun haben wollen. Doch leider sind sie überaus lecker, was uns in der zweiten Nacht dazu veranlasste, einen großen Stein in der Mitte des Feuers zu erhitzen und zu warten, bis uns die Natur das tippelnde Buffet wieder eröffnete. Das tat sie kurz später, und wir pflückten in schlaraffenländlicher Manier mehrere Hände voll Krebse. Trotz der Fülle war dafür durchaus Körpereinsatz gefragt, denn sie waren, wie gesagt, sehr hektisch unterwegs. Auf dem glühend heißen Stein angekommen, hatten die Krebse keine Sekunde zu leiden und waren in wenigen Sekunden *à point* gegart und obendrein mild geräuchert. Jeder Biss war eine kulinarische Hommage an die lodernden Feuer von Francis Mallmann sowie an die Einfachheit, die Freiheit, das Leben und den Tod. Obwohl das ein oder andere Sandkorn beim Kauen störte, haben mir danach nie wieder irgendwelche Schalentiere so gut geschmeckt. Auch nicht die feinsten Hummer, die ich rund zwei bis drei Jahre später als Kochazubi kochen musste. Tim Mälzer beschrieb dieses Phänomen sinngemäß so: Kein Gericht, das man irgendwo im Urlaub genossen hat, kann zu Hause, zurück im Alltag, noch einmal genauso gut schmecken. Auch dann nicht, wenn man es 1:1 nachkocht. Ich denke das auch. Essen schmeckt komplett anders ohne den Blick aufs Meer, ohne die Atmosphäre, ohne den besonderen Moment. Der Ort und der Seelenzustand sind essenzielle Zutaten, die über alles und nichts entscheiden.

Zurück auf den Lofoten: Wir entzündeten mit kalten Fingern ein Feuer, um uns wie labbrige Pizza vom Vortag behutsam aufzuwärmen und eine perfekte Glut für unsere Steaks zu erhalten. Es war scheißkalt, denn die Nacht war sternenklar. Was jedoch gut für eine gute Sicht war, falls sich hungriges Nordlicht von unserem delikaten BBQ angelockt fühlen sollte.

Manchmal liest man an deutschen Supermarktkassen auf den Covern dieser kleinen Rezept-Pornoheftchen Titel wie »So wird ihre Grillparty unvergesslich«, doch nur selten wird den gluthungrigen Lesern und lüsternen Nudelsalat-Junkies vorgeschlagen, ein Feuer in Strandnähe zum Nordmeer zu entzünden, um dann einige bacardihohe norwegische *dry-aged* Weiderind-Steaks unter den neidischen Blicken aufgeregten Nordlichts zur Perfektion zu garen. Schade. So eine Ausgabe würde sich bestimmt gut verkaufen!

Wenngleich ich in der Nacht mein Handwerk beim Steakgrillen verstand, war ich als Fotograf nach wie vor ein Amateur. Daher ist meine Aufnahme, auf der das Feuer, die Steaks, der Strand, das Meer und das Nordlicht vereint zu sehen sind, leider nur semiansehnlich geworden. Ich konnte von diesem Abend neben einem Glücksgefühlvorrat, der locker bis Ostern reichen sollte, noch drei wichtige Erkenntnisse mitnehmen: 1. Tim Mälzer hat recht. 2. Eine skandinavische Grillparty kann auch ohne Bacon-Käse-Phosphatschlauch im verkohlten Knuspermantel Spaß machen. 3. Wenn man mal ganz in Ruhe grillen will, sind die Lofoten im November zu empfehlen.

PETER

Für dieses Nordlicht-Kapitel muss ich einige Wochen zurückspulen, auf Anfang Oktober oder vielleicht auch Ende September. Plus/Minus Herbstanfang. Aber geografisch bleiben wir auf den Lofoten. Diese Jahreszeit ist uneingeschränkt zu empfehlen, wenn man auf güldne Herbsttöne in entspannter Atmosphäre steht. Kaum ein Fleckchen Erde trägt die klassischen Farben des Herbstes so souverän und natürlich zur Schau wie das schroff-steile Inselgrüppchen. Der Anblick war im wahrsten Sinne nur damit zu toppen, dass sich auf die einzigartige, wenngleich oft nur sehr bodennahe Herbstflora ein dünner Film aus Schnee verirrte, der den nahenden Winter wie ein stummer Bote ankündigte. Doch die Sonne erinnerte den übermotivierten Boten bis zum Mittag daran, dass er noch ein paar Tage zu früh dran war. An jenem Tag rangen wattige Wölkchen vor blauem Himmel mit weißen Gipfelchen vor orange-gelben Bergrücken um meine Aufmerksamkeit. Sichtlich angetan vom holden Spiel um meine Gunst schlenderte ich einen kleinen Pfad neben einem Rastparkplatz entlang und machte ein paar Fotos von der schönen Szenerie. Zurück am Auto begrüßte mich ein Belgier mit umgebautem Camper-Pick-up. Wir kannten uns bereits flüchtig. Ich parkte irgendwo schnöde am Straßenrand, um schnell was zu arbeiten, und er klopfte spontan an, weil ihm mein Auto gefiel. Solche Begegnungen aus gegenseitigem Autointeresse finden unterwegs erstaunlich oft statt. Und erstaunlich oft entstehen daraus nachhaltige Freund-

und Bekanntschaften. Während unserer zweiten Begegnung auf dem Parkplatz kam ein Dritter mit Kamera in der Hand hinzu und begrüßte den Belgier. Die zwei kannten sich auch schon. Wir führten dann zu dritt ein kleines Lofoten-Standard-Gespräch über Naturschönheit, Nordlicht und *must go places*. Wer sich zu dieser Jahreszeit irgendwo da oben aufhält, ist mit großer Wahrscheinlichkeit auf Nordlicht-Jagd. Nach nur wenigen Minuten Gequatsche lud mich der Dritte im Bunde, Peter, dazu ein, ihn auf Senja zu besuchen. Er sagte, er habe dort ab der übernächsten Woche ein Haus an einem Fjord gemietet und dass ich ihn gern besuchen könne. Da ich ohnehin wieder Senja bereisen wollte, sicherte ich ihm meine baldige Anwesenheit ohne langes Überlegen zu. Solche Momente liebe ich am Vanlife. Man entdeckt blitzschnell Gemeinsamkeiten, ohne sie überhaupt auszusprechen. Die Tatsache, dass man gleichzeitig dort ist und im Auto wohnt (auch wenn das bei manchen nur temporär zutrifft), sowie das dauerhafte Tragen einer Kamera und eines Grinsens reichen völlig aus. Nach dem fünfminütigen Männerplausch verteilten wir uns wieder sternförmig vom Parkplatz über die Lofoten, da jeder von uns individuelle Pläne und Himmelsrichtungen anstrebte.

Einige Tage später fuhr ich über die große Brücke, die mich vom norwegisch-festländischen Finnsnes nach Silsand auf Senja führte. Ich freute mich darauf, diesmal die Teile von Senja zu sehen, die ich bislang nicht kannte. Orte, die durch ihre einzigartige Schönheit Weltruhm erlangten und zu den meistfotografierten Spots der Welt gehörten. Wie etwa die

Devil's Teeth oder die unverwechselbare Gipfelformation des Segla. Senja ist so unfassbar schön, dass man seine feuchten Augen nur allzu gern auf die kalten Winde schieben möchte.

Nebst Landschafts-Flashs in Dauerschleife freute ich mich auch auf die Zeit mit Peter. Er wirkte extrem gechillt und war, das sah ich seiner Kamera sofort an, ein ambitionierter Fotograf und nachtaktiver Nordlichtholic. Meine Fahrt zu Peter verlief ja leider, wie ich in »Winterreifen mit Spikes« ausführlich beschrieben habe, recht unplanmäßig. Den Teil lasse ich weg und spule vor bis zu der Stelle, an der ich »Hallo, Peter!« sagte. Das Haus empfing mich rot, der Fjord blau und der ganze Rest weiß. Der Himmel gab sich durchwachsen. Mal Sonne, mal Wolken, mal ein Schneestürmchen zwischendurch. Das Haus war groß und gemütlich, viel Holz, vereinzelt hingen gruselige Gemälde herum, typisch nordnorwegisch. Wir redeten, machten Abendessen und stellten uns auf eine lange Nacht ein, denn die Nordlicht-Vorhersagen klangen bestens. Da Peter einen Mercedes-Kombi mit adäquaten Winterreifen hatte, wollten wir nachts mit seinem Auto die Insel erkunden, schöne Spots mit guter Kulisse anfahren und reichlich Nordlicht sehen. Der Plan ging auf. Inklusive einiger Shots vor weltberühmten Kulissen. Die erste Nacht auf den leeren weißen Straßen Senjas hatte so viel Spaß gemacht, dass wir das noch für zwei oder sogar drei Nächte fortsetzten. Tagsüber stiegen wir zweimal auf den Segla – wir waren nicht zu bremsen. Senja blieb sprichwörtlich menschenleer, die Insel gehörte nur uns. Da ich nachts mit meiner Mini-Sony-Kompaktkamera nur mühsam die manuellen Einstellungen wechseln konnte, vor allem wegen der dicken Handschuhe, durfte ich mir in einer der folgenden Nächte Peters Ersatzkamera leihen, eine Sony Alpha 2, und erste Erfahrungen mit einer *richtigen* Kamera machen. *No offence* an meine kleine Kompakt-Sony – du bist trotzdem ein geiles Gerät!

Obwohl ich leider die meisten Bilder auf Peters Kamera eher unscharf mit nach Hause nahm, was ausschließlich an mir lag, war ich trotzdem begeistert. Ich war sicher, ich würde in Zukunft noch mehr fotografieren und bräuchte daher auch ein entsprechendes Upgrade. Einige Wochen nach dieser Nacht, als ich kurz vor Weihnachten mit der Fähre in Puttgarden auf Fehmarn ankam, kaufte ich mir spontan mein Weihnachtsgeschenk an mich selbst: eine Sony Alpha 3. Wie zu erwarten, benutze ich sie seither deutlich weniger als angenommen, doch meine Freundin verwendet sie mittlerweile beruflich im Van für Produktfotografie, Stop-Motion-Produktionen etc. Das Universum sorgt immer für Fügung, man muss halt nur irgendwas anbieten, damit es was zum Fügen hat.

Trotz meiner Wackelbilder habe ich viel von Peter gelernt, und wir sind gute Freunde geblieben. Da er Koch ist, und ich einer war, haben wir einiges gemeinsam. Er betreibt heute das Restaurant seiner Familie, den Gasthof zum Adler im Luftkurort Westerheim auf der Schwäbischen Alb. Mittlerweile hat er auch einen Van und eine Van-Freundin. Bis demnächst, Peter und Mia!

STEFFI

Auch meine Freundin Steffi bekommt ein kleines Nordlicht-Kapitel. Allerdings ohne Nordlicht. Spoiler: Bis zum heutigen Tag glaubt sie nicht ans Nordlicht. Aber meine Mission läuft noch! Als sie im April 2020 spontan bei mir einstieg, um Van, Life und Liebe zu teilen, waren wir am anderen Ende von Europa, in Südportugal. Trotz der Distanz zum Polarkreis, trotz der warmen, südländischen Surfervibes, trotz der Schönheit der portugiesischen Steilküsten und der endlosen Strände, konnte ich nicht aufhören, ihr vom Nordlicht zu erzählen. Der Norden war mir einfach ans Herz gewachsen. In manchen Momenten redete ich mich beim Beschreiben des magischen Nordlichts dermaßen in Fahrt, dass ich von blitzenden Schlänglein und farbig tanzenden Zünglein schwadronierte, als hätte ich einen Zug an des Studenten Anselmus »Knaster-Pfeiffe« genommen. (E.T.A.-Hoffmann-Fans werden diese Anspielung lieben). So verstrichen die Tage im Süden voller Nordlicht-Blabla, bis Steffi es kaum noch hören konnte. Als wir im Dezember 2020 dann endlich gemeinsam in die nördlichsten, verschneitesten und vereistesten Gefilde Schwedens fuhren, wollte ich ihr zeigen, wovon ich ihr monatelang ins Ohr gesäuselt hatte. Wir verabredeten uns dort oben mit Peter, denn auch er war wieder auf der Jagd nach dem grünen Himmelsgold, diesmal auch per Van.

Wir trafen uns mit Peter irgendwo zwischen Jokkmokk und Gällivare. Steffi und ich hatten die Nacht an einem kleinen Seehafen verbracht. Am Vorabend liefen wir bei klirrender Kälte auf einen Betonausleger, der den Hafen begrenzte, um mit Blick auf den See großartiges Nordlicht mit Wasserspieglung sehen und fotografieren zu können. Das wäre ein super Auftakt für Steffis erste Polarnacht gewesen! Und da die App viel versprach, versprach ich ihr auch viel. Leider stellten wir uns beide als Lügner heraus. Außer dünn-blassem, hellgrünem Gespinst zeigte sich nichts, trotz nahezu wolkenlosem Himmel. Die Kamera konnte zwar über die manuellen Einstellungen mehr herausholen, aber wir kamen ja nicht für Fotos, sondern in erster Linie fürs gemeinsame Live-Erlebnis unter Liebenden. »Na ja, egal«, dachte ich mir, wir hatten ja noch einige Nächte vor uns. Vor lauter Nordlicht-Tunnelblick übersah ich aber, dass meine Freundin, die zu 50 Prozent aus portugiesischen Genen besteht, schon nach einer Stunde außerhalb des Vans um ihre Zehen bangte. Die neuen Winterschuhe, die neuen dicken Socken und die zwei Knick-Heizkisschen waren den zehn kleinen, ignoranten Schuhbewohnern einfach völlig egal. Undankbares Pack!

Am nächsten Tag machten wir uns mit Peter und einem weiteren Van aus Bayern, einem coolen T3 Syncro, auf den Weg in einen Nationalpark, um bei einem warmen Feuerchen an einem felsigen, wasserfallartigen Rauschebach Nordlicht zu sehen. Die Location war wunderschön. Hinter dem Bach standen Fichten auf Bergen bis weit hinter dem Horizont. Darüber funkelten Sterne, und die Wolken lagen wohl alle schon im Bett. Wir rieben uns am Feuer die Hände, um sie zu wärmen, aber auch, weil wir dachten, dass es gleich so richtig losgehen würde. Doch auch in dieser Nacht hielt es die Nordlicht-Magie wie Steffis Fußzehen und war einfach nicht spürbar. Es grünte mal wenig, mal noch weniger für circa zwei Stunden in der Ferne, dann sagten wir uns traurig gute Nacht.

Als Nächstes fuhren wir einen Ort an, den ich aus meiner Erfahrung als absoluten Nordlicht-Garanten eingestuft und gegenüber Steffi auch ungehemmt so angepriesen hatte: Wir fuhren nach Abisko. Genauer gesagt, an den kleinen Hafen von Abisko, wo man Blick auf viel Wasser und Berge hat. Abisko ist nicht nur wegen seiner nördlichen Lage die schwedische Hochburg des Nordlichtfrönens, sondern auch, weil es mitten in der Natur liegt, selbst recht klein ist, und es dadurch keine Lichtverschmutzungen gibt. Ich verbrachte fast genau ein Jahr vorher eine Nacht an diesem kleinen Hafen und erlebte einige der grünsten Stunden meines Lebens. Und buntesten, denn das Nordlicht gab Vollgas. Zuerst stand ich nachts allein am Pier, aber auf einen Schlag gesellten sich immer mehr Menschen mit immer unterschiedlicheren Sprachen dazu. Kurze Zeit später zielte eine Hightech-Artillerie aus Kamera-MGs auf drahtigen Stativen gen See und war für alles gerüstet, was von da draußen kommen mochte. Als es endlich losging, wurde wild geknipst und laut gejubelt. Das Übliche halt. Der spiegelglatte See übertrug die volle Himmelsshow sogar ganz ohne Aufpreis auf einen Zweitbildschirm. In dieser Nacht schoss ich meine bis dato besten Bilder.

Mit diesen Erinnerungen im Gepäck – und in Steffis Ohr – konnte es eigentlich nur enttäuschend werden. Und ja, die

App zeigte wieder super Werte an. Am Arsch! Wir standen verfroren am gleichen Pier wie ich einst, doch die Show fiel leider gänzlich aus. Vermutlich waren die Lichter gar nicht so schwach, die Kamera konnte große Bögen aus Grün erhaschen, doch der Himmel wirkte wie tot. Dicke, schwere, haushohe Nebelschwaden lagen auf dem See und auf unseren Gemütern. Wir packten ein, fuhren die steile, eisige Hafenzufahrt hoch und suchten uns einen Schlafplatz. Das Jahr zuvor schlief ich einfach mitten im Hafen, aber mittlerweile habe ich meine anfängliche Abenteurer-Naivität, die sich oft in Dreistigkeit ausdrückte, fast verloren. Aber unweit von Abisko, neben der einzigen Landstraße nach Kiruna, lag ein schöner Parkplatz, an dem wir mehrmals schliefen. Dort kamen und gingen auch einige andere Vanreisende, und es gab ein beheiztes Toilettenhäuschen in gutem Zustand. Nicht nur wegen des warmen, güldenen Lichts im Inneren wirkte jenes entlegene WC wie ein Nugget im vereisten Sieb der anspruchslosen arktischen Gemütlichkeit. Ob wir darin auch unser Geschirr gewaschen haben? Na klar. So ein warmes WC-Häuschen mit fließendem Wasser kann man sich auch als Küche schönreden, wenn draußen der Winter tobt und man das Wassersystem im Auto eh abgestellt hat.

ALEX UND JOAN

Mit Alex aus Main, USA, und Joan aus Valencia, Spanien, durfte ich ebenfalls mehrere, sehr besondere Nordlicht-Momente teilen. Wir lernten uns auf den Lofoten bei Runhild kennen. Eines Donnerstags im späten November 2019 kam uns die Idee, einen Wochenend-Trip nach Senja zu unternehmen. Die beiden waren noch nie da gewesen. Ich kam zwar quasi gerade von dort, aber das war definitiv kein Argument. Unser Plan: Freitagmorgen losfahren, Sonntagabend wieder zurück in Reine sein. Ich checkte kurz die Strecke auf dem Handy – knappe zehn Stunden Fahrt für die einfache Strecke auf überwiegend kleinen, vereisten Straßen und kaum Tageslicht. Alles, klar: »*Let's do it!*«

Kann ja nicht so schwer sein, *friday* hin und *sunday* wieder zurück.

Freitagmorgen rollten wir motiviert los. Wir kannten uns zwar nur seit wenigen Tagen, aber wir waren zum Glück alle ähnlich irre und ansonsten sehr verschieden. Für unterwegs hatte ich mir ein kleines persönliches Ziel gesetzt, um die Anstrengungen der langen Fahrt gaumenschmeichelnd abzumildern. Ich wollte – und tat es auch – an jeder Tankstelle, an der wir hielten, einen der berühmten skandinavischen Tankstellen-Phosphatschlauch-Hotdogs verputzen. Natürlich nur echt mit Bacon und Käse! Aufgrund der Straßenbedingungen fuhren wir insgesamt elf oder zwölf Stunden. Was das umgerechnet in Hotdogs bedeutete, weiß ich leider nicht mehr. Einige.

Jedoch hielten uns unterwegs nicht nur die winterlichen Straßenbedingungen auf, sondern auch plötzliche Nordlicht-Erscheinungen. Es ward finster und auch so bitterkalt, als uns linker Hand ein grüner Strom auf der E6 überholte. Freitagabends ist die Hauptschlagader des Nordens aber eher eine Krampfader am Arsch der Welt und man kann einfach mitten auf der Straße anhalten, parken, den Motor abstellen und ganz gemütlich Stative zum Fotografieren aufbauen. Alex, seines Zeichen Fotoenthusiast mit ansehnlichen Skills, fing den Moment in wirklich schönen Aufnahmen ein. Und den Ort: Eine lange, vereiste Straße inmitten einer endlos verschneiten Landschaft, die von ein paar Bergen und dem Nordlicht eingerahmt wird. Und in der Bildmitte parkte mein orangefarbener Bus.

Einige Stunden später erreichten wir das AirBnB auf Senja. Alex, der sich den Trip am meisten gewünscht hatte, ließ nicht nur die ein oder andere Tankfüllung springen, sondern auch die gemütliche Behausung für drei. Kaum angekommen, entließen pralle Dosenbierverschlüsse zischend ihren inneren Druck, und kleine *Snus*-Pakete machten es sich an unseren Backenzähnen gemütlich.

Joan konnte seine schier unerschöpfliche spanische *hospitality* nicht zügeln, weshalb es bereits nach wenigen Minuten in der Küche brutzelte und rauchte. Es roch nach einer buttrigen Pfanne voller Eier, die unter einer Käselawine verschüttet waren. Perfekt! Während des Aufenthalts und auf der Rückfahrt waren uns die Nordlichtgötter wohlgesonnen und schenkten uns noch viele coole Sichtungen.

Eine der außergewöhnlichsten grünen Nächte hatten wir aber einige Tage später, wieder zurück im beschaulichen Reine auf den Lofoten. Wie im Kapitel »Wandern« erwähnt, ist die dorfeigene Miniaturkopie der Eiger-Nordwand, der Reinebringen, kein Sonntagmittagsspaziergang. In Anbetracht der guten Nordlichtprognosen ließ Alex jedoch gegen 21 Uhr verlauten, dass er sich demnächst auf den Weg machen würde, um den Reinebringen bei Nacht zu besteigen. Denn, und da hatte er recht, von dort oben Nordlicht zu sehen, musste unfassbar geil sein. *»A once in a lifetime experience!«*

Ich kannte die Strecke und den Aufstieg, aber bei Nacht, bei Eis und Schnee, in eiskalter Luft, war mir mulmig zumute. Ich hatte auch Angst um meine lungenbedingte Fitness, die viel mehr Luft nach oben hatte als ich zur Verfügung. Langer Rede, kurzer Zweifel: Gegen 23 Uhr zogen Alex, Joan und ich mit dicken Klamotten und fetten Erwartungen los. Bereits auf den ersten Stufen, die im Schein unserer Kopflampen eisig glitzerten, wurden wir gipfelhungrig. Über uns und dem Berg tobten schon grüne Vorboten. Wildgewordene Adrenalinmoleküle pumpten durch unsere Körper, um in unseren Adern mit Endorphinen zu schwimmen. Wir wurden schneller und schneller. Alex, der extrem gut trainiert war, flog die Stufen geradezu hinauf. Wir kommunizierten trotz Entfernung mit uns und dem Universum, indem wir lauthals wie Wölfe in die Nacht heulten. Das Grün am Himmel wurde stärker, meine Beine schwächer, aber ich wurde wie magisch nach oben gezogen. Als Joan und ich die letzten vereisten Meter unterm Gipfel ohne helfende Stufen gemeistert hatten, erwartete uns ein oberkörperfreier, aus allen Poren dampfender Alex mit Bier in der Hand. Sein Blick war mindestens genauso faszinierend wie der auf das nächtliche Reine von dort oben. In der Ferne funkelten die anderen kleinen Dörfer entlang der Bundesstraße 10 und über uns die Sterne. Wir heulten in den Nachthimmel und feierten uns härter, als es die ersten Everestbezwinger taten. Um dem Himmel noch näher zu kommen, kletterten wir vom Aussichtsplateau eine Stufe höher, auf den echten Gipfel. Obwohl ich diesen finalen Aufstieg tagsüber nicht gewagt hatte, empfand ich die Idee jetzt – bei Nacht, bei Eis und Schnee – als die beste überhaupt. Ein schmaler Grat führte uns zu einer etwas steileren Passage, an deren oberem Ende der höchste Punkt des Reinebringen wartete. Links und rechts fielen 450 Meter steiler Fels ab. Unten legte sich die Bundesstraße 10 in einer fast kreisrunden Kurve um den Fuß des Berges. Nahezu leichtfüßig erklommen wir die Spitze, völlig high von körpereigenen Drogen, die nur durch solche kleinen Abenteuer ausgeschüttet werden können. Das Universum belohnte uns mit spektakulärem Nordlicht, das fast zum Greifen nah über uns hinwegfegte. Ich schoss dort oben ein Foto von meinen beiden Freunden, auf das ich sehr stolz bin. Vor grasgrünem Himmel bedient Alex gerade seine Kamera für das nächste Bild, während Joan mit beiden Händen in den Hosentaschen fast schon unverschämt lässig gen Himmel blickt. Danach gingen wir zurück zu dem kleinen Plateau, setzten uns auf die Felsen direkt über Reine und machten Selfies von uns mit den gelben Lichtern zu unseren Füßen und den grünen über unseren Köpfen.

Gegen 3 Uhr waren wir zurück im schönen Catogården, saßen mit dampfenden Socken am offenen Kamin, füllten die Backen mit Bier und *Snus* und empfanden tiefe Dankbarkeit.

OLI

Nein, ich habe keinen anderen Oli getroffen. Ich meine mich auf eine ganz egoistische, pseudophilosophische, amateur-psychologische und künstlich *deepe* Weise selbst. Es ist aber nun mal so, dass ich mich beim nächtlichen Jagen von Nordlicht durchaus neu oder wenigstens ein bisschen anders erleben und kennenlernen durfte. Eine gleiche Erfahrung verspreche ich allen, die dieser Aktivität ebenfalls mal allein nachgehen werden. Was als leicht unterkühltes Blind Date bei grünem Kerzenschein mit mir selbst losging, entwickelte sich zu gemäßigter, bisweilen sogar euphorischer Selbstliebe. Und zu einer unschuldigen Freude an der bloßen eigenen Existenz. Meine nächtlichen Solo-Nordlichtjagden haben mich verändert.

Einmal fand ich mich für so ein Selbst-Date zu späterer Abendstunde am Fuße des Hausbergs von Tromsø ein. Tromsø ist eine wunderschöne Stadt etwas nördlich von Senja. Das Einzugsgebiet dieser arktischen Perle reicht vom offiziellen norwegischen Festland, dieser Teil heißt Tromsdalen, bis auf eine Insel namens Tromsøya inmitten einer großen Nordmeerzunge der zerklüfteten nordnorwegischen Küstenlandschaft. Hinter Tromsøya folgt noch die Insel Kvaløya und danach dann nur noch ewiges Blau. Die Meerenge zwischen Tromsdalen und Tromsøya heißt Tromsøysund. Man kann die kalten Fluten des Tromsøysund auf zwei Arten über- bzw. unterwinden: über die Brücke Tromsøbrua oder durch den Tromsøysund-Tunnel. Der erwähnte Hausberg auf dem Festland trägt, die meisten werden es bereits erahnen, auch »Trom« im Namen. Nämlich – Trømmelwirbel – Tromsdalstinden. Er misst stattliche 1.238 Meter. Ihm vorgelagert thront sein kleiner Bruder, der Storsteinen mit dem Tromsø Utkikkspunkt, von dem aus man die Stadt, die umliegenden Fjorde und Berge sowie die besondere arktische Magie bewundern kann. Der Aussichtspunkt lässt sich, wie auch der Reinebringen, über handgefertigte Sherpa-Treppen aus handgedengeltem Vollstein erklimmen. Zugegeben, den Trip von der ersten bis zur letzten Stufe habe ich nur tagsüber ganz durchgezogen, aber für die nächtliche Nordlichtjagd rammte ich mein Stativ irgendwo auf halber Strecke ins Eis, um gute Fotos zu schießen.

Tromsø war gänzlich in Eis gehüllt. Alle Straßen, alle Gehwege, alle Parkplätze, einfach alles, was im weitesten Sinne als Boden bezeichnet werden konnte, lag unter einer glänzenden Winterlasur. Ich parkte an der Talstation der Fjellheisen. Die Seilbahn befördert Menschen in zwei großen Gondeln nach oben und wieder nach unten – auch nachts, wegen des Nordlichts. Als angehender Amateur-Abenteurer verspürte ich jedoch kein Interesse, mich in so einer Touribüchse ohne Schwitzen und ohne Schnappatmung auf eine höhere Position befördern zu lassen. Mit einem leichten Anflug von Überheblichkeit zog ich erst meine Spikes über die Schuhe und dann ganz brav ein Parkticket für den Gegenwert eines Restaurantbesuchs aus dem Automaten. Tagsüber hatte ich hier schon mal einen Strafzettel abgeräumt, also wollte ich nun auf Nummer sicher gehen. Außerdem wurde das Parkticket sofort mit fetten Nordlichtvorboten belohnt. Das war mein visueller Startschuss! Ich lief los und folgte ein paar Pfaden Richtung der Sherpa-Treppen. Die Nacht war klar, und die Lichter der nahen Stadt vervielfältigten sich diffus im allgegenwärtigen Eis und Schnee der Umgebung. Ich brauchte meine Kopflampe fast gar nicht, aber behielt sie auf. Vor den Treppen gab es einige Passagen, die einfach nur sehr steile Wanderwege waren. Wirklich steil. So steil, dass so mancher, noch unerfahrene Touri von oben kommend an mir vorbei Richtung Tal rutschte. Ich war nicht der Einzige, der die Gondel verschmähte, aber nur die wenigsten trugen Spikes an den Schuhen. Ich kam mir ein bisschen vor wie ein Teilnehmer von *Takeshi's Castle* beim finalen Sturm auf das Schloss. Einige der vorbeirutschenden Touristen waren japanischer Herkunft und schrien lauthals Dinge in die Luft, wodurch ich tatsächlich stark an meine Kindheit vorm Fernseher erinnert wurde. An dieser Stelle liebe Grüße an meine japanischen Freunde Satoshi, Wataru, Anna, Shigue, Sakie und Zukie! Vielleicht fahren wir bald mal mit dem Van zu euch nach Japan.

Konträr dazu joggten zwei Norwegerinnen lässig plaudernd auf Laufschuhen mit Spikes an mir vorbei nach oben. Und als wäre das nicht schon faszinierend genug, trugen sie dabei dermaßen dünne Kleidung, das einem vom Zuschauen kalt wurde. Na ja, einmal Wikinger, immer irre.

So langsam erreichte ich eine Höhe, die einen guten Halbdraufblick auf Tromsdalen, Tromsøya und Tromsøysund freigab. Ich suchte eine Stelle, wo keine Bäume im Weg standen, und baute mein Fotoarrangement auf. Fast wie abgesprochen, zog von links sogleich schönes, wenn auch nicht allzu krasses Nordlicht über die Stadt, die aus Millionen von Lichtquellen leuchtete. Es war dieser Mix aus Spikes an den Füßen, brennend-kalter Luft in der Lunge, den ganzen Troms-Dingern unter mir und dem Nordlicht über mir, der mich dazu brachte, einfach mal mich selbst zu feiern. Denn ohne mich wäre ich gar nicht hier.

Danke, Oli.

NORDLICHT-FAZIT

Nein, niemand, den ich traf, hieß Fazit. Aber ich möchte am Ende dieses Kapitels die Chance nutzen, um meine Erfahrungen und Gedanken bezüglich des Polarlichts zu bilanzieren.

Ich will hier jetzt nicht ausschweifend von Sonnenstürmen und dem Erdmagnetfeld faseln, dafür gibt's ja die *Sendung mit der Maus* und andere Formate. Ich habe auch ehrlich gesagt viel zu wenig Ahnung von den Details zur Entstehung des Nordlichts und keinen Bock, diese jetzt zu recherchieren. Nordlicht ist für mich trotzdem etwas ganz Besonderes – oder vielleicht auch deshalb, weil ich es rational eben noch nicht ganz verstanden habe. Ich liebe es nicht nur wegen seiner unglaublichen Erscheinung, sondern auch weil alle anwesenden Menschen von seiner speziellen Atmosphäre verzaubert werden. Man jagt es, man fotografiert es, man liebt es, man glaubt es kaum, man friert für es, man redet un-

unterbrochen von ihm (laut Sami darf man das aber nur bei Nacht!), man teilt es und man kann es nie wieder vergessen. Und alle Menschen, die wie hypnotisiert und ergriffen nach oben staunen, spüren irgendwie alle das Gleiche im Herzen. Etwas Vergleichbares passierte mir zum letzten Mal, als David Hasselhoff in seiner blinkenden Lederjacke die Berliner Mauer niedersang.

Kapitelabschluss-Witz

Welchen einfachen Ferienjob hatte Norwegens hammerwerfender Junggott, bevor er ein gefeierter Weltstar wurde?
Garagenthor.

Kapitel 10
Going south – Sommer-Vanlife

SOMMER-VANLIFE VERSUS WINTER-VANLIFE

Zwischen Winter- und Sommer-Vanlife liegen meistens nicht nur viele Kilometer, Breitengrade und Jahreszeiten, sondern Welten. Nur beim Wasser gleichen sich die beiden Vanlife-Varianten: Es gibt zu wenig. Im Winter muss man sein System leeren, um Frostschäden vorzubeugen, und im Sommer duscht man öfter und spült sein Geschirr häufiger, weil sich Dreck unter Wärmeeinfluss einfach anders verhält als bei null Grad. Hat man Meer, Fluss oder See in der Nähe, geht man darin duschen oder baden, aber ohne braucht man Wasser. Man duscht zwar generell weniger, aber zu zweit gehen trotzdem ein paar Liter drauf. Wenn man im Van und in der Natur unterwegs ist und länger nicht duscht, fällt einem oft erst in der Zivilisation wieder auf, zum Beispiel beim Einkaufen oder im Café, dass man einen gewissen Reiseduft trägt. Eine Dusche im Van ist echt kein Muss, wenn man nur länger Urlaub darin macht, aber in einem Hauptwohnsitz finde ich sie essenziell wichtig.

Bei den Fenstern verhält es sich anders, die sind beim Sommer-Vanlife konstant auf und beim Wintercamping überwiegend zu. Bis auf das gute alte, zweimal tägliche, urdeutsche Stoßlüften für eine akkurate Entmuffung des Innenraums. Für eine befriedigende Stoßlüftung kann es draußen im Grunde auch gar nicht zu kalt sein. Minus 20 °C? Fenster auf! Lüften ist wie »Fisherman's Friends«: Ist es zu stark, bist du zu schwach.

Beim Gasverbrauch herrschte anfangs ungefähr Gleichstand zwischen den Jahreszeiten, doch seit meine portugiesische Lieblingsfrostbeule mit an Bord ist, wird im skandinavischen Winter geheizt, bis der Arzt schwitzt. Während meines Solo-Winter-Vanlifes heizte ich zwar auch, aber nur so viel, um nach der letzten Stoßlüftung im Van wieder über null Grad zu kommen. Daher war mein Gasverbrauch moderat, nur das Kochen zuzelte meine zwei roten Flaschen unentwegt leer. Im Sommer heizt man zwar nicht, aber dann verbraucht der Kühlschrank ordentlich Gas. Denn nur auf Gasbetrieb kühlt er richtig, wenn man nicht am Stromnetz hängt – und meistens stehen wir ja frei in der Gegend herum.

Odin möge mir vergeben, aber zu zweit, samt Hund, bevorzuge ich fast das Sommer-Vanlife ein bisschen mehr, denn es macht den Van größer: offene Fenster, offene Dachluken, offene Schiebe- und Hecktüren, offenes Lebensgefühl. Die einzigen Sommer-Nachteile sind, je nach Land und Region, die unzähligen Fliegen und Moskitos. Und die Sonne kann dem Van sehr, sehr einheizen. Wenn plötzlich mal kein Wind weht, schwitzt man am Laptop sitzend wie Sau, obwohl man gerade gar keine Steuererklärung macht. Dafür trocknen viele Dinge im Sommer schneller, wie Handtücher, Schuhe, Klamotten, Badehosen oder Geschirr. Und die Sonne schenkt uns über die zwei 110-Watt-Panels immer so viel Strom, dass man gar nicht weiß, was man damit alles betreiben soll.

ADJØ NORGE! FARVÄL SVERIGE!

Während ich den geografischen Norden kurz vor Weihnachten 2019 Kilometer um Kilometer hinter mir ließ, um »den« Süden anzupeilen, kamen alle Eindrücke, Erlebnisse und Menschen von dort oben meinem Herzen noch einmal ganz nahe. Und zweien dieser Menschen sollte ich auf einer meiner Touren nach Deutschland sogar noch mal physisch begegnen: Katja und Björn von Beelzebus. Sie hatten mich zu sich nach Gotland eingeladen. Deshalb rollte ich bei Nynäshamn ein bisschen südlich von Stockholm auf eine fette Fähre und schipperte nach Visby auf Gotland. Mein Besuch bei den beiden hatte eine emotionale sowie eine eher praktische Dimension. Das Wiedersehen nach längerer Zeit und nach so vielen gemeinsamen Erlebnissen war sehr intensiv. Und aus praktischer Sicht hielt ich dort, weil Björn, der handwerkliche Alleskönner, mich in die wundersame Welt des Reifenab- und aufziehens einweihen sollte. Es war Zeit, meine Spikereifen loszuwerden. Ich betrat Gotland als Jüngling und verließ es als Mann. Björn hatte mit Kumpels eine große Garage gemietet, in der neben leeren Bier- und Energy-Drink-Dosen auch viel Profiwerkzeug wie eine Hebebühne und sogar eine Reifenmontiermaschine und eine Reifenauswuchtmaschine zu finden waren. Auf Schwedisch heißen sie *Däckväxlare* und *Däckbalanserare*. Klingt definitiv cooler als auf Deutsch. Das hätten aber auch die Namen der skandinavischen Death-Metal-Bands sein können, deren Musik während der Arbeit lief und meine zitternden Steigbügel auf dem Amboss zu Lametta schmiedete. Dazu knallten, rumsten und zischten die pneumatisch bewegten Teile der *Däckväxlare* im Takt. Wir schubsten einen Spikereifen nach dem anderen frisch gefettet von der Felge. Dann zogen wir meine alten Allwetterreifen auf, schraubten die Felgen an, und mein nordwilder Van war nun wieder handzahm und StVO-tauglich. Außerdem bieten Spikes ohne Schnee und Eis eher wenig Halt auf Asphalt.

Katja, Björn und ich aßen und tranken viele lokale Leckereien bei guten Gesprächen, und die beiden Gothic-Schätzchen zeigten mir fast alle Winkel ihrer besonderen Insel. Sowohl die Natur Gotlands als auch die alten Städte, wie Visby, sind wunderschön. Als Steffi und ich im Juli 2021 vorbeischauten, landeten wir nachts bei einer inoffiziellen Aftershow-Party des weltberühmten, mehrtägigen Mittelaltermarkts neben der großen Burganlage von Visby. Dabei wurden wir Zeugen eines Ereignisses, das sich tief in unsere Seelen und Herzen brannte. Vor der Kulisse der gigantischen Stadtmauern versammelten sich Hunderte voll gewandete Knappen, Mägde und Gaukler im Vollrausch, um sich den niederen Dienstgrad der letzten Tage aus dem System zu feiern – aber auch, weil sie Teil von etwas Großem waren, wie eine Familie. Umarmt und umschlungen begossen die mittelalterlichen Statisten und Beschäftigten des Markts ihren verdienten Feierabend mit Met und Dosenbier. Aus den übergroßen wummernden Boxen ballerte das *Main Theme* von *Blade*, das wiederum von den jahrtausendealten Wänden wie von einem Co-DJ zurückgeworfen wurde und über der schwitzenden und springenden Menge wie ein Partyzauber explodierte. Die Meute tanzte nicht, sie eskalierte. Es roch nach heißen Boxen, nassem Leinenstoff und getragenem Leder. Ich kam mir beim Betrachten dieser Energieentladung vor wie die Offiziere im Bikini-Atoll 1956, die im Angesicht der gleißenden Intensität der gezündeten Atombombe neue Frisuren erhielten. Dieses Spektakel werde ich niemals vergessen. Ich verspüre sogar eine tiefe Dankbarkeit, es bezeugen zu können. Beim bloßen Gedanken daran wippt mein Kopf leicht zum Beat.

Zurück zu meinem Besuch im Dezember 2019: Das schöne Visby bot noch viel mehr auf. An einer Straßenecke im alten Teil der Stadt konnte ich den Drehort des Krämerladens aus den *Pipi-Langstrumpf*-Filmen erkennen. Unweit dieser Stelle fiel Björn nachts mal nach ein paar Bieren eine kleine Steilwand von knapp zehn Metern Höhe hinab und brach sich dabei auf wundersame Weise nur einen Arm. Er landete auf der saftigen Wiese einer großen Kirche. Darüber, ob göttliche Fügung im Spiel war, kann man nur spekulieren – Björn, der alte Hobby-Satanist, wollte davon jedoch nichts wissen.

Bevor ich abreiste, versagten Björn und ich noch auf unserem kleinen Männer-Walkabout in Gotlands Wäldern, den ich weiter oben schon beschrieben habe, dann fuhr ich melancholisch winkend los. Erst mit der großen Fähre aufs Festland, dann mit einer kleineren Fähre vom dänischen Rødby ins deutsche Puttgarden auf Fehmarn. Nach einer Nacht ohne Internetempfang in Deutschland sowie nach mehreren Stunden Stau auf der A7 traf ich kurz vor Weihnachten in meinem Heimatdorf ein. Ich verbachte ein paar Tage bei meiner Familie sowie bei Freunden und parkte mit dem Van auf einem Weingut in der Nähe, das ganzjährig Stellplätze anbietet. Doch schon Mitte Januar juckten die Tausenden kleinen Ärsche der Hummeln in meinem großen schon wieder so doll, dass ich aufbrechen musste.

ANDORRA KOMMT MAN NICHT VORBEI

Andorra war die letzte kalte Station vor meinem südlichen Sommer-Vanlife – und meine letzte große Bildungslücke in Zentraleuropa. Denn ich muss zugeben, dass ich von der Existenz Andorras noch gar nicht so lange wusste, bevor ich es bereiste. Mein alter Jung-von-Matt-Kollege Lars machte mich erst aufmerksam und dann heiß darauf. Und entgegen meinen Vermutungen hatte James Cameron nichts mit dem Land zu tun. Andorra war tatsächlich echt, niemand hatte blaue Haut, und es lag zum Glück annähernd auf meiner Route zwischen Frankreich und Spanien. Das Fahren durch die Vorläufer der Pyrenäen machte mir ohnehin großen Spaß, also wollte ich noch ein bisschen tiefer in die Berge hineinfahren – und hinauf. Die Landschaft war wunderschön, dünn besiedelt, es roch überall nach geräuchertem Essen, nach weidenden Tieren, und ich vermisste meine beiden Freunde Schnee und Eis, die ich in Skandinavien lieben gelernt hatte. Außerdem wollte ich meine dicken Klamotten noch mal gut begründet anziehen, bevor sie in den Tiefen meines Vans eingemottet werden sollten. Auch mein Snowboard wollte ich nicht länger ungenutzt durch die Gegend fahren. Bereits auf der Strecke Richtung Andorra zog mich die Silhouette der Berge wie magisch an. Am letzten Abend in Frankreich beobachtete ich einen strahlenden Sonnenuntergang von einer Landstraße aus, der die Berge Andorras wie ein tiefschwarzes Relief inszenierte. ›Noch einmal schlafen!‹, dachte ich mir und tat es dann auch.

Falls ich erneut nach Andorra reisen sollte, was ich hoffe, wird es garantiert nicht noch mal an einem Freitagnachmittag sein. So schön die windigen Passstraßen mit ihrem 360-Grad-Panorama auch sein mögen, wenn man sie im schlimmsten Stau seines Lebens genießen muss, ist die Luft irgendwann raus. Abertausende Wochenend-Skitouristen füllten die Straßen in beiden Richtungen. Sowohl im Rückspiegel als auch in der Frontscheibe sah man selbst in weiter Ferne noch Kurven und Windungen zwischen den Bergen hervorblitzen, die leise vom ewigen Stillstand erzählten. Was bei Tageslicht begann, wurde zu einer leuchtenden Schlange in totaler Finsternis. Andorra gilt vielleicht wegen der Steuern als Paradies, aber hinterm Steuer wirkte es an diesem Tag eher wie die Hölle. Meine Kupplung ist in diesen drei bis vier Stunden für wenige Kilometer mindestens um 50 Jahre gealtert, denn das Bergstädtchen, das ich ansteuerte, lag deutlich höher als gedacht – es ging nur bergauf. Gerade noch rechtzeitig, bevor mein zweiter Gang vor Langeweile eingehen wollte, durfte ich das Nadelöhr passieren, das den Monsterstau verursacht hatte, und rollte dann in ein überraschend wenig befahrenes Städtchen ein. Auf einem großen Asphaltparkplatz am Ortsrand, aber mit tollem Blick, machte ich halt. Nachdem ich für eine Nacht dort ein Vermögen am Automaten an der Schranke bezahlt hatte, musste ich feststellen, dass Andorra nicht in meinen Mobildatenvertrag integriert war. Ich wusste kurzzeitig echt nicht, wen ich mehr scheiße finden sollte: O2 oder das bergige Fürstentum?

Fast pleite vom Parken und dem extra Datenpaket in Tarifzone 2, schlenderte ich ins Stadtzentrum, das durch atmosphärische Leuchtmittel Weihnachtsmarkt-Flair versprühte und sich auch sonst recht gemütlich gab. Wie ich später herausfinden sollte, handelte es sich um Andorra la Vella, die Hauptstadt des bergigen Ländchens. Ich kaufte noch schnell zwei Dosen lokales Bier kurz vor Ladenschluss, huschte durch belebte Straßen voller Menschen mit schicken Ski- und Snowboardklamotten, wunderte mich über den omnipräsenten Geruch von Weed an allen Ecken und legte dann im Van die Füße hoch, um einen Campingplatz mit WLAN für die nächsten Tage zu finden.

Fündig geworden, parkte ich am nächsten Morgen auf einem Platz mitten in Andorra la Vella. Sehr eng, sehr schmal, sehr voll, aber irgendwie wunderschön. Direkt daneben rauschte der Riu Valira in klarsten Blautönen vorbei. Man wohnte gefühlt im Flussbett und lag etwas tiefer als die Stadt, zu der man regelrecht aufschauen musste. Hinter imposanten alten und neuen Bauten schossen die schneebedeckten Berge empor. Ich verbrachte fast eine Woche bei strahlendem Sonnenschein dort, da einiges an Arbeit anstand und ich konstant WLAN brauchte. Hin und wieder fuhr ich mit dem Van an schöne Orte ringsum, zumeist mit Aussicht, und parkte abends wieder auf meinem Zehn-Quadratmeter-Kunstrasen ein.

In Andorra kostet Benzin sehr wenig, und auch Menschen-Sprit ist lächerlich günstig. Eine Flasche Jack Daniel's stand dort zum Beispiel für wenige Euro im Schaufenster eines hochprozentigen Schnäppchenladens. Mein 25-jähriges Ich wäre innerlich vor Aufregung fast kollabiert, doch zu dieser Zeit war ich eher clean. Sogar Bierchen mit Alkohol waren die Ausnahme. Deshalb ließ ich alle Flaschen im Schaufenster. Außerdem hätte ich es vor Ort trinken müssen, denn die Ausfuhr von steuerfreien Spirituosen ist strafbar. Wie ernst die fürstentümliche Polizei den Export von Alkohol und Zigaretten nimmt, bemerkte ich beim Ausfahren an der Grenze. Der Polizist leuchtete mit seiner baseballschlägergroßen Taschenlampe in alle Ritzen meines Vans und stellte mir parallel etliche Fragen. Dann stieg er murmelnd, aber ohne Fundstücke aus und winkte mir in einer Bewegung zum Abschied sowie zum Weiterfahren.

Mit einem vollen Dieseltank zu 98 Cent pro Liter rollte ich in Spanien ein. Ich mochte Andorra, obwohl der Handybetrieb dort teurer war als einmal Volltanken. Zum Snowboarden kam ich leider nicht. Ich fuhr zwar nach der Arbeit mal einen Skilift an und beobachtete das Treiben, aber irgendwie tat ich es nicht. Doof. Irgendwann hole ich es nach!

Danke, Avatar!

PICOS DE EUROPA

Im Laufe meines Vanlifes musste ich lernen, viele Dinge neu zu denken und neu zu entdecken. Dazu gehörte zum Beispiel Spanien. Im Januar 2021 zeigte sich Spanien über weite Teile von Schnee und Eis bedeckt. Die vielen Warnschilder entlang der Autobahnen hatten mich mit ihrer Schneekettensymbolik zu anderen Jahreszeiten belustigt bis verwirrt. Im Winter ergaben sie Sinn. Auf den vielen Plateaus, wie etwa um Madrid, wird's arschkalt im Winter. An einer Autobahnraststätte Richtung Valladolid waren sogar die Toiletten eingefroren.

Meine zweite große Spanienlektion lag in seiner überraschend diversen geografischen Beschaffenheit. Dass die ein oder andere Sierra etwas höher als der Meeresspiegel liegen würde, hatte ich mir gedacht, aber mit alpinen Bergwelten wie den Picos de Europa hatte ich nicht gerechnet. Auch nicht im hügeligen Nordspanien. Das Kalksteinmassiv ist mit seinen zackigen Gipfeln das Aushängeschild des Kantabrischen Gebirges. Größtenteils liegen die »Gipfel Europas« im wunderschönen Asturien, wo die Menschen ihre keltischen Wurzeln pflegen – eine interessante Symbiose aus Nord- und Südeuropa. So wie in den autonomen Gemeinschaften Kastilien und León sowie Kantabrien.

Wäre ich 2023 nicht mal wieder über die Nordroute durch Spanien gefahren, hätte ich diesen besonderen Flecken vermutlich weiterhin übersehen. Doch zum Glück kam es anders! Die Landschaft ist außergewöhnlich schön und sehr eigen. Die entfernte Verwandtschaft zu den Pyrenäen lässt sich nicht leugnen, aber die Dolomiten und die Alpen allgemein sind sicherlich auch noch irgendwo im Stammbaum zu finden.

Mein Wecker genoss bereits seinen frühen Feierabend, als ich bei völliger Dunkelheit um kurz vor 5 Uhr vom kostengünstigen Van-Parkplatz zwischen Moñigo und Covadonga in Richtung Passstraße startete. Vor mir lagen mehr Kurven als im *Sommerhaus der Stars* sowie circa 1.000 Höhenmeter und ein grandioser Sonnenaufgang über einem Meer aus Wolken. Ich fuhr hinauf bis zu dem Parkplatz Lagos-Parking Buferrera, von dem aus man zu beiden großen Gletscherseen von Covadonga, Enol und Ercina, wandern kann. Zum Glück war *off-season* und die Auffahrt mit Privatautos noch von 5 bis 7 Uhr morgens erlaubt. Danach durften nur noch kleine Sprinterbusse und erstaunlich gigantische Reisebusse hoch. Die schmalen Straßen waren weder richtig ein- noch richtig zweispurig, irgendwas dazwischen. Beim Hochfahren war ich allein, aber beim späteren Runterfahren kamen diese riesigen Transportmonster unzählbar oft hinter winzigen Kurven hervorgeschossen. Ein absoluter Wahnsinn! Es gibt zwei Orte, an denen man große Reisebusse nicht sehen will: vor einem Kochtopf- und Heizdecken-Lagerverkauf mit Enkeltrickgarantie und auf Bergstraßen wie diesen.

Oben auf dem Plateau, herrschte der reinste Rinder-Garten. Ob die Menschen die vielen Kühe oder die Kühe die vielen Menschen in freier Wildbahn als Attraktion ansahen, wurde zunehmend unklarer. Tobi und ich erkundeten die ganze Hochebene und beobachteten den Himmel beim Übergang von Gold zu Blau. Unter uns lag ein dicker weißer Teppich aus Wolken, der stellenweise die Bergwände hochzukriechen schien, wie von einem Ventilator angepustet. Als es uns dort zu voll wurde, fuhren wir wieder herunter. Dabei gerieten wir in den Wolkenteppich, in dem für einige Höhenmeter wenig Sicht in Sicht war. Die Reisebusse flogen trotzdem unentwegt den Berg hinauf. Meistens passierte ich sie nur auf Gefühl, nicht auf Sicht, und schaute nicht mehr hektisch nach links und rechts in die Seitenspiegel. Kontrollierter Blindflug im Endstadium.

Doch ausgerechnet mit einem der kleinen Sprinter hatte ich auf einer schmalen Brücke leichten Feindkontakt, da keiner von uns bremsen oder zurückstecken wollte. Ein Fehler! Es krachte und kratzte. Doch wir fuhren beide einfach weiter. Unten im Tal parkte ich mit glühenden Bremsscheiben im Colin-McRae-Stil und genoss ein kleines Frühstück auf einer Café-Terrasse am Straßenrand. Während ich mein Picos-de-Europa-T-Shirt aus der Tüte kramte, das ich im angrenzenden Fanshop erworben hatte, rauschten reihenweise Polizei- und Rettungsfahrzeuge gen Passstraße vorbei. Später erfuhr ich, dass einer der Reisebusse von der engen Straße abgekommen war und sich überschlagen hatte. Zum Glück war es an einer Stelle, die weder sehr steil war noch bis ins Tal reichte, alle 49 Insassen überlebten. Manche nur knapp. Trotzdem grenzt es an ein Wunder.

Liebes Spanien, du hast mehr Winter als erwartet und mehr hohe Gipfel als gedacht. Danke, dass du mich von meiner naiven Vorstellung deiner »leicht hügeligen Sommerland-Identität« befreit hast! Für solche Momente liebe ich das Reisen. *Well, what can I say: travelling builds!*

TIERISCHES FRANKREICH

Tier Nummer 1 – le chat

Als ich im Januar 2020 wieder losrollte, freute ich mich, dass Frühling, Sommer und Süden vor mir lagen. In Süddeutschland besuchte ich noch ein paar Freunde, bevor die Straßenschilder endlich Französisch sprachen und die Autobahnen nicht nur langsamer, sondern auch teurer wurden. Abgesehen von der Maut, die man ja auch umfahren kann, bin ich ein echter Frankreichfan geworden. Das große Land ist extrem vielseitig und wunderschön. Entlang des Wegs besuchte ich tiefe Schluchten, bestaunte Berge und chillte am sonnigen Winterstrand der Côte d'Azur. Abgesehen von der Natur sorgten auch einige wundersame Begegnungen für Frankreicherinnerungen, die ich so nicht erwartet hätte. Mit Tieren! Daher spielen sie in den folgenden kleinen Rückblicken die Hauptrollen – Menschen sind nur die Statisten. Allen Filmfans sei vorab schon mal gesagt, dass ich in den maritimen Salzfeldern südlich von Montpellier fast mal Gérard Depardieu begegnet bin. Ganz sicher kann ich es allerdings nicht sagen. Ich hatte zu viel Adrenalin im Blut, weil sein Rottweiler sich liebevoll in meinem Fahrradreifen verbissen hatte und ich ganz besonders lecker nach Angst roch.

Doch zunächst möchte ich von einer eher friedlichen, durchaus magischen Tierbegegnung erzählen, die sich an einem der vielen grandiosen französischen Canyons im Südwesten zutrug. Den Canyon-Namen habe ich leider vergessen. *Merde!* Weil ich dort wild campen und am nächsten Morgen eine nette Aussicht genießen wollte, suchte ich via Google Maps einen hoch gelegenen Ort entlang der Schlucht, an dem man ungestört parken konnte. Nicht unbedingt durfte, aber wenigstens konnte. Gut erreichbar, aber trotzdem weitab vom Schuss. Da ich noch tanken musste, hielt ich in einem kleinen Dorf, in dem es nur eine Tankstelle gab. Also nur eine einzige Tanksäule, die so wirkte, als stünde sie im privaten Carport eines alten Bauernhauses. Es war schon spät, komplett dunkel, die Zapfsäule war analog, und nur aus einer offenen Tür am Haus strahlte warmes gelbes Licht. Von dort hörte man zwei Männer reden. Ich füllte meinen Tank und betrat den kleinen gelben Raum. Die zwei Männer, die gestandene Landwirte waren, musterten mich – und ich tat es umgekehrt auch. Aber ich tat es eher aus Neugier und Bewunderung, nicht aus mangelndem Respekt oder so. An ihren gefütterten Gummistiefeln klebte die lehmige Erde von mehreren harten Arbeitstagen, die bei Dunkelheit begannen und bei Dunkelheit endeten. An ihren ausgewaschenen Jeans zeichneten sich die Spuren von dreckigen Händen ab, die sie dort mehrfach sauber gewischt hatten. Abstrakte Kunst aus klaren Linien durch mehrfachen Farbauftrag. Ihre Jacken waren so abgenutzt wie ihre Hände und Gesichter. Hinter dem Qualm einer fast aufgerauchten Zigarette im Mundwinkel des vorderen Mannes durchdrang mich der Blick offener Augen. Keiner sprach ein Wort. Ich durchbrach die Stille mit einem zaghaften *»Bonsoir?«* und hielt dabei meine Kreditkarte hoch wie ein Pfarrer die Hostie. Es blieb still. *»Je, eh, vö, eh, paymó, eh …«*– scheiße, dachte ich, und dafür war ich wirklich neun Jahre auf dem Gymnasium? Der Mann hinterm Tresen murmelte endlich etwas, aber ich verstand nichts. *»Do you speak Englisch?«*, fragte ich leise, doch daraufhin redeten plötzlich beide ebenso energisch wie laut Französisch mit mir. Oder mit sich. Oder über mich? Keine Ahnung. Ich hielt meine Kreditkarte noch näher an den Tresen, um meiner Bezahlbereitschaft Nachdruck zu verleihen. Als Antwort knallte recht unerwartet ein schweres Kartenlesegerät, vermutlich das Erste, das es jemals gab, auf den Tresen. Der zweite Mann drehte es mit dem Kartensteckschlitz in meine Richtung und zeigte darauf. »*Card!*«, sagte er, und ich steckte meine Karte rein. »*Code!*«, sagte er, und ich gab meine PIN ein. »*D'accord*«, sagte er und fummelte mit groben Bewegungen am Gerät herum. Vorsichtig zog ich den blass bedruckten Minikassenzettel mit meiner zarten »Irgendwas-mit-Medien«-Hand aus seiner kräftigen Landwirt-Pranke. Dann nickten wir uns alle kreuz und quer zu, und ich verabschiedete mich mit einem etwas zu melancholisch klingenden »*Adieu!*« beim Herausgehen.

Dann ließ ich das gelbe Licht der offenen Tür hinter mir und kurz später alle anderen Lichter des Dorfs. Auf stockdunklen, engen Landstraßen und windigen Serpentinen folgte ich blind meinem Navi zu dem Ort, den ich bei meiner Recherche zuvor als »optimal für die Nacht« eingestuft hatte. Ich muss zugeben, dass ich ein mulmiges Gefühl hatte, als ich den finsteren, sehr entlegenen Endpunkt der Straße erreichte, die in eine Art Aussichtspunkt über dem Canyon mündete. Ich parkte in einer Nische neben der Straße, sodass meine Hecktüren dichten Gebüschkontakt hatten, und stieg aus. Trotz mulmigem Gefühl wollte ich den Spot der Wahl noch kurz bei Dunkelheit erkunden. Ich ging auf unebenem Kopfsteinpflaster in Richtung einer kleinen Statue, die wie ein Obelisk aussah, hinter dem das Geländer zu erkennen war, an dem man tagsüber stehen musste, um den Canyon zu bestaunen. Als ich noch etwa zwei Meter vom Obelisk entfernt war, riss plötzlich die dichte Wolkendecke auf, die diese Nacht bisher so besonders dunkel gemacht hatte, und der gleißende Vollmond hüllte das gesamte Plateau wie ein Bühnenspot in sein kaltes gleißendes Licht. Und als käme diese spontane Showeinlage einer Offenbarung nicht schon nahe genug, trat in jener Sekunde hinter der kantigen Steinsäule eine schneeweiße, flauschige Katze hervor, die im Mondlicht zu leuchten schien. Ich erschrak kurz, weil ich keine andere Lebensform an diesem Ort und zu dieser Zeit erwartet hatte – und so eine schöne Katze schon zweimal nicht. Lautlos tapste sie auf mich zu, umgarnte in typischer Katzenmanier meine Beine und erzählte mir in melodischen Miautönen von der Schönheit der Welt. Wir freundeten uns sogleich an und schauten gemeinsam auf den Canyon, der im Mondlicht lag. Im Tal glitzerte ein kleiner Fluss, der im Vergleich zur Weite des Canyons wie ein Rinnsal anmutete. Nach einer Weile des Staunens schlüpfte die weiße Katze elegant durchs Geländer, um in den schwarzblauen Berghängen zu verschwinden wie eine Gämse, und ich ging in den Van. Gleich nach dem Aufwachen fragte ich mich, ob sie noch da sein würde. Ich öffnete gegen halb acht die Schiebetür und noch bevor ich nach ihr rufen konnte, kam sie angerannt. Bei einer Tasse Kaffee für mich und einer Schale mit verdünnter Milch für sie starteten wir gemeinsam in den kühlen Tag. Ich machte viele Fotos vom Canyon, während sie sich auf meine Fototasche setzte, sich putzte und selbstbewusst vor der Kamera posierte. Nach einer Weile kletterte sie auf einen Felsvorsprung einige Meter hinter dem Geländer und machte ein Nickerchen. Wie eine kleine Wattewolke lag sie da, in der gigantischen Weite der steinigen Szenerie. Ich packte leise ein und fuhr von dannen. Zum stillen Abschied taufte ich sie »Mountain Cat«. Hoffentlich sehen wir uns mal wieder!

Tier Nummer 2 – le chien

Einige Tage später suchte ich zwischen Narbonne und Perpignan nach einem Stellplatz in Meernähe. Dabei stieß ich eher zufällig auf einen *Are de Camping*, der viel Platz zum Parken sowie Strom, Frischwasser und eine Servicestation für Abwasser und WC bereithielt. Er war günstig, man roch und sah das Meer – was wollte ich mehr? Allerdings musste ich, um an der unbemannten Schranke Einlass zu erhalten, eine Karte vom strengen Automaten kaufen, die mich Mitglied in etwas werden ließ, dass sich »Camping Car-Park« nennt. Diesen Schritt kann ich jedem nur ans Herz legen, der in Frankreich reisen möchte oder es zumindest, wie wir, sehr oft durchquert. Als Mitglied und Karteninhaber hat man Zugang zu Hunderten dieser Plätze in ganz Frankreich; nicht voll ausgestattet, sondern eben Plätze zum Parken, die das Nötigste anbieten. Oftmals sind sie auf dem Gelände stillgelegter Campingplätze zu finden. Duschen und Toiletten gibt es nicht mehr, aber alle oben aufgezählten Annehmlichkeiten. Je nach Lage und Jahreszeit ist man mit 10 bis 18 Euro pro Nacht dabei. Die 20 Euro Pfand für die Karte haben sich gelohnt, ich kann kaum noch aufzählen, wie oft ich sie schon genutzt habe.

Für Ende Januar war es bereits angenehm warm, und die Sonne stand wegen des angebrochenen Tages schon ein bisschen tiefer. Es waren nur zwei oder drei andere Camper dort, aber der Platz hätte für mindestens 100 gereicht. Um dem schnell schwindenden Licht Tribut zu zollen, schwang ich mich aufs Fahrrad. Fremde Gegenden auf dem Sattel meines E-Horses zu entdecken, versorgte mich regelmäßig mit den essenziellen Cowboy-Vibes, die ich zwischendurch immer mal brauchte. Zuerst erklomm ich einen Hügel hinterm Camping für mehr Übersicht, dann hielt ich Kurs auf die endlosen Salzfelder am Wasser. Die quadratischen Becken waren von teilweise begrünten und begehbaren Erdwällen eingefasst.

Die untergehende Sonne tauchte die Becken in verschiedene Farbtöne von hellgelb bis blass-rötlich, und die salzige Luft hatte Kurort-Qualität – auch wenn sich hin und wieder der Geruch nach totem Fisch in die Meerbrise mischte. Nach einem kurzen Moment des Genießens und Atmens erkannte ich in nicht allzu weiter Ferne einen großen Hund auf dem verzweigten Wegelabyrinth. Ich visierte ihn länger und konnte seine Körperform dann leider der Rasse Rottweiler zuordnen. Auf der Suche nach menschlicher

Zugehörigkeit erfassten meine Augen rund hundert Meter weiter hinten eine rundliche Gestalt, die hinkend und wild gestikulierend in Richtung des Hundes schwankte. In der einen Hand des Mannes tanzte eine Leine, deren Karabiner-Ende leider nicht mit dem Halsband des Hundes verbunden war. Blöde Sache. Der Rottweiler, der nun definitiv auch mich entdeckt hatte und mich ebenfalls anvisierte, schaute aufgeregt abwechselnd zu mir und zu seinem Herrchen, dessen Stimme bruchstückhaft bis zu mir vordrang. Scheinbar gab er dem Hund Kommandos. In dem großen Hundekopf stand nun endlich ein Entschluss fest: »Scheiß auf den dicken Humpel-Opa, ich renn jetzt da hinten zu dem ängstlichen Spielzeug in der orangefarbenen Jacke!« (frei übersetzt aus dem Französischen).

Es war einer dieser Momente, der Sekunden zu Stunden werden ließ. Wie in Zeitlupe galoppierte das monströse Wesen auf mich zu und schien sich dabei selbst mehr und mehr in Rage zu bringen. Im Hintergrund winkte, fuchtelte und keuchte die runde Figur vergeblich ins Nichts. Es war nicht unbedingt so, dass mein ganzes Leben an mir vorbeirauschte, aber ein potenzielles Ende rauschte auf mich zu. Bei dem Versuch, besonnen zu agieren, stieg ich langsam ab, denn ich saß noch halb auf dem Sattel, und verschanzte mich hinterm Rad. Wie ein entschlossener Spartaner legte ich meine beiden Hände wie Mini-Schraubstöcke um die schwarzmatten Rahmenrohre, um tapfer meinen Schild hochzuhalten. Mittlerweile konnte ich sogar sein ungebremstes Schnaufen hören. Die dicken Sabberfäden an seinen Mundwinkeln tanzten wie chinesische Kampfdrachen im Gegenwind. Ich versuchte, meine ängstlichen Augen offen zu lassen und blickte, hinter dem E-Motor kauernd, den blitzenden Blicken der Bestie entgegen. Kurz bevor sie eintraf, brüllte ich laut, machte mich groß und hielt mein 24 kg schweres E-Bike mit überraschender Kraft an den ausgestreckten Armen vor mir in die Luft. Ich drehte mich hin und her, damit der Rottweiler und sein Gebiss auf der anderen Seite des Rads blieben. Zum Glück waren die Wege schmal und ich konnte mich gut abschirmen.

Meine spartanische Übermenschenkraft hielt leider nicht ewig an. Trotz sehr viel Adrenalin im Blut zehrte der langwierige Todeswalzer an meinen Kräften. Meine Beine zitterten, und meine Arme sanken so weit ab, dass ich das E-Bike nicht mehr heroisch durch die Luft führte, sondern am Boden rollte. Glücklicherweise sind Räder ja genau dafür gemacht. Eventuell hätte ich direkt so starten sollen …? Doch auch das Hin und Her auf Rädern kam nun zum Erliegen, da sich der unermüdliche Duracell-Rottweiler in meinem Hinterreifen festgebissen hatte und ich das Fahrrad nun gut festhalten musste, um gegen seine Schüttelbewegungen anzukommen, die er recht mühelos aus seinem starken Nacken schießen ließ. Dabei bemerkte ich, dass der Hund in etwa die gleiche Rahmengröße wie mein Fahrrad hatte. Die Situation fühlte sich absurd an, doch meine Angst ließ nach – sein Beiß-Interesse schien mehr dem Reifen als mir zu gelten. Der runde, humpelnde Mensch war nun auch fast da – sein Schnaufen konnte ich schon deutlich hören. Zwischen seinen Atemzügen, die nach schwerem Asthma klangen, krächzte er französische Worte. Was auch immer er sagte, es half. Sein schwarzbraunes Pony mit den markanten Schneidezähnen fuhr sein Energielevel spürbar herunter. Als er dann endlich ankam, atmeten wir eine Weile gemeinsam tief durch, um uns zu beruhigen. Der Mann war sehr groß, sehr rund und hatte dünnes, langes Haar, das vorne einer hohen Stirn entsprang und hinten in nass geschwitzten Schnittlauchsträhnchen auf seinem imposanten Rücken auflag. In Kombination mit seinen markanten Gesichtskonturen, vor allem entlang der Nase, sah ich plötzlich Gérard Depardieu vor mir stehen. Die lumpige Dreivierteلhose, das rote XXXL-T-Shirt und sein verbrauchter Blick erinnerten stark an Skandalfotos von Gérard nach einem Alkoholexzess, wie sie gelegentlich in einschlägiger Friseurliteratur zu sehen waren.

Endlich hatte der Mann wieder genug Luft im System, um mit mir zu kommunizieren. Er hielt seinen Rotti am Halsband, das mir als Gürtel gepasst hätte, und winkte mich heran. Er wollte unbedingt, dass ich mich mit seinem treuen Freund versöhnte und ihn streichelte. Meine schmalen Französischkenntnisse reichten aus, um zu verstehen, dass er mir erklären wollte, dass meine Angst den Hund getriggert hätte und er jetzt verstehen müsste, dass ich keine ängstliche Beute bin, sondern ein Freund. Selten im Leben sagte ich so oft »*Non, non, non, non, non, non, non, non, non, non …!*« am Stück.

Trotzdem fand ich mich nach ein paar weiteren pädagogischen Sätzen seinerseits in einer Art deutsch-französischem Mensch-Tier-Kuschelkreis wieder, der tatsächlich guttat. Es war sehr versöhnlich. Mit viel Rottweilersabber auf der Hose und zwei Bar weniger im Hinterreifen rollte ich langsam, zufrieden und erschöpft zurück Richtung Van.

Da fällt mir ein: Gute zwei Jahre später fuhr ich per E-Bike in Portugal auf einem Feldweg an zwei frei laufenden Hunden vorbei, die als nicht ganz unproblematisches Duo in der Gegend bekannt waren. Einer von beiden hatte ebenfalls Rottweiler im Stammbaum. Die beiden waren keine großen Fahrradfans und fühlten sich sogleich von mir gestört. Sie trabten langsam, aber bestimmt auf mich zu. Ich versteinerte und fuhr regungslos wie eine Statue weiter. Ich wollte nicht anhalten, sondern weg, einfach nur weg, aber ich wollte auch nicht schnell abhauen, um keine Spiel- oder Jagdreflexe zu wecken. Während ich im Schritttempo regungslos vor mich hin rollte, knappte mir der freche Rottweiler-Mix in die rechte Arschbacke, wofür er leicht hochsprang. Der Biss war nicht tief oder besonders fest, aber wahrnehmbar. Er hinterließ eher an meiner Hose Spuren als an meiner Haut. Dann liefen mir die zwei vierbeinigen Bullys einige Hundert Meter hinterher, um sicherzugehen, dass ich wirklich das Weite suchte. Was für Psychos, ey! Ein lokaler Nachbar, der das Spektakel beobachtete, zog mich im Nachgang gern mit der Situation auf, indem er mir lachend »*Presunto!*« hinterherrief.

Kapitelabschluss-Witz

Wenn die Regensaison im bergigen Nordspanien ein Ende findet und die ersten wärmeren, aber noch feuchten Tage beginnen, wartet ein ganz besonderes Ereignis auf einen: der Anstieg der Mosquitos de Europa.

Kapitel 11
Portugal

VANLIFE PORTUGAL

Vanlife in Portugal ist nicht nur einfach, sondern auch einfach schön. Übers ganze Land verteilt gibt es viele Möglichkeiten, um mit dem Van an netten Orten zu parken und seine haushaltsbedingten Grundbedürfnisse zu befriedigen. Neben klassischen All-inclusive-Campingplätzen gibt es auch kostenlose oder rudimentäre Stellplätze für kleines Geld. Die meisten Intermarchés, die Supermärkte des Südens, bieten oftmals kostenlose Wasserver- und -entsorgung an. Und Lidl zieht nach. An einigen Orten kann man in der *off-season* auch mal »wild« halten und übernachten, und an der Algarve herrscht so etwas wie Van-Anarchie. Wie die Siedler des Wilden Westens in Blech-Planwagen. Für den besten Platz am Wasser werden Moral und Anstand gern mal vernachlässigt. Damit meine ich auch Idioten wie mich, wie man gleich noch lesen wird. Auf Klippen und an Buchten parken oft nicht nur Surfer in VW-Bussen und Hippies in alten Büchsen, die sie vor der Verschrottung gerettet haben, sondern auch betuchte Senioren in Monster-Campern mit den Ausmaßen von Reisebussen. Denn es sind auch ausgebaute Reisebusse, die zum Einfamilienhaus auf sechs oder mehr Rädern aufgemotzt wurden. Manche können auf Knopfdruck ganze Zimmer ausfahren. Und selbst solche Kolosse, die preislich jenseits der halben Million Euro liegen, parken, die Reisekasse schonend, auf den zarten Gewächsen der Algarve-Küste. Nicht selten liegen dann noch drei bis vier Quadratmeter hellgrüner Kunstrasen vor der Tür, auf dem die gemütliche Klappgarnitur samt Tisch und Grill drapiert wird. Allerdings ohne Menschen. Tagsüber sitzen die Besitzer konstant drinnen, bei laufender Klimaanlage, und glotzen denselben Scheiß im Mega-Flat-TV wie zu Hause. Die ausklappbare Satellitenschüssel auf dem Dach holt mit ihren zwei Metern Durchmesser alle Signale rein, die existieren. Es würde mich nicht wundern, wenn viele von diesen »Camping«-Fans gar nicht wüssten, wie es an der Algarve riecht.

Aber der überwiegende Teil der im Auto lebenden und reisenden Menschen in Portugal ist durchaus cool. Aber niemals so cool wie die Menschen aus Portugal selbst, denn die sind unfassbar nett, stets zuvorkommend und unglaublich hilfsbereit. Als uns in Aljezur mal der Van mitten auf der Hauptstraße in einer S-Kurve stehen blieb, waren in weniger als zehn Sekunden fast ebenso viele Portugiesen zur Stelle, die helfen wollten. Der Van musste schnellstmöglich von der Straße, denn sie war die einzige Route zwischen Nord und

Süd entlang der Westküste. Man schob uns rasch auf eine Art Parkplatz. Ein netter Taxifahrer blieb über Stunden bei uns, bis die komplette Situation gelöst war. Grund des Stillstands war, dass die Benzinleitung aus dem Klick-verschluss gehüpft war und kein Diesel mehr im Motor ankam – aber dafür auf der Straße. Erst sperrte die Polizei alles für die Feuerwehr, damit diese mit viel Sand und vielen Besen die Dieselpfütze beseitigen konnte, und dann riegelte sie noch mal alles ab, damit der große Abschlepplaster den Van in der S-Kurve aufladen konnte. Zu dem Zeitpunkt wussten wir noch nicht, dass wir nur den Benzinschlauch hätten wieder hineinstecken müssen. Der Abschleppdienst kam nach etwa drei Stunden. In der Werkstatt machten zwei nette Jungs um 20 Uhr, es war schon nach ihrem Feierabend, schnell *klick* am Schlauch, besorgten uns einen Kanister Diesel von der nächsten Tankstelle und winkten uns nett beim Losfahren.

Portugal ist oft sehr ursprünglich. Oftmals kollidieren die traditionellen Lebensweisen mit der Rasanz der Moderne auf spannende Art und Weise. Als ich in Lissabon durch gewisse Stadtteile fuhr, konnte ich zwischen riesigen Mehrfamilienhäusern und Business-Buildings noch kleine grüne Flecken auf rötlicher Erde entdecken, wo Schafe grasten, Hühner rannten und ein Feuer brannte, dessen Rauchsäule zwischen den Wolkenkratzern aufstieg. Manchmal stand ich auch in Autoschlangen an Ampeln, und direkt neben mit stolzierte ein Hahn über den Grünstreifen. Ich mag diese Bandbreite. Auf der anderen Seite wurde Lissabon in den letzten Jahren so etwas wie die neue Technik- und Kryptohauptstadt Europas. Und wenn man vom Tech-Hotspot eine Stunde raus aufs Land fuhr, sah man Esel- oder Pferdekarren auf den Straßen. Ich liebe die großen Warnschilder an Autobahnauffahrten in Portugal und Spanien, auf denen solche durchgestrichenen Viehkarren zu sehen sind. Sie erzählen von einer besseren Welt in unserer Welt. Wir koexistieren. Insgesamt hilft einem, also zumindest mir, Portugal beim Runterkommen, weil alles etwas entspannter läuft. Ich weiß noch, wie ich mal mit einem eher hektischen Mindset unten ankam und mir dann einer von Steffis Freunden sagte: *»Relax. You're in Portugal now.«*

Portugal ist ein Sehnsuchtsort für Menschen, die einen Ausstieg oder einen Neuanfang suchen – oder eine Mischung aus beidem. Menschen aus der ganzen Welt kommen hierher. Manche wohnen heimlich in alten Wohnwagen in der Pampa, manche starten mit Tourismusangeboten und andere gründen Firmen. Oder sogar Sekten. Ja, Portugal hat eine durchaus nennenswerte Dichte an Menschen, die weniger dicht sind. Wobei die meisten Kommunen und Projekte sehr cool wirken. Gemeinsames Bewirtschaften von Land sowie geteilte Arbeit und Lebensfreude sind durchaus zukunftsfähige Formen von friedlichem und gesundem Miteinander. Auf so etwas stehe ich auch. Manche Sekten haben sogar Restaurants. Dass Casa Nirvana ist ein gutes Beispiel mit sehr gutem Essen. Mittlerweile hat es sich zu einem beliebten Go-to-Spot für Menschen aller Couleur avanciert. Ein kulinarischer Ort der Ruhe. Die Vibes sind ungewöhnlich, die Atmosphäre ist gechillt und das Essen ausgezeichnet, wodurch es vom ein oder anderen Foto des Gurus/Sektenführers im Speiseraum ablenkt. Alkohol wird nicht serviert, das finde ich sympathisch. Alle Zutaten, wie Gemüse, Ziegenkäse oder Honig, stammen von lokalen Produzenten, und die schöne Einrichtung wurde größtenteils selbst gebaut oder ist in Künstlerkooperationen entstanden; aus Secondhandmöbeln und -materialien. In der Küche gilt ein Minimal-Waste-Prinzip und auch sonst liegen Natur und Müllvermeidung im Fokus der Unternehmung. Eigentlich ist es dort ziemlich geil. Wo soll ich unterschreiben?

Auch viele Künstler zieht es nach Portugal: In Caparica, südlich von Lissabon, lernten wir 2021 mal eine spannende Familie aus Frankreich kennen. Auf einem großen Parkplatz bewunderten wir gegenseitig unsere Autos, woraus eine lange, tiefe und spannende Unterhaltung entstand. Die Familie hatte sich ganz frisch dort angesiedelt. In aller Bescheidenheit sagte der junge Vater nur, dass er Pianist sei. Wir freundeten uns an. Erst einige Zeit nach dem ersten Treffen erfuhren wir, dass er als »Riopy« Musik macht und mit seinen außergewöhnlichen Kompositionen am Klavier um die ganz Welt tourt. 2023 waren wir endlich mal auf einem seiner Konzerte in Metz. Beste Plätze, dank Gästeliste. Typisch Vanlife. Typisch Portugal.

Bevor ich wusste, dass in Portugal das Leben in den Herzen der alten Städtchen durch viele enge Gassen pumpt, hielt ich Kurs auf den Ortskern von Odemira. Ein Verbotsschild für Lkw hatte ich kurz zuvor ignoriert, da ich ja keiner bin. Und mein Navi schlug mir auch diese Route vor – also gehorchte ich brav. (Die Maschinen haben längst gewonnen!) Der Kern von Odemira ist nicht nur eng, sondern auch von vielen Einbahnstraßen geprägt, da der Platz zwischen den Hauswänden oft nur für ein Auto ausreicht. Mitten im Zentrum geschah es dann, dass ich in eine Straße einbog, die ich nicht einsehen konnte und die sich dann nach drei Metern als Trichter offenbarte. Ich war zu breit und zu hoch. Hinter mir war ein kleiner Platz, auf dem sich einige Leute tummelten. Heute weiß ich, dass sich dort neben Cafés auch die Câmara Municipal de Odemira (Gemeindeverwaltung) und einige Businesses befanden – zum Beispiel unsere Architekten. Doch bei meiner Jungfernfahrt war das alles Neuland. Kurz nachdem ich feststeckte, eilten hilfsbereite Menschen herbei, um mich rückwärts hinauszulotsen und schadenfrei mit dem andauernden Verkehr aus normalgroßen Autos zu vereinen. Doof war nur, dass ich kein Wort Portugiesisch konnte und die vier Personen jeweils komplett andere Vorstellungen davon hatten, wie ich das Manöver anstellen sollte. Eine ältere Dame in Kittelschürze rief und winkte in die eine Richtung, ein älterer Herr in die andere, und noch zwei weitere Personen gestikulierten ebenfalls wild wie Fluglotsen-Azubis auf einem Rollfeld. Der Geräuschpegel stieg konstant an, und ich blickte im Sekundentakt abwechselnd in meine beiden Rückspiegel, um aus den freundlich gemeinten Darbietungen schlau zu werden. Mittlerweile gingen sie sich schon gegenseitig an, um zu klären, wer den besseren Plan für mich hatte und mich am besten aus der Lage befreien könnte. Ich kann mich nicht mehr genau erinnern, wie es gelang, aber plötzlich stand ich ohne Personen-, Pkw- und Gebäudeschaden wieder mitten auf dem Platz und konnte mich nach einigem Rangieren nun der Straße widmen, die am größten aussah. Ich winkte allen Helfern dankend aus den Fenstern und wir lachten. Zumindest die Oma und ich. Der ältere Herr verschwand murmelnd und kopfschüttelnd in einer kleinen Gasse. Die anderen beiden Männer saßen wieder entspannt im Café und hatten mich schon vergessen. In dieser Situation verliebte ich mich abermals ein Stückchen mehr in Portugal.

Jetzt möchte ich noch schnell mit einem Portugal-Vorurteil aufräumen, das ich selbst hegte. Das Land kann zwar einen der schönsten, endlos langen Küstenstreifen in Europa vorweisen – wenn nicht sogar der Welt – aber Portugal ist viel mehr als Meer! Die Wälder, die Berge, die historischen Städte und Orte sowie die Wälder im Nationalpark Gêres sind ebenfalls so dermaßen schön und sehenswert, dass man sie unbedingt erleben muss. Wer nur an der Küste klebt, reduziert Portugal auf sein welliges Weltwunder und verpasst dabei einen gehörigen Batzen an unvergleichlichem Kultur- und Naturerbe. Auch kulinarisch wartet im Hinterland viel Gutes. Sogar sehr Gutes! Manchmal fühlt sich Portugal abseits der Küste sogar noch ein bisschen echter an. Unverfälschter. Dort ist man kein Tourist unter Touristen, sondern Tourist unter Portugiesen. Ich liebe Portugal. Überall. Vorne, hinten, oben, unten. Ein wirklich sehr gelungener Landstrich voller Abwechslung.

BIARRITZ – PENICHE

Wie so oft in den letzten fünf Jahren war Frankreich auch bei meiner ersten Durchfahrt als frischer Vanlifer, im Januar 2020, leider nur eine Art Transitland, dem ich zu wenig Beachtung schenkte – dabei ist es wunderschön und unfassbar abwechslungsreich. Daher schnell ein paar versöhnliche Worte: Sei dir bitte gewiss, liebes Frankreich, ich werde mich deiner Vielfalt und Geschichte bald ausgiebig widmen! Mit Wonne, Herz und ausreichend Zeit.

Eine Taktik, die wir beim häufigen, leider oftmals zu raschen Durchfahren von Frankreich entwickelt haben, liegt darin, dass wir uns wenigstens immer neue Routen suchen, um stets Neues zu entdecken. Dabei lag und liegt unser Fokus auf Bäckereien, die für ihre Baguettes, Eclairs, Croissants und *pains au chocolat* schon mehrfach ausgezeichnet wurden. Von denen gibt es in Frankreich zum Glück einige. Am liebsten standen wir in langen Schlangen von Einheimischen, denn dann bestand kein Zweifel, dass die zu verkostende Backware irgendwo zwischen *génial* und *formidable* liegen musste. Zumeist ließ einem die backfrische, süß-herzhafte und oft noch ofenwarme Luft, die beim Warten durch die sich kurz öffnende Tür hinausströmte, das Wasser im Munde zusammenlaufen. Das berühmte »*L'eau dans le bouche*«, wie es der Franzose vermutlich eher nicht sagen würde.

Als ich Biarritz im Januar 2020 nach ein paar lauen Winternächten unter Palmen verließ, besuchte ich kurz vor der Abfahrt zum ersten Mal eine Bäckerei, die ich bis heute regelmäßig ansteuere. Denn von den Aromen der Boulangerie Les Templiers zwischen Biarritz und Bayonne kann ich mich bis heute nicht losreißen. Aber vermutlich auch deswegen nicht, weil kleine Rituale wie dieses in einem bewegten Leben ohne Beständigkeit oder Regelmäßigkeiten auch ganz gut tun können. Außerdem markiert die Bäckerei ungefähr den Mittelpunkt der Strecke von Deutschland nach Südwestportugal. Und man muss die Bergfeste ja schließlich feiern, wie sie fallen. Zum Beispiel mit einem Kaffee, einem Sandwich und einem Eclair. Sogar als ich 2023 mit meinen Eltern einen mehrtägigen Roadtrip von Deutschland nach Portugal unternahm, um ihnen meine wunderschöne neue (temporäre) Wahlheimat zu zeigen, hielten wird dort und aßen bestens. Das war ein verrückter und schöner Moment von vielen auf dieser einmaligen Familienreise, die eigentlich ihr eigenes Buch verdient.

Von Biarritz aus peilte ich 2020 direkt das nächste, weltbekannte Surferdomizil an, obwohl ich nicht surfe. Noch nicht! Im portugiesischen Peniche, das rund 1.000 Kilometer entfernt liegt, wartete mein amerikanischer Freund Alex, den ich auf den Lofoten ins Herz geschlossen hatte. Er überwinterte dort und genoss die Dritte-Welt-Preise, wie sie ihm als US-Bürger aus dem Bundesstaat Maine erschienen. Ich kam rund fünf Wochen später an als geplant, aber die Schönheit Spaniens und der ein oder andere Arbeitsauftrag wollten unterwegs eben auch noch abgehakt werden.

In Peniche prallen große Wellen auf steile Klippen und lässige Surfervibes auf die Fischereiindustrie. Aber überwiegend symbiotisch. Peniche hat hier und da ein paar hässliche Ecken, doch die wunderschönen Küstenabschnitte, die Altstadt sowie das allgemeine Flair sind irgendwie geil. Ich vermute, dass Peniche bis heute zu einem der Orte gehört, an denen ich mit dem Van die meiste Zeit verbracht habe. Früher konnte man umsonst direkt an der Stadtmauer neben der Altstadt parken, neben einem kleinen Gewässer. Seit 2021 geht das nicht mehr. Jetzt parkt man ein paar Hundert Meter weiter auf einem großen Asphaltparkplatz zwischen vielen Geschäften und diversen Betrieben. Der Geruch von totem Fisch weht einem ständig um die Nase, da im angrenzenden Industriegebiet diverse Fischverarbeiter ihre Hallen haben. Genauso konstant wie der Fischgeruch ist das feiste Kreischen der Möwen. Nachts halten sie mal kurz die Klappe, aber schon vor Sonnenaufgang arbeiten sie wieder als schreiende Wecker, an die man nicht herankommt, um sie gegen die Wand zu werfen.

Peniche findet aber nicht nur rund um die Altstadt und im Industriegebiet statt, sondern auch entlang und vor allem am Ende eines sehr langen, leicht geschwungenen Strandes namens Praia Baleal, der Surfer aus aller Welt anzieht. Er beginnt im Zentrum von Peniche und endet im Ortsteil Baleal, den es ohne den Strand vermutlich gar nicht gäbe. Kurz vor Baleal erstreckt sich auf der anderen Straßenseite ein riesiger lang gezogener Schotterplatz. Dort konnten früher auch Vans parken. Er wirkte manchmal wie ein Dorf. Fast alle nach Lebensalternativen suchenden Aussteiger Mitteleuropas starteten hier unter freigeistigen Vorzeichen ein Neubaugebiet in Reih und Glied an einem absoluten Traumstrand. Eines Morgens ist mir Tobi mal an diesem Strand abgehauen. Ich suchte ihn für eine Stunde, nervte die Frühaufsteher-Surfer und weckte dann Steffi. Tobi war vom Strand unbemerkt in die Reihen-Vansiedlung zurückgelaufen, weil er sich dort am Vorabend in eine nette Hundedame verguckt hatte. Als ich ihn mit seiner Freundin weiter hinten im Neubaugebiet entdeckte, warf er mir einen Blick zu, der ungefähr das ausdrückte: »Hau ab, Mann, ich flirte hier die Kleine an, und es läuft ganz gut. Du störst. Zieh Leine! Aber ohne mich am anderen Ende.« Dann zwinkerte er mir zu.

Peniche bietet für alle Altersklassen und Gesinnungen etwas. Als ich die letzten Male auf dem großen Asphaltplatz in der Stadt parkte, waren bis zu 60 andere Wohnmobile dort, fast alle mit Rentnern an Bord. Gut 40 Prozent kamen aus Spanien, die Hälfte aus Portugal, und dann gab's noch einige jüngere Reisende aus ganz Europa, die schnell durchwechselten. Nur die Rentner parkten länger. So wie ich. Moment mal, bin ich etwa auch einer?

D'RAIZ – RESTAURANT. FREUNDSCHAFT. FAMILIE.

Da in dieser Geschichte zwei Alex vorkommen, nenne ich den einen USA-Alex und den anderen Koch-Alex. Der bereits erwähnte USA-Alex und ich gingen eines Abends in Peniche essen. Da er schon fast zwei Monate dort lebte, kannte er sich aus. Er schwärmte von einem Restaurant, das von einem coolen jungen Ehepaar geführt wird. Sie beschrieb er als Engel und ihn als verrückten Koch, der Virtuoses in der Küche leistete: *»Another crazy brother! You will love him!«* Meine Erwartungen waren hoch. Die Frau und Service-Chefin, Sofia, war eine *local* aus *Óbidos*, nur knapp 30 Minuten entfernt. Ihr Mann, Koch-Alex, kam aus Brasilien. Aber kennengelernt hatten sich die beiden in Berlin. Heute sind sie verheiratet, haben eine süße Tochter und führen eines der geilsten Restaurants in Portugal. Alex kocht wie ein Genie. Wie ein Künstler. Er sieht auch aus wie einer.

Am ersten Abend mit USA-Alex verliebte ich mich sofort in die beiden, in ihr Restaurant und vor allem in die feinen Nuancen und Aromen ihrer Gerichte. Nach diversen grandiosen Vorspeisen ignorierte ich meine Meeresfrüchte-Allergie und bestellte, auf Empfehlung von USA-Alex, handgemachte Pasta, die im besten Muschel-Sud der Welt zur Perfektion sautiert wurde. Der Geschmack war eine Offenbarung – das Ausbleiben meiner Allergie auch. In den folgenden Monaten in Portugal holte ich alle versäumten Muscheln, Gambas und Variationen vom Pulpo nach, die ich über viele Jahre nicht gegessen hatte, weil meine Ärztin mir sagte, dass jede Garnele meine letzte sein könnte. Das ging auch für fast zwei Jahre gut, bis ich 2022, ebenfalls im D'Raiz und wieder mit USA-Alex, fangfrische gegrillte Sepia aß, die in mir ein Feuerwerk auslösten. Aber kein schönes. Da diesmal Steffi neben mir saß, wollte ich erst mal Panik vermeiden. Meine Hände und Füße juckten wie Feuer. Mein Mund juckte abartig. Mein Kopf pochte. Meine Kehle verengte sich langsam und produzierte dicken Schleim. Ich verabschiedete mich wortkarg auf die Toilette. Steffi ahnte schon was. Sie kennt mich einfach zu gut. Im Bad musste ich mir dann eingestehen, dass ich die Symptome nicht ignorieren oder aussitzen konnte. Manches Mal hatte ich leicht juckende Lippen einfach ignoriert und mit kühlen Getränken kuriert. Doch dieses Mal war es anders. Ich betrat mit rotem Kopf und geschwollenen Augen den Gastraum. Da Steffi nicht nur auf Deutsch mit mir diskutierte/schimpfte, sondern auch Sofia lauthals auf Portugiesisch in die Umstände einweihte, konnte eine portugiesische Frau vom Nachbartisch die Situation erkennen. Sie kam hinzu und sagte, dass sie auch diese Allergie habe. Sie zog eine ultrahoch dosierte Notfallpille aus ihrer Tasche, die einzeln in goldenem Cellophan verschweißt war. Die Rettung! Denn sowohl Apotheken als auch Ärzte waren nicht wirklich griffbereit. Ich nahm die Pille mit einem großen Schluck Wasser und freute mich über die bald einsetzende Wirkung. Die Symptome verschwanden nicht ganz, aber immerhin so weit, dass ich der gespannten Runde mit aufgerichtetem Daumen Entwarnung signalisieren konnte. Wir fanden via Google doch noch eine Apotheke mit Notfalldienst bis 23 Uhr, zu der Steffi und ich langsamen Schrittes wankten. Ich kaufte eine Zehnerpackung sehr starker Antihistamine in Pillenform. Sepia aß ich seither nicht mehr wieder, aber Pulpo und Gambas sind vor mir nach wie vor nicht sicher – aber ich zum Glück vor ihnen. Bis jetzt.

Ich möchte das D’Raiz allen Peniche-Besuchern ans Herz legen. Und auch allen, die irgendwo anders in Portugal sind. Lasst euch kulinarisch verblüffen. Ich bin dankbar, das D'Raiz zu kennen und dort Freunde gefunden zu haben, bei denen ich manchmal als Gast esse und manchmal mit der Familie in der Mittagspause zum Family-Lunch eingeladen werde. Alex spricht ein bisschen Deutsch, daher war keiner der letzten Portugalaufenthalte komplett, ohne dass ich sein »*Was geht, Bruda!?*« mindestens einmal hörte. Die beiden haben jetzt auch einen Camper gekauft, hoffentlich touren wir bald mal zusammen durch Portugal. Beim Roadtrip mit meinen Eltern aßen wir ebenfalls dort. Das war ein starker Moment, der mir im Herzen schmeckte.

Das zweite Mal, als ich in Portugal zu blöd zum Essen war, saßen wir in einem Restaurant in Aljezur mit Freunden. Plötzlich verkeilte sich durch zu hastiges Schlingen oder zu viel Gelaber beim Essen ein großes Stück Steak in meinem Hals. Zuerst wartete ich noch ein Weilchen am Tisch, ob sich das Problem von allein lösen würde. Leider verbesserte sich nichts. Dann startete ich folgendes Manöver: Ich stand wortlos auf und verließ den schönen Restaurantgarten, um draußen auf dem Bürgersteig wie ein brünstiger Hirsch in die leere Straße zu röhren. Ich japste, würgte, röchelte und schleimte unkontrolliert herum, bis mich Steffi von der Seite beschimpfte, die mir nach gut zwei Minuten verwundert gefolgt war. Völlig zu Recht war sie böse! Nachdem ich ihre Angebote, einen Krankenwagen zu rufen, dreimal röhrend verneint hatte, schoss plötzlich das Stück aus mir heraus wie ein Korken aus der Sektflache – ein Gefühl, das ich von zwei anderen ähnlichen Situationen bereits kannte. Doch es lief zum ersten Mal ohne Heimlich-Manöver ab. Mit dem Alter wird man scheinbar wirklich noch ein Stückchen selbstständiger. Zu dumm, um zu leben, zu hungrig, um zu sterben.

QUINTA DAS LAMEIRAS

Gute 90 Autominuten von Peniche entfernt, etwas südlich von Tomar, liegt ein kleines Anwesen namens Quinta das Lameiras. Hier landete ich im März 2020, um für ein oder zwei Nächte zu parken. Es wurden zehn Nächte daraus. Die Hauptgründe dafür waren der herzliche Biobauer, João, und seine liebevolle Frau, Sara, die ich beide schnell lieb gewann. Auf dem Hof war es ruhig, es chillten ständig Katzen in meinem Van, und ich konnte in Ruhe arbeiten. Sara und João schwimmen nicht im Geld, führen einen kleinen Gartenbetrieb, versorgen sich viel selbst und kennen einige Kniffe, um günstig, aber glücklich zu leben. Jedes Mal, wenn ich João morgens fragte, wie er geschlafen hatte, sagte er: »*Perfectly! I always sleep perfectly.*« Beneidenswert, oder? Der Hof und das Haus waren allerdings nicht perfekt, viele Ecken waren und sind kleine Dauerbaustellen, aber alles in allem fühlte man sich sehr zu Hause. Alles war genau richtig so. Er und Sara hatten die Idee mit den Camperstellplätzen gerade erst umgesetzt, als ich kam. Es war ehrlich und echt. Bei João zahlt man bis heute fürs Übernachten inklusive Wasser und Strom nur das, was es einem wert ist. Man wirft einfach Geld in eine kleine Box. In der Gemeinschaftsküche des Hauses verkauft er Produkte aus seinem Garten und andere nützliche Dinge. Die vielen Hühner, Enten und Gänse legen verdammt leckere Eier, und ab und zu hat er auch frisches Schaf- oder Ziegenfleisch von seinen Tieren im Angebot. Seit etwa zwei Jahren feuern die beiden regelmäßig einen selbst gebauten Steinofen an, in dem sie Brot oder andere Leckereien backen.

Auf diese Art zu backen ist in Portugal keine Seltenheit. Manchmal findet man über Mundpropaganda Orte, an denen man von Familien geile Backwaren kaufen kann, die sie in »geheimen« Feueröfen in ihren Garagen backen. Mutter und Oma backen, der Vater kümmert sich ums Holz, und die Kinder reichen einem die Backwaren mit einem süßen Grinsen gegen Geld. Steffi hatte mir mal so einen Ort im Hinterland von Alentejo gezeigt. Ich hatte an dem Tag das Glück, die letzte, noch warme Chorizo-Rolle aus dem Ofen zu ergattern. Durch sanften Druck mit den Fingern krachte ihre krosse Kruste leicht, aber man spürte auch sofort den saftigen und weichen Kern. An der Außenseite roch sie nach Feuer und Rauch, doch aus ihrem Inneren gab sie ein zartes Aroma von frisch gebackener Hefe sowie von kräftiger Knoblauchwurst frei. Und beide Aromenwelten wollten sehnsüchtig von meinem Biss aus ihrem Teiggefängnis befreit werden wie eine schöne Turmprinzessin vom tapferen Ritter. Ich habe danach noch einige andere Chorizo-Rollen probiert, auch viele mit gutem Ruf, doch keine war wie sie. Es sind oftmals solche scheinbar einfachen Produkte, die für höchsten Genuss sorgen. Auch das Ofenbrot von João braucht nur ein bisschen Butter oder ein Scheibchen von seinem Ziegenkäse, und der Gaumen teilt einem sofort mit, dass er genau für solche Momente jahrelang regungslos im Mund ausgeharrt hat.

Mittlerweile hat João Platz für bis zu zehn Camper, vermietet zwei Wohnwagen auf dem Grundstück und hat zwei kleine Apartments im Haus eingerichtet. Die Natur ringsum ist wunderschön, man kann Fahrrad fahren, und der riesige, nahe gelegene Stausee bietet genug Strände und Wasser für Kanutouren, Abkühlungen oder faule Tage auf dem Handtuch.

Familien mit Kindern, Paare, Solo-Traveller, Jung und Alt, alle lieben es bei João. Ich war mittlerweile oft genug dort, um es zu erleben. Abgesehen von den Betreibern haben wir vor Ort noch einige andere neue Freunde aus ganz Europa und sogar aus Israel finden können. Wer Vanlife in Portugal macht oder machen will und mal ganz in Frieden runterkommen will, sollte bei der Quinta das Lameiras parken. Die Stadt Tomar ist auch einen Besuch wert, und Nazarés Riesenwellen liegen nur eine Stunde entfernt.

DIE HÖHLEN VON BENAGIL – HIPPIE-CAMP II

Nachdem die Polizei das erste Hippie-Camp in Malhão freundlich und fair, was ich wirklich ganz ernst meine, aufgelöst hatte, trieb sich die Gang fortan an verschiedenen Orten herum. Meistens irgendwo an der Algarve. Es war nicht immer leicht, sie zu finden, sie unterwarfen sich weder Zeit noch Raum – noch Verabredungen. Aber das war für mich okay. Mein Modus Operandi war und ist gar nicht so viel anders.

Am Tag nachdem ich den Barranco Beach allein genossen hatte, traf ich sie bei den berühmten Höhlen von Benagil wieder. Rund um Benagil, entlang der ebenso schroffen wie schönen Steilküste, wechseln sich Höhlen, Klippen und feinstbesandete Buchten mit dem ein oder anderen Luxus-Ressort ab. Die Höhlen kennt man in aller Welt, weil sie gigantisch groß sind, Strände samt Brandung in sich vereinen, und einige Exemplare oben in der gigantischen Kuppel eine kreisrunde Öffnung haben, sodass Tageslicht eindringen kann. Die größte Kuppelhöhle wölbt sich über einen Indoor-Beach, der an den Mittelpunkt der Erde von Jules Verne erinnert.

Um vom großen Hauptstrand in diese Höhle zu gelangen, muss man ein SUP-Board, ein Boot oder viel Selbstvertrauen beim Schwimmen mitbringen. Im Grunde sind alle Höhlen nur übers Wasser zu erreichen, weshalb sie im Gegensatz zu den Buchten weniger überfüllt sind. Genau mein Ding.

Auf dem Weg mit dem Van zu den Höhlen von Benagil und ins neue Hippie-Camp musste ich unterwegs kurz anhalten, um zu checken, ob der Standort, den Tahar mir geschickt hatte, wirklich stimmte. Als die Straßen immer kleiner wurden, bot mir das Navi an, den Teer gegen rote, sandige Erde zu tauschen. Auf Google Maps endet die offizielle Route am

Straßenrand, lediglich eine gestrichelte Linie verband meinen Standpunkt noch mit dem gesetzten Ziel-Pin von Tahar. Unter der Strichellinie sah ich nur ein Geflecht aus roten Pfaden und Sträuchern, aber das schöne Meer direkt dahinter. Abgesehen von der wilden Anfahrt ein echter Logenplatz! Eigentlich befahre ich solche Orte nicht, da ich, wie ich es im »Vanlife-ABC« mahnend erwähne, kein Fan davon bin, mich in anderen Ländern nicht zu benehmen. Zumindest überwiegend und vor allem dann, wenn die jeweiligen Regelungen zum Schutz der Natur existieren. Doch an jenem Morgen war ich ein Spontanrebell. Nichts konnte mich aufhalten. Weder mein Gewissen noch meine Moralvorstellungen vom Vortag – und erst recht nicht die diversen Verbotsschilder und aufgeschütteten Erdhügel auf den Pfaden. Ich war zwar nicht mehr weit vom Meer und vom Pin, aber ich konnte die Gang noch nicht sehen. Hinter einigen Unebenheiten und Sträuchern, die auf dem felsigen Grund gediehen, musste das Camp liegen. Mit leicht erhöhtem Puls hielt ich Kurs und tauchte meine schwarzen Reifen in die rote Farbe des verbotenen Untergrunds. Ich Arschloch! Egal, ich fühlte mich frei. Ich fühlte mich lebendig. Der rund 40 Zentimeter hohe Erdwall, der mir kniehoch »Halt!« entgegenbrüllte, unterlag dem Gewicht meines Vans und wurde zum zermalmten Mahnmal für assoziales Touristentum. Nach einigen Metern sah ich eine kleine Fahrzeugformation hinter etwas höheren Bäumen und erkannte dabei sowohl vertrautes als auch neues Blech. Neben der alten Gang war noch Tahars neue Freundin Cherry mit ihrem Van am Start sowie ein Pärchen aus England. Jetzt fühlte ich mich gleich doppelt fehl am Platz: erstens, weil wir hier nicht sein durften, und zweitens, weil die ganzen anwesenden Hippie-Vans die Urgroßeltern meines Neuwagens hätten sein können. Beide Umstände ignorierend, rangierte ich auf wenig Platz hin und her, um rückwärts, mit den Hecktüren überm Meer, einzuparken. Unser Verhalten war das Letzte, aber wir standen in der ersten Reihe. Ein absoluter Traum, von dessen Nachahmung ich dennoch streng abraten möchte. Ich werde es auch nie wieder tun.

Ich hüpfte aus dem Van und begrüßte alle. Tahar und ich hatten sogleich die Idee, vom Kliff aus zu angeln. Wie die *locals*. Die Klippen boten allerhand Angeloptionen, da sie nicht arschglatt und kerzengerade abfielen, sondern viele wundersame Formen aufwiesen. Manche könnte man am ehesten als natürliche Balkone beschreiben, und auf einem solchen ließen wir uns nieder. Einige Meter über der Brandung, die bei heftigen Wellen bis zu uns hinaufspritzte, warfen wir unsere Angeln aus. Insgeheim wussten wir schon, dass wir vermutlich nichts fangen würden, doch die Freude am Tun, am Sein und an der gegenseitigen Gesellschaft machte uns glücklich. Wir redeten viel, schwiegen mindestens genauso viel und beobachteten das Meer. Die Sonne bewegte sich dabei deutlich mehr als wir. Der Tag verstrich, und es wurde dunkel. Inmitten des Camps hatte Tahar eine Feuerstelle gebaut, die aus einer Aushöhlung im Boden sowie aus einem Steinkreis bestand. Wir hielten das Feuer bewusst niedrig, um die Brandgefahr einzudämmen und um nicht entdeckt zu werden. Das Feuer war so klein, dass es kaum Licht erzeugte. Erst die Rotlichtlampe an Tahars Stirn ermöglicht es ihm, das nach eigenen Angaben »beste Baba Ghanoush der Welt« zuzubereiten. Er legte einige Auberginen in die Glut und schnippelte Tomaten, Knoblauch und Koriander auf einem Holzbrett in seinem Schoß. Im Schein der roten Lampe sah er dabei aus wie ein Gemälde. Es war wirklich das beste Baba Ghanoush, das ich jemals gegessen habe, selbst nach Abzug des Orts- und des Situationsbonus. Zum Glück war Tahars kulinarisches Versorgergen auch am nächsten Morgen noch aktiv, und er bereitete eine nicht weniger grandiose Pfanne mit Eiern und allerhand andere Leckereien auf dem Feuer, die den Tag nicht besser hätten starten lassen können. Leider verschwand die Begeisterung nahezu simultan mit dem letzten Stück Brot, das ich in den letzten Rest der köstlichen Eimasse am Pfannenboden tunkte. Hinter dem Gestrüpp hielt plötzlich ein Pick-up mit autoritärer Dachbeleuchtung. Zwei Polizisten begrüßten uns. Beide waren unfassbar freundlich – viel zu freundlich für unser dreistes Verhalten – und boten uns den gleichen Deal an, den auch die Ranger im letzten Hippie-Camp vorgeschlagen hatten: »*You are not allowed to park here. We will take photos of your license plates. You can pack and go. We will be back in half an hour. If we find one little piece of evidence that you were here, like a tiny little piece of paper or whatever, you will all get a criminal charge and a fine. Okay, guys?*«

Okay! Also packten wir ein, räumten sehr detailverliebt auf und parkten an einen legalen Ort um. Dann ließen wir

Tahars massives Schlauchboot zu Wasser, nachdem wir es über steile Treppen und durch einen Tunnel im Felsen zum Strand getragen hatten, und paddelten los. Während sich auf meiner Haut ein exorbitanter Sonnenbrand entfaltete, schenkte das wiegenartige Schaukeln des Schlauchboots vor der tollen Kulisse meinem Geist einen der schönsten Tage meines Lebens. Wir enterten eine Höhle nach der anderen. Manche waren tunnelartig, sehr schmal, sehr tief und sehr dunkel, andere breit, hell und hoch. Im Gegensatz zum Boot ging uns in Anbetracht dieser Natur nicht die Luft aus, doch irgendwann ist halt alles mal zu Ende. Wir legten an einem überfüllten Strand an, chillten kurz und trugen dann das schlabberige Boot zu den Autos. Dann sah ich Tahar wieder für einige Wochen nicht mehr. Ähnlich wie meine gesunde Haut, die für längere Zeit weiße, trockene Fähnchen auf rotem Untergrund hisste, als ob sie sich final dem übermächtigen Feind am Himmel ergeben wolle.

FRISCH VERLIEBT AUF SECHS QUADRATMETERN?

Da Steffis und meine gemeinsame Reise in Portugal begann, möchte ich in diesem Kapitel gerne ein paar Erfahrungen zum Paar-Vanlife teilen:

Wir starteten im Mai 2020 von »null mal gesehen« auf »100 Prozent Beziehung« in Rekordzeit. Nach drei kurzen Tagsüber-Treffen und einem dateähnlichen Abend im Van folgte nur noch ein Probewochenende am Strand, bevor ich langfristig Platz in den schmalen Schränken schaffte. Meine Junggesellenbude transformierte zum schnuckeligen Miniapartment für zwei auf vier Rädern. Es fühlte sich genau richtig an, obwohl wir vorher noch nie irgendwo anders zusammengewohnt hatten, geschweige denn, uns richtig kannten. Daher verlagerte sich der Abenteuranteil meines Vanlifes fortan von überwiegend außerhalb auf überwiegend innerhalb des Vans. Der Mix aus Küstenwind, hyperaktiven Schmetterlingen im Bauch und viel Neugier aufeinander verlieh der Startphase eine Art Selbstläufer-Flair. Kochen, lachen, backen, chillen – wir verwandelten uns rasch in cringe Stockfotomotive für Camper-Lifestyle. Dabei erwies sich der Van als eine Art Kennenlernbeschleuniger, der ohne Schönungsfilter operierte. Neue Geräusche, Gerüche und Gewohnheiten konnten sich nicht langsam vorstellen und wohldosiert integrieren, sie platzten förmlich herein. Rückblickend sind wir dankbar dafür, dass wir diese typische erste Fake-Blümchenphase nach nur 48 Stunden abhaken konnten. Bis dahin hatten wir einander fast alles »gezeigt«. Nur die Hürde der weißen Brille überwanden wir trotz unserer rosaroten Brillen erst nach einiger Zeit und schickten uns anfangs noch gegenseitig zu jeder Tageszeit spazieren, wenn einer für »Nummer 2« auf Toilette musste. Die Badezimmerwände aus Sperrholz sind nur etwa einen bis eineinhalb Zentimeter dick. Liegt man im Bett auf der Innenseite, also mit dem Kopf an der Badezimmerwand, sind es nur knapp 40 Zentimeter Duftlinie bis zur Schüssel. Wenn man sich erst ein paar Tage kennt, ist das durchaus wenig. Und ich bin sicher, dass auch schon länger liierte Paare ihre Mühe damit hätten, in diese knappe Distanz hineinzuwachsen. Statt des Rauswurfs zum Spaziergang ging ich während meiner Toilettengänge dazu über, einen akustisch überlagernden Rap-Song zu spielen, der viel Bass, Beats und eine ausreichende Länge aufwies. Doch eines frühen Morgens hatte sich die musikalische Tarnung ins Gegenteil verkehrt, weil Steffi mit dem Einsetzen des ikonischen Beats und der ersten Zeile des Liedes wach wurde und mir genervt zurief: »Na toll, jetzt bin ich wach und weiß, dass du kacken bist. Ohne dein Lied hätte ich es einfach verschlafen!« Schade und auch verwunderlich, denn eine der ersten Songzeilen sagt: »It was all a dream!« Hat leider nicht funktioniert. Im Van lernt man jeden Tag dazu. Nach ein paar Wochen haben wir diese Scham – aka *poop shaming* – dann gänzlich abgelegt und genießen seither das Mehr an Lebensqualität. Dünne Wände brauchen dickeres Fell! Und ein bisschen Liebe.

Bis wir unseren ersten Streit im Van hatten, dauerte es sehr lange. Doch da es im Vergleich zu einer Wohnung keine adäquaten Türen zum Zuknallen gibt, verhungerte die Streit-Energie schnell am scharnierarmen Arm der besonderen Vanlife-Idylle. Denn die Tür vom Badezimmer erinnert eher an furniertes Carpaccio als an ein knallfähiges Streitargument. Kein Gewicht, kein Schwung, kein Sound. Leidenschaftliche Streitfans mit Van-Ambitionen kann ich allerdings beruhigen: Es klappt auch ohne Türen, wenn man sich Mühe gibt. Das konnte ich sowohl bei uns als auch bei benachbarten Campern erleben.

Ziele? Aktivitäten? Heizen? Essen? Anfangs hatte ich Sorge, dass mein bewusst gegangener Schritt zur größtmöglichen Freiheit durch den spontanen Wandel zu mehr Kompromissen spürbar komprimiert werden könnte, aber es war nicht so. Individuelle Freiheit funktioniert auch zu zweit – das weiß ich jetzt.

Kapitelabschluss-Witz

Immer, wenn ich mit anderen in der Wildnis über Feuer kochte, war ich froh, dass wir nicht darüber diskutieren mussten, ob wir uns in einer Notlage moralisch gesehen gegenseitig essen dürften. Wie etwa in dem bewegenden Film *Überleben*, von 1993, der auf einer wahren Geschichte basiert.
Der deutsche Film-Soundtrack war auch grandios: »Wann isst ein Mann ein Mann?«

Kapitel 12
Italien

VANLIFE ITALIEN

Seit Steffi und ich uns kennengelernt hatten, träumten wir davon, Italien zu erkunden. Auch deshalb, weil Steffi Verwandte in Rom hat, die sie besuchen wollte. Im Frühjahr 2023 war es dann so weit, und wir sahen den Alpen im Rückspiegel beim Schrumpfen zu. Wir waren hungrig nach Kultur, Kunst und Natur – aber überwiegend nach Essen. In Abwandlung des Spruchs »Wer sich noch an die 80er-Jahre erinnern kann, hat sie nicht richtig erlebt« gilt folgende These für Italien: »Wer nach der Tour noch in die Hose passt, hat Italien nicht richtig genossen.« Wir waren zwar nur knapp zwei Monate unterwegs, aber die kulinarische Vielfalt und Genialität des Landes übertrafen alle Erwartungen. Als ausgebildeter Koch, leidenschaftlicher Genussmensch und Spezialitäten-Connaisseur fand ich mich schnell in einer Nahrungsaufnahme-Situation wieder, die dem Diätplan einer Stopfgans ähnelte. Kurz nach der Grenzüberquerung im Norden ging der Schacht oben auf, und es wurde unentwegt Nachschub eingeworfen: *gelato*, Käse, Wurst, *gelato*, Fleisch, Fisch, *gelato*, Pizza, Pasta, *gelato*, Weine, Biere sowie Tausende *dolci italiani* – und zum Abschluss noch ein kleines Gelatöchen. Man war dort geradezu von Genuss umzingelt. Selbst an Autobahnraststätten sah die Sandwich-Auslage aus wie in einem Spezialitätenladen. Es gab kein Entkommen. Italien ist wie eine Oma, die immer noch was nachlegt. Ob in Modena, Mailand, Bologna, Rom oder in einem der vielen kleinen historischen Traumstädtchen in der Toskana, wir sind für alle Eindrücke auf ewig dankbar. Und schwerer.

Vanlife in Italien war – zumindest zwischen Bozen und Sabaudia – extrem angenehm. Den Rest müssen wir noch erkunden. Stellplätze mit und ohne Servicestationen findet man überall, oftmals umsonst und meistens direkt vor den alten Mauern wunderschöner Städte oder in der Nähe von anderen Sehenswürdigkeiten. Mit Bergen, Wäldern, heißen Quellen, langen Stränden oder den sanften Toskanahügeln hat Italien so viel zu bieten, dass wir kaum hinterherkamen. Ähnlich wie beim Essen. Was uns ebenfalls sehr gefallen hat, war die enorme Gastfreundschaft gegenüber Hunden. Ob Geschäfte oder Restaurants, Tobi durfte überall mit rein und wurde überall geliebt. Sogar in manchen Supermärkten. Wobei das auch ein bisschen an Tobis herzerwärmender Erscheinung liegt. Trotzdem vergebe ich für die charmante Hundetauglichkeit Italiens das besondere Prädikat: *Bello Italia.*

In Italien haben wir natürlich nicht nur in Cafés und Restaurants geschlemmt, sondern uns auch beim Kochen im Van noch mal eine Stufe gesteigert. Das lag zum einen an der ansteckenden Genussmentalität und zum anderen an den unfassbar geilen Zutaten, die man in Spezialitätenläden finden konnte, aber auch bei Discountern. Wer viel isst, soll sich auch viel bewegen, deshalb waren wir oft zu Fuß unterwegs. Aber deutlich öfter in Städten und alten Dörfern als in Wäldern. Die Mengen an Pasta und Co konnten wird besonders gut in den heißen Quellen von Saturnia verdauen. Die regen bei kompletter Entspannung auf wundersame Weise alle Körperfunktionen an. Wir spazierten morgens um 5 Uhr vom einzigen Campingplatz, auf dem man parken durfte, dorthin, um der kalten Morgenluft des frischen Aprils in das heiße, dampfende, schweflige Wasser zu entfliehen. Die gesamte Gegend um die Quellen roch, selbst in drei Kilometern Entfernung, irgendwie nach Eierpups. Und so auch Haut, Haare, Badehose und Handtuch nach einem Bad in dem wohltuenden Wasser. Hier darf man seiner Nase nicht vertrauen, denn es ist das beste Naturspa, das man sich vorstellen kann. Attraktionen wie heiße Quellen hätte ich vorab gar nicht mit Italien in Verbindung gebracht. Aber sie machen Sinn. Wenn man regungslos in der siedenden Brühe schwebt, fühlt man sich wie handgemachte Pasta, die innen al dente ist und außen auf jede noch so verrückte Soße wartet, die das Leben bereithalten mag.

Italien, wir kommen wieder! Beim nächsten Mal wollen wir mit unserer Blechbüchse nach Sardinien.

ROM

Als überzeugter Großstadtmuffel hielt ich die weitläufige Innenstadt von Rom eher für einen Pflichttermin. Steffi hingegen war schon heiß darauf, denn sie kannte die reizüberflutende Stadt bereits. Rom war für mich wie zu krass gehypte Serien; die kann ich mir auch nicht anschauen. Die Tatsache, dass wir Steffis Familie besuchen würden, fand ich hingegen super. So waren wir fast mitten in Rom, aber eben nicht »ganz drin«. Der Parkplatz, den wir für eine Woche nutzen durften, war ein besonderes Highlight, das Rom-Vanlifer wohl eher selten genießen. Steffis Familie wohnt in einer wundervollen, nahezu historischen Anlage, in der wir neben zwei Zwergponys auf einer riesigen Wiese parken durften, im Schatten von Palmen und Bäumen. Man konnte die niemals schlafende Stadt zwar leise hören, aber wenn die Blätter über uns im Wind rauschten, war man gefühlt mitten in der Natur. Als uns Steffis Onkel am nächsten Morgen an einem Café direkt vor dem Kolosseum absetzte und ich mich bei einer Tasse Cappuccino mit der Aura dieser außergewöhnlichen Stadt akklimatisierte, begann meine spontane Fan-Journey. Bereits nach Sekunden war mein Wunsch, nur zwei oder drei Stündchen zu bleiben, gänzlich vergessen. Rom hatte mich erobert. Von »kein Bock« auf »Liebe« in unter einer Minute! Dass mich Städte wie Porto oder Tromsø überzeugen würden, hatte ich vorab schon eingeplant, doch Rom passierte unerwartet. Rom war überwältigend. Sowohl bei Tag als auch bei Nacht. Die konstante Reizüberflutung versetzte mich in einen angenehmen Trancezustand, der mich von Sehenswürdigkeit zu Sehenswürdigkeit schweben ließ. Nicht vollends high, aber auch nicht ganz am Boden. Aus den geplanten zwei bis drei Stunden wurden drei volle Tage und Nächte im Herzen Roms.

In unserer letzten Nacht lernten wir beim Abendessen im Stadtteil Trastevere ein russisches Pärchen kennen, das in Finnland wohnte. Wir streiften danach noch lange gemeinsam durch die Straßen. Während der Heimfahrt mit dem Taxi verliebte ich mich vollends in Rom. Der Verkehr war nicht weniger wahnsinnig als tagsüber. Abertausende Autos, volle Straßen, aber keine Regeln. Der römische Stadtverkehr unterliegt eher der Intelligenz eines gigantischen Vogelschwarms als den Gesetzen der Straßenverkehrsordnung. Mit einem Römer zusammen durch Rom zu fahren, erwies sich für mich schon mit Steffis Onkel als ein größeres Highlight. Sogar fast noch mehr als die unzähligen historischen Gemäuer und nackten alten Marmormänner an diversen Springbrunnen. Unser Taxifahrer war so etwas wie der Auto-Endboss von Rom. Er hatte zwei Handys an Lüftungsschlitzhalterungen vor sich. Auf einem navigierte er und machte neue Touren aus, während um uns herum dichter Verkehr auf mehreren Spuren rauschte. Auf dem anderen Handy schaute er zu meiner Begeisterung Videoclips von Bud Spencer und Terence Hill. Es war toll, sie mal auf Italienisch zu hören. Dabei trank er Kaffee aus einem To-go-Becher. Auch auf dem zweiten Touchscreen zappte er durch diverse Videos. Gelegentlich blickte er aus der Windschutzscheibe, um sich zu vergewissern, was die anderen Vögel machten. Als er dann endlich ein passendes Spencer-und-Hill-Video gefunden hatte, kramte er noch eine große Papiertüte hervor, in der eine ebenso große belegte Focaccia war. Er hielt sie mit seiner freien Hand, wodurch ihm nur noch der abgespreizte kleine Finger blieb, um den anderen Screen zu bedienen. Zwischendurch gab's immer ein Schlückchen Kaffee. Die Fahrt dauerte circa 25 Minuten. Ich genoss jede Sekunde.

MAILAND

Trotz unserer überschaubaren und nicht vollkommen fleck- und löcherfreien Vanlife-Garderobe wollten wir uns in die Modehauptstadt südlich der Alpen wagen, um herauszufinden, wie salonfähig der Used-Look eigentlich noch – oder wieder? – ist. Wie zu erwarten, liefen mehr schwarze Maßanzüge in den Menschenmassen umher als in *Matrix I–III*, aber der modische Druck war insgesamt nicht so spürbar wie vermutet. In vielen Schaufenstern sah man sogar zerrissene Jeans und ausgefranste Stoffschuhe, die lagen aber preislich bei neuen Reifen für mein Auto. Insgesamt begeisterte uns Mailand vor allem mit seinen kleineren, älteren Vierteln voller Restaurants, Kunst, Kultur und Leben. Hier trugen die Menschen auch ausgefranste Schuhe. Aber das rührte eher von echtem Verschleiß denn von einem vollgekoksten Modedesigner, der mit einer Heckenschere im Atelier Amok lief.

Als besonderes und unerwartetes Mailand-Highlight erwies sich der vorurbane Camperparkplatz, den wir via Campercontact-App fanden. Auch der Weg dorthin barg mehr Abenteuer als vermutet. Sowohl Platz als auch Anfahrt würde ich vermutlich nicht noch mal machen wollen – aber eigentlich irgendwie schon.

Etwa vier Kilometer vor dem Erreichen des sogenannten »Campingplatzes«, den wir in der App viel zu wenig genau beäugt hatten, lud uns mein Handy ein, die große Bundesstraße in den Vororten von Mailand zu verlassen, um auf einer schmalen Asphaltpiste weiterzufahren, auf der es nur so von nervigen Joggern, Fahrradfahrern und Familien mit Kindern wimmelte. Es war einer dieser Momente, in denen man sein Handeln stark hinterfragt, aber sich gleichzeitig dabei beobachten kann, wie man stur weitermacht. Warum auch nicht, schließlich hatte es uns die kleine, strenge Maschine mit dem Touchdisplay so befohlen! Das Besondere an dieser schmalen Straße war, dass linker Hand der Naviglio Grande floss und rechts zumeist hohe Betonmauern mit Industriecharme keine Ausweichmöglichkeiten boten. Der Naviglio Grande ist der älteste und längste Kanal Mailands, der einst als Haupthandelsweg bis zum Lago Maggiore führte. Heute genießen die Städter die Uferpromenade für entspannte Spaziergänge oder sportliche Aktivitäten zu Fuß oder auf dem Rad. Aber eben nicht mit einem fetten Van – so blöd waren nur wir. Hinzu kam, dass an diesem Samstag bei bestem Wetter extrem viele Menschen unterwegs waren.

Mit deutschen Schweißperlen auf meiner blass-roten Stirn navigierte ich den Van durch Hunderte, wenn nicht

Tausende genervte Mailänder, die links und rechts ihre Bäuche einziehen oder ihre Kinder auf den Arm nehmen mussten, damit wir passieren konnten. Nur sehr ambitionierte Jogger, die Zeit auf ihrer Smartwatch stets im Blick, zwängten sich vorbei und verursachten dabei das ein oder andere »Bumm!« am Van. Während der drei Kilometer auf dem »Fuß- und Fahrradweg«, die sich eher wie 30 anfühlten, drang viel italienisches Genörgel durch die kleinen Lüftungsschlitze an den Fenstern, die wir aus Sicherheitsgründen fast ganz hochgefahren hatten. So viele der berühmten italienischen Finger, also der heiligen Dreifaltigkeit aus Daumen, Ring- und Zeigefinger, die schwingend vor und zurückschnellten, habe ich davor und danach nie wieder gesehen. Es war skurril-schön, und ich konnte sie alle verstehen. Wir waren an diesem Ort und in diesem Moment einfach unfassbar nervig.

Als wir am »Campingplatz« ankamen, ging es nicht weniger interessant weiter. Wir hatten uns diesen Platz rausgesucht, weil wir stadtnah, aber sicher parken wollten. Ich möchte keine unnötigen Vorurteile schüren, aber das Parken in und um italienische Städte birgt eine gewisse Gefahr, Autoknackern zum Opfer zu fallen. Das sagen sogar die Einheimischen. Der Platz bestand aus halb offenen Carports voller Autos unterschiedlichster Gattungen und einem älteren Leichtbau-Häuschen neben der Einfahrt. Nachdem wir uns durch das schmale Tor gequetscht hatten, hielten wir im engen Hof, der aus überdurchschnittlich vielen verschiedenen

Bodenbelägen bestand. Beton, Rollsplitt, Teer sowie giftgrüner Kunstrasen bildeten eine kunstvolle Patchwork-Decke. Dann trat ein älterer Herr an uns heran, der kein Wort Englisch konnte. Doch zum Glück waren unsere Absichten mit dem Van ja klar. Daher rief er schnell per Telefon seinen Sohn herbei. Nach einigen Minuten kam ein freundlich lächelnder Mann um die 50 vom anderen Ende des eng zugeparkten Parkplatzes angeradelt und begrüßte uns. Er war herzlich, Worte brauchten wir zur Verständigung nicht. Bevor wir den Check-in regelten, hielt er mir plötzlich das Telefon hin. Sein Englisch war mies. Also sprang ich kurz als Mitarbeiter ein und reservierte einen Platz für ein holländisches Paar mit Camper, das am nächsten Abend anreisen wollte. Beim Auflegen bereute ich kurz, nichts von der krassen Anfahrt gesagt zu haben. Na ja.

Der nette Mann zeigte auf eine kleine Camper-Parklücke hinter uns, die eher als Inhalt für eine Smart-Werbung herhalten konnte. Ich schluckte kurz, nickte ihm dann aber gespielt lässig zu. *»No problemo. Easy einparking for me!«* Um meiner vorgetäuschten Selbstsicherheit noch mehr Ausdruck zu verleihen, fragte ich ihn gestisch, ob ich längs oder quer einparken solle. Der Witz kam leider nicht an, und er machte mir mit einer scharfen Vorwärtsbewegung seiner Handkante unmissverständlich die Längsrichtung klar.

Nun stand uns der Sinn nach einer Dusche und frischer Wäsche. Zum Glück konnte man unweit unserer Parkspalte hinter anderen Wohnmobilen einen Badezimmer-Container riechen. Wie kamen eigentlich diese ganzen anderen Wohnmobile hierher? Bestimmt nicht über den Fahrradweg? Oder doch? Vielleicht bei Nacht? Ich habe bis heute keine Ahnung. Möglicherweise gab es auf der anderen Seite des Platzes eine vierspurige Zufahrt durchs Industriegebiet. Na ja, egal. Steffi zog mit Handtuch und Shampoo los, während ich noch den Van wohnlich machte: Gas anstellen, Sitze drehen, Fenster öffnen. Leider konnte ich die Seitenfenster nur circa zehn Zentimeter weit aufstellen, dann traf ich auf die Seitenwände der Nachbarn. Dummerweise müssen meine großen Seitenfenster immer komplett aufgemacht werden, um wieder geschlossen werden zu können. Da ich die Fenster in unserer Abwesenheit nicht offenlassen wollte, fuhr ich aus der Lücke, schloss die Luken und fuhr wieder rein. Typische Vanlife-Umstände. Plötzlich stand Steffi ungeduscht am Van und teilte mir mit, dass jemand in die Dusche gekackt hatte. In diesem Moment ergab nicht nur der Geruch einen Sinn, sondern auch unsere Dusche an Bord. Sie kostet zwar viel Wohnraum, ist aber Gold wert.

Wir duschten im Van und liefen dann bei bestem Wetter dem Naviglio Grande folgend in Richtung Stadtmitte. Der Industrieteil endete schnell, und es reihten sich in venezianischer Anmut Restaurants, Bars, Cafés sowie eine Vielzahl von kleinen Brücken aneinander. Es war Apéro-Zeit, und wir verliebten uns wieder ein Stückchen mehr in die Schönheit, das Flair und die Menschen Italiens.

FABIO SAVINI – DIE LEGENDE VON CESENATICO

Ich war in meinem Erwachsenenleben erst zweimal in Italien, aber beide Male musste ich unbedingt einen Freund besuchen, der bei Cesenatico, unweit von Rimini, lebt. Ich lernte ihn 2005 in Australien kennen. Wir wohnten zusammen, arbeiteten manchmal zusammen und aßen und tranken gern zusammen. Aber am häufigsten gingen wir angeln und fingen allerhand Leckereien an Australiens Ostküste. Damals schwärmte Fabio schon von den kulinarischen Schätzen Italiens, die man nur aus dem Meer zu holen brauche. Er sagte mir immer, dass ich die Sommer mit ihm in Rimini verbringen solle, weil man ganz leicht Arbeit finden würde – *»good money with the tourists!«*, durch Tretbootvermietung und andere Jobs. Leider tat ich es nie. Er war ein Genussmensch und leidenschaftlicher Koch. Also ein ganz normaler Italiener. Dass ich selbst mal Koch werden würde, hatte eventuell damit zu tun, dass wir eines Abends im Hostel vermeintlich nichts mehr zu essen hatten, aber Fabio trotzdem spontan etwas zauberte. Er kreierte aus ein paar zerbrochenen Billo-Nudeln vom Supermarkt, einer Scheibe altem Käse und den letzten fünf Kapern in der ranzigen Restlake des Glases eines der besten Pastagerichte, das ich jemals gegessen habe. Er brachte so viel Eleganz und Geschmack auf den Teller, dass es an ein Wunder grenzte.

Jedenfalls sah ich Fabio nach Australien für acht Jahre nicht mehr, bis ich ihn 2013 in seiner Heimat besuchte. Es war das reinste Fest! Auf vielen Ebenen. Dann sah ich ihn wieder bis 2023 nicht mehr, hatte auch keine Kontaktdaten und somit gar keinen Austausch mit ihm. Obwohl wir zu dem Zeitpunkt noch an der Westküste waren, sagte ich zu Steffi, dass wir trotzdem nach Cesenatico fahren sollten und wir uns dort einfach am Hafen bis zu Fabio durchfragen. Denn beim letzten Besuch gab es während unserer kleinen kulinarischen Partynacht keine Bar und kein Restaurant im Hafenviertel, in dem beim Betreten nicht lauthals: »*Ciao, Fabio!*« gerufen wurde. Er wirkte wie ein lokaler Promi. Oftmals tranken wir umsonst, durften in die Küchen blicken und bekamen gelegentlich Snacks spendiert. Mega! Fabio lebte damals sozusagen im Hafenviertel. Er war stolzer Fischer, hatte sogar ein eigenes Boot. Die Fischerszene war gut vernetzt.

Beim letzten Besuch, 2023, war Cesenatico immer noch wunderschön, aber die Fischerei lag nahezu am Boden. Der hintere Teil des Hafens, wo die Fischerboote lagen, erinnerte eher an ein rostiges Relikt aus besseren Zeiten als an eine prosperierende Industrie. In einer kleinen Kneipe, die allein mitten auf der weitläufigen Betonfläche des langen Auslegers stand, chillten Fischer mit zu viel Freizeit und tranken gegen die Mittagssonne an. Ein älterer Mann mit schwarzer Kunstlederjacke und tiefschwarzer Sonnenbrille stand am Eingang und befreite gerade ein frisches Päckchen Zigaretten von der dünnen Plastikhaut. »Den fragen wir«, sagte ich zu Steffi, »der kennt Fabio bestimmt!« Zweifelnd stand sie neben mir, als ich versuchte, mit dem Mann auf Englisch zu kommunizieren. Dann sprang Steffi mit einigen Italienischvokabeln ein. Letztendlich war das Schlüsselwort »Fabio Savini«. Ich mache es kurz: Natürlich kannte der Mann Fabio, und sein junger Freund, den er aus der Kneipe herbeirief, hatte sogar seine aktuelle Handynummer. Die sterbende Fischerei hatte ihn raus aufs Land ziehen lassen, wo er jetzt mit Frau und Kind in einem Häuschen wohnt, das er nebenher renoviert. Er arbeitet im Winter als Baggerfahrer und im Sommer als Bademeister. Der Mann kann einfach alles! Außer die Tatsache fassen, dass wir wirklich dort waren. Er hatte eine lange Partynacht hinter sich und war etwas verkatert, kam aber sofort angefahren. Wir trafen uns am Hafen, tranken Kaffee und redeten, als ob wir uns zwei Tage zuvor zum letzten Mal gesehen hätten. Dabei war es nur das zweite Treffen in 18 Jahren. Am Abend kochte er grandiose Pasta für uns in seinem Haus, und wir durften seine schöne Familie kennenlernen. Diese Geschichte hätte eigentlich auch der fünfte sich schließende Kreis weiter vorn im Buch werden können, aber als Fanboy wollte ich das Audi-Logo nicht kaputtmachen.

Ciao, Fabio!

Kapitelabschluss-Witz:

Funfact: Die 13 ist meine Glückszahl, denn ich wurde um 13:13 Uhr geboren. Für die meisten Menschen ist die 13 allerdings eher negativ besetzt. Wie zum Beispiel für Reinhold Messners Fuß. Der hat auch nur 13. (Ich liebe übrigens Reinhold Messner. Die Witze sind vermutlich nur die späte Rache dafür, dass sein Museum bei unserem Besuch in Bozen im März 2023 geschlossen war. Stattdessen tobte in dem historischen Gemäuer eine sehr cool wirkende Privatparty – mit nie gehörter Musik und tibetanischen, leicht alternativen Selbstfindungsvibes. Allerdings wurden wir beim scheuen Hineinluschern durch den offenen Spalt im riesigen Holztor sofort freundlich ausgeladen. Schade, Reinhold. Schade.)

Kapitel 13
Mein Fazit nach fünf Jahren Vollzeit-Vanlife

Ich bin kein Typ für ausgiebige Fazits, aber das Ende des ersten eigenen Buchs stellt doch wirklich mal einen angemessenen Anlass dar. Und spannenderweise entsteht dieses Fazit, während ich es schreibe. Der resümierende Prozess in mir fand bis dato noch nicht ausgiebig genug statt, um jetzt einfach etwas aus dem Ärmel schütteln zu können.

Der Dachgedanke dieses Fazits liegt aber gewiss darin, denke ich, dass Vanlife die beste Entscheidung war, die ich in meinem Leben getroffen habe. Das bedeutet nicht, dass jeder Moment purer Sonnenschein war und dass es keine Probleme gab, sondern vielmehr, dass es jeder Moment, ob gut oder schlecht, zu 100 Prozent wert war. Ich war während der letzten fünf Jahre mehr und länger glücklich als jemals zuvor im Leben – aber manchmal auch traurig, einsam, viel zu nachdenklich oder sogar pleite. Das passiert einem nämlich, wenn man in Norwegen mit der Kreditkarte auf dicke Hose macht, sein Arbeitspensum generell zugunsten des Vanlifes reduziert, Steuern nachzahlen muss und sich obendrein noch lange Weihnachtsferien gönnt. Kurze Zeit später, im Februar 2020 in Peniche, merkte ich plötzlich beim Tanken, dass die Zapf- und Zahlsäule meine Girokarte unverdauter Dinge wieder hochwürgte und ich erst mal wieder auf die Kreditkarte zurückgreifen musste. Genau in solchen Momenten ist es schön, wenn man Kunden und Auftraggeber hat, die auch Freunde sind und die einem einen Vorschuss schicken, den man abarbeiten kann. An dieser Stelle liebe Grüße an die digitale Kreativagentur Baker Street GmbH aus der Schweiz, ohne die ich den Schritt ins Vanlife ohnehin nicht so leicht hätte gehen können – und ohne die ich als Freelancer auch weniger Awards gewonnen hätte. Sie waren und sind meine treusten Auftraggeber seit 2016. Mit einem der Gründer, Jeremie, war ich in der JvM Academy, die sich ebenfalls als besonders wichtiger Meilenstein in meiner zweiten Karriere erwiesen hat – und es weiterhin tut.

Ist man nur echter Vanlifer, wenn man seinem Van keine einzige Nacht fremdgeht? Nein. Ich – beziehungsweise wir – schlafen nicht jede Nacht im Van. Oft besuchen wir Familien oder Freunde und kommen ganz klassisch häuslich unter. Wir haben uns auch schon mal eine kleine Wohnung am Meer in der *off-season* gemietet. Das tat mal ganz gut für einen Monat. Tolle Location, tolle Wohnung und tolle Vermieter. Wir hatten die Klippen von Zambujeira direkt vor der Nase und Salzluft im Wohnzimmer. Im Winter 2020 verbrachten wir ein paar Tage im Gästehaus von Björn und Katja auf Gotland, das Björn selbst gebaut hat. Steffis Familie hat eine kleine Einzimmerwohnung in Hamburg, in der wir manchmal übernachten. Aber trotz all dem haben wir keinen festen Wohnsitz, und der Van ist unser Lebensmittelpunkt. Ohne ihn wären wir nicht nur obdachlos, sondern auch komplett aufgeschmissen. Er gehört mittlerweile zu meiner Identität. Ich vermisse ihn, wenn ich ihm zu lange fern bin. In ihm zu wohnen ist nicht die Ausnahme, sondern die Regel. Die gelegentlichen Hausnächte sind die Ausnahme. Bei diesem Thema muss ich zugeben, dass ich es hasse, mal für ein paar Tage aus dem Van in eine temporäre Behausung zu ziehen. Was für ein Aufwand! Alles rein, alles raus, alles hin, alles her. Ich bin wirklich am glücklichsten, wenn ich nur im Van, nur unterwegs bin und nur den überschaubaren Platz sowie alle wenigen Dinge darin verwalten muss. Natürlich ist dafür ein gewisser Flow nötig, eine gewisse Routine, aber wenn man diese mal im System verankert hat, flutscht Vanlife wie von selbst.

Okay, das Waschen und Trocknen von viel Wäsche im Waschsalon kann gut und gern mal zwölf Euro kosten, sogar in Portugal, aber dafür ist man von der Last befreit, eine eigene Maschine besitzen zu müssen. Von Lochfraß-Angst und Kalkschäden brauche ich gar nicht erst anzufangen.

Gleiches gilt für Stromrechnungen: Man hat sie einfach nicht. Die Sonne scheint, der Computer lädt. Fertig. In der Reduktion liegt Befreiung. Und auch in Umständen, die erst mal wie Arbeit wirken, etwa Wasser auffüllen, die Toilette entleeren etc.

Wenn der Weg das Ziel ist, liegt einem am Wegesrand alles zu Füßen. Wenn der Weg das Ziel ist, hat man morgens nach dem Aufstehen im Van schon mehr erreicht, als man es zu Hause jemals könnte. Der Van ist mein Zuhause. Und er ist es mehr als jede Wohnung, in der ich als Erwachsener jemals gelebt habe – obwohl echt schöne dabei waren. Ich hatte noch nie so viel Platz auf so engem Raum und war noch nie so angekommen, ohne überwiegend nicht zu wissen, wo ich morgen sein würde. Und seit vier Jahren bin ich zu dritt im Van. Wer hätte das gedacht? Sogar mit Hund! Viele ängstliche Menschen üben ja erst mal mit einem Baby, wir haben uns direkt einen Hund zugelegt. Läuft gut.

Ja, mein inoffizieller Slogan stimmt: *Vanlife saved my life!* Und in manchen Bereichen hat mein *life* nach dem Start überhaupt erst angefangen. Jetzt höre ich auf zu schreiben, bevor meine Tastatur einen Wasser- und Salzschaden erleidet. Schließlich schreibe ich den Laptop noch mindestens für ein Jahr von der Steuer ab.

Man sieht sich.

Irgendwo.

Bussis. *Beijinhos. Buss-buss.*

Kapitelabschluss-Witz

Wortspielerei steckt in der DNA des Buchs. »EinZimmer, Küche, Bart« war die allererste Titelidee, die mir 2022 einfiel. Ehrlich gesagt, kam mir der Titel am Steuer in den Kopf und danach erst die Idee, ein Buch daraus zu machen. Ich pitchte beides sofort Steffi, nachdem ich sie auf dem Beifahrersitz wachgerüttelt hatte. Ihr sofortiger Zuspruch motivierte mich. Wir fuhren gerade irgendwo durch Spanien.

Meine zweitliebste Titelidee war diese: »Van interessiert's?«

So wollte ich 2019 schon meinen Van-Blog nennen, den ich leider nie startete. Ein Titel ohne Wortspiel stand (für mich) nie ernsthaft zur Debatte. Wortspiele Sinn mein Leben.

Herzlichen Dank an **Alb Filter!**

Eine steile Bergwanderung oder ein langer, heißer Tag am Strand: Ein Glas Wasser ist nach solchen Aktivitäten durch nichts zu toppen!

Deshalb danke ich euch vor allem dafür, dass wir den Luxus von sauberem, keimfreiem Trinkwasser aus dem Wasserhahn an vielen Orten genießen konnten, wo es eigentlich keines gab – und danke dafür, dass ihr dieses Buch als Produktionspartner unterstützt habt. Ihr seid Vanlife-Buddies auf ganzer Linie.

WARUM ALB FILTER AN BORD?

Für mich sind Alb-Filter-Systeme ein echter Gamechanger für alle Roadtrip-Fans, die gerne im Camper oder auch in »nicht ausgebauten« Autos unterwegs sind: Denn die Lösungen reichen von fest installierten bis zu mobilen Filtern, mit denen man auch kleine Kanister oder Trinkflaschen befüllen kann. Die Filter lassen sich einfach verbauen – sogar von Amateuren wie mir. Die mobilen Lösungen sind ebenfalls leicht zu bedienen und mit sämtlichen Schläuchen/Systemen kompatibel.

Für alle unmotorisierten Reisenden: Da sie wenig wiegen und kompakt sind, passen sie sogar gut in den Rucksack oder in die Fahrradtasche.

Alle Details, alle Modelle und alle Vorteile lassen sich hier entdecken:
www.alb-filter.com

Spart euch Krankheiten – spart euch Müll.
Macht's wie euer Wasser: Bleibt sauber!
Euer Oli

Ebenfalls erhältlich …

ISBN 978-3-95889-461-7

NATIONAL GEOGRAPHIC

www.nationalgeographic-buch.de

Herzlichen Dank an die **JvM Academy!**

Für meine persönliche »Erfolgsgeschichte«, die sich seither weiter fortsetzt: 2014 durfte ich dort in eine völlig neue Karriere starten – um nicht zu sagen, in ein »neues Leben«. 2017 half mir mein Academy-Netzwerk dabei, als Freelancer durchzustarten. 2019 konnte ich dank meiner Academy-Ausbildung als Vanlifer und digitaler Nomade aufbrechen und 2020 »verkuppelte« sie mich mit meiner Freundin. Bin schon gespannt, was die Academy für meine Beerdigung geplant hat?

Und danke dafür, dass ihr 2024 dieses Buch unterstützt. Hier schließt sich ebenfalls ein wichtiger Kreis: Mein Vanlife-Ur-Kreis, der alles ins Rollen brachte.

WAS MACHT DAS JVM-ACADEMY-STUDIUM MIT DIR?

Du wirst innerhalb eines Jahres dermaßen hart gefördert, gefordert, geflasht, gefeedbacked und gebildet, dass dir sämtliche Türen offenstehen: bei Jung von Matt sowie in anderen Agenturen und Branchen – oder für ungewöhnliche Lebensmodelle.

Die Aufnahmeprüfung hat es in sich, das duale Studium noch mehr, aber beide lohnen sich. Die Unterrichtsphasen (vier Monate) finden in Hamburg statt und die Arbeitsphasen (acht Monate) bei Jung-von-Matt-Agenturen in Deutschland, Österreich und der Schweiz.

Die Dozentinnen und Dozenten sind alle handverlesen und haben richtig was drauf: keine Theoretiker, sondern nur erfolgreiche Professionals.

Deine Kommilitoninnen und Kommilitonen können »nerden«, philosophieren, programmieren, malen, schreiben, singen, schauspielern oder Dinge, die du noch gar nicht kanntest.

Für wen ist die Academy? Wie sieht das Curriculum aus? Wie lauten die ersten zwölf Fragen der dreistufigen Aufnahmeprüfung? Das erfährst du auf:
jvm-academy.org

Danke für alles und liebe Grüße.
Oli